I confini dell'antitrust

Diseguaglianze sociali, diritti individuali, concorrenza

IUSTITIAM COLIMUS

I confini dell'antitrust

Diseguaglianze sociali, diritti individuali, concorrenza

a cura di Pietro Manzini

Giappichelli

VIA PO, 21 - TEL. 011-81.53.111
http://www.giappichelli.it

ISBN/EAN 979-12-211-0454-7
ISBN/EAN 979-12-211-5304-0 (ebook - pdf)

The volume collects the written interventions of the speakers at the Conference "I confini dell'antitrust - La tutela delle esigenze sociali nel diritto antitrust dell'Unione europea", organized within the framework of the Jean Monnet Module "Competition Law and Social Inequalities (CLAWSI)" (Project reference 619886-EPP-1-2020-1-IT-EPPJMO-MODULE).

With the support of the Erasmus+ Programme of the European Union

G. Giappichelli Editore

Questo libro è stato stampato su carta certificata, riciclabile al 100%

Stampa: Rotolito S.p.A. - Pioltello (MI)

Indice

pag.

Antitrust e ambiente: dall'approccio economico a quello ecologico?

Luca Calzolari

Antitrust e farmaci: le esigenze di qualità e sicurezza dei medicinali

Diletta Danieli

Antitrust e rapporti di lavoro: un'economia sociale di mercato fortemente competitiva

Marco Inglese

Antitrust e privacy: la strana coppia

Pietro Manzini

Antitrust e pluralismo dell'informazione: un'alternanza in favore della democrazia

Oreste Pallotta

Premessa

Il diritto della concorrenza, o antitrust, ha avuto un destino peculiare anche se comparato ai tortuosi e complessi percorsi del diritto. Anzitutto è stato oggetto in maniera molto intensa delle riflessioni della c.d. *economic anaysis of law*, e per tale ragione è stato (ed è ancora) popolato da studiosi armati di teorie economiche a loro dire in grado di spiegarne lo spirito e il funzionamento. In secondo luogo, e a conseguenza di ciò, da oltre sessant'anni, ossia da quando Robert H. Bork e Richard A. Posner hanno cominciato a pubblicare sui *law journals* statunitensi le prime analisi del diritto antitrust contenenti grafici che facevano riferimento alla *price theory*, si discute accanitamente di quali siano i suoi obiettivi. A seguire Bork, Posner e tanti altri autorevoli esponenti della c.d. scuola di Chicago, l'unico scopo dell'antitrust consiste nella promozione del *consumer welfare* (il 'benessere dei consumatori'), talora indicato con l'altrettanto accattivante e ambigua etichetta di 'efficienza economica'. Il che vuole dire, nella migliore delle ipotesi, che qualsiasi pratica commerciale che incrementa la ricchezza aggregata della società (tutti siamo inevitabilmente *consumer* di qualcosa), a prescindere di come questa ricchezza è distribuita, va approvata in quanto 'buona e giusta'.

Vista con gli occhi del giurista, ossia di chi ritiene – per educazione di studi e di pensiero – che gli obiettivi di una disciplina vadano ricercati nell'intento del legislatore come oggettivizzato nel testo della disciplina medesima, si tratta di una tesi piuttosto stravagante ma, quel che è peggio, ingiustificata. Basti pensare che nello Sherman Act del 1890, la legge a partire dalla quale si è innescato il dibattito dogmatico a cui si fa cenno, non contiene in nessun punto né le parole 'consumer welfare' né la locuzione 'efficienza economica'.

Per il vero, da questo lato dell'Atlantico la tesi del *consumer welfare* quale obiettivo esclusivo dell'antitrust, pur avendo guadagnato parecchi seguaci, non ha mai veramente convinto la maggioranza di chi il diritto lo deve scrivere, ossia le istituzioni legislative democratiche, e di chi lo deve applicare, vale a dire giudici, le autorità indipendenti e i giuristi in generale. Ovviamente nessuno obietta ad una interpretazione dell'antitrust che promuova la ricchezza dei *consumer* intesi come gruppo aggregato, ma esigenze diverse di tipo distributivo, sociale, e di bilanciamento delle diseguaglianze non sono mai state neglette. In particolare nell'ordinamento dell'Unione europea, la Corte di giustizia non ha mai esitato a tutelare, oltre che il *consumer welfare* e/o l'efficienza economica – la distinzione tra i due concetti, come detto, è sfumata – valori quali la libertà di scelta degli individui, la struttura competitiva del mercato, la correttezza delle transazioni, l'integrazione dei mercati nazionali. Si tratta di valori che nel concreto tengono conto del contesto sociale ed economico, della diversa forza contrattuale dei contraenti e dei caratteri specifici dei settori nei quali la disciplina è destinata ad applicarsi.

Partendo da queste premesse, nel 2021, coadiuvato dai dottori di ricerca Federica Ferrari e Rosario Federico, ho presentato alla Commissione europea un progetto di ricerca che aveva ad oggetto l'analisi della applicazione del diritto della concorrenza in contesti caratterizzati da esigenze sociali differenti da quelle della pura efficienza economica. Il progetto, da titolo *Competition Law and Social Inequalities* (CLAWSI) è stato finanziato come Modulo J. Monnet e uno dei risultati è il presente volume. Questo raccoglie, riordinati ed arricchiti, i contributi di un convegno tenutosi a Bologna il 30 giugno 2023, presieduto dal Prof. Roberto Mastroianni, Giudice del Tribunale dell'Unione europea e al quale hanno partecipato attivamente tra i maggiori esperti italiani della materia. Insieme abbiamo esplorato i 'confini dell'antitrust' europeo (gli artt. 101 e 102 TFUE), ossia quei territori nei quali non tutto può essere sottoposto al rigore della legge del mercato.

Il curatore

Bologna, 15 luglio 2023

Antitrust e sport:
tra concorrenza e competizione sportiva

Stefano Bastianon *

1. Premessa.

Nell'ambito del più vasto contesto dei rapporti tra l'attività sportiva ed il diritto dell'Unione europea, il tema dei rapporti tra lo sport e le norme antitrust europee rappresenta un aspetto sicuramente rilevante e strettamente collegato alla dimensione economica dello sport e delle sue conseguenze sotto il profilo della compatibilità delle regole sportive con i principi contenuti nei Trattati. Se è vero, infatti, che lo sport praticato ad alti livelli costituisce indubbiamente un'attività economica, è altrettanto vero che lo sport, inteso come attività economica, presenta una serie di peculiarità che costituiscono la c.d. specificità dello sport. Come si legge, infatti, nel documento *Mapping and Analyis of the Specificity of Sport* commissionato dalla Commissione europea nel 2016, "[t]he 'specificity of sport' refers to the inherent characteristics of sport which set it apart from other economic and social activities" [1].

---

* Professore ordinario di Diritto dell'Unione europea, Università degli Studi di Bergamo.

[1] Mapping and Analysis of the Specificity of Sport. A Final Report to the DG Education

Si tratta di un tema estremamente complesso e variegato, che non riguarda soltanto le regole che disciplinano l'attività sportiva degli atleti (ad es., le regole anti-doping), ma anche tutte quelle regole che, a diverso titolo, governano i profili economici dell'attività sportiva (ad ese., regole sulla sostenibilità finanziaria, regole sul cumulo di proprietà, regole su trasferimento dei giocatori) oltre alle regole che disciplinano attività economiche che sono altro rispetto all'attività sportiva degli atleti, ma strettamente legate a quest'ultima (es., regole sulla commercializzazione dei diritti audiovisivi sportivi, regole sull'attività dei procuratori sportivi) sino alle regole che stanno alla base del funzionamento delle Federazioni sportive in materia di organizzazione di eventi sportivi. Inoltre, nel binomio sport-concorrenza, non rientrano soltanto le regole antitrust in senso stretto (artt. 101 e 102 TFUE), ma anche quelle sugli aiuti di Stato, posto che nell'Unione europea lo sport è largamente finanziato con risorse statali nonché quelle relative al tema delle sovvenzioni a favore di imprese situate nell'Unione europea da parte di Stati terzi suscettibili di pregiudicare il corretto funzionamento del mercato interno (si pensi, ad esempio, agli stretti legami, familiari e finanziari, tra alcuni Stati arabi e alcune squadre calcistiche europee)[2].

Non essendo possibile in questa sede una trattazione completa di tutti i profili sopra evidenziati, ci si soffermerà sulle regole che disciplinano l'attività sportiva degli atleti e su quelle relative al ruolo delle Federazioni sportive sul mercato dell'organizzazione di eventi sportivi.

2. Sport e diritto europeo della concorrenza: il caso *Balog*.

In tale contesto, l'analisi dei rapporti tra l'attività sportiva e le norme europee in materia di concorrenza non può che iniziare dal caso *Tibor Balog* ancorché mai sfociato di una formale pronuncia della Corte di giustizia.

Come noto, nella pronuncia *Bosman* la Corte, una volta accertato il contrasto delle norme sui trasferimenti e sugli stranieri con l'art. 48 del Trattato CE, ora art. 54 del TFUE, non aveva ritenuto necessario affrontare il problema della legittimità di tali norme sotto il profilo del diritto della concorrenza. Analogamente, in occasione delle sentenze *Deliège* e *Lehtonen* la

& Culture of the European Commission, 2016, https://ec.europa.eu/assets/eac/sport/library/studies/mapping-analysis-specificity-sport_en.pdf.

[2] Regolamento (UE) 2022/2560 del Parlamento europeo e del Consiglio del 14 dicembre 2022 *relativo alle sovvenzioni estere distorsive del mercato interno*, in *GUUE* L 330 del 23 dicembre 2022, pp. 1-45.

Corte aveva ritenuto irricevibili le questioni pregiudiziali nella parte in cui facevano riferimento agli artt. 81 e 82 del Trattato CE, ora artt. 101 e 102 TFUE, per carenza di informazioni trasmesse dai giudici del rinvio.

Peraltro, sebbene nella vicenda *Balog* la Corte di giustizia, dopo essere stata adita in sede di rinvio pregiudiziale, non abbia potuto fornire la propria interpretazione in quanto è stato raggiunto un accordo stragiudiziale tra le parti in causa ed è, pertanto, cessata la materia del contendere, il fatto che il presunto contrasto con la normativa europea era stato prospettato alla Corte di giustizia facendo esclusivo riferimento all'art. 81 del Trattato CE, ora art. 101 TFUE, consente di svolgere alcune riflessioni di carattere generale.

La controversia era sorta fra il calciatore professionista di cittadinanza ungherese Tibor Balog e la società calcistica belga Royal Charleroi Sporting Club. Il calciatore Balog, scaduto il contratto che lo legava alla squadra belga e avendo rifiutato di sottoscrivere un nuovo contratto con la stessa, sosteneva di non aver potuto perfezionare l'ingaggio con alcune società francesi e norvegesi in quanto la squadra belga aveva preteso da tali società il pagamento di un'indennità di trasferimento ai sensi dei regolamenti nazionali e internazionali. Non potendo invocare le norme contenute nei Trattati in materia di libera circolazione delle persone, che presuppongono il fatto di essere cittadino europeo, né l'accordo di associazione tra l'Unione europea e l'Ungheria che, al pari degli altri accordi di cooperazione, riconosce ai cittadini legalmente occupati sul territorio di uno Stato membro soltanto un diritto alla parità di trattamento, non già il diritto alla libera circolazione così come riconosciuto dal Trattato ai cittadini del Paesi membri, il calciatore decideva di contestare la compatibilità con il diritto della concorrenza dell'indennità di trasferimento prevista a livello nazionale e internazionale.

Si trattava, in sostanza, di estendere gli effetti della sentenza *Bosman*, di per sé relativa soltanto ai trasferimenti intracomunitari di calciatori professionisti cittadini di Stati membri dell'Unione europea, anche ai trasferimenti di giocatori non cittadini dell'Unione europea sfruttando la portata extraterritoriale delle norme europee antitrust in forza della quale gli artt. 101 e 102 TFUE trovano applicazione anche a condotte poste in essere al di fuori dell'Unione europea (e/o da imprese situate in Stati terzi) suscettibili di produrre effetti anticoncorrenziali all'interno dell'Unione europea.

In tale contesto, pur in assenza di una formale pronuncia della Corte di giustizia, una considerazione, tuttavia, è d'obbligo. All'indomani della sentenza *Bosman*, la mancata considerazione dei profili anticoncorrenziali delle norme denunciate aveva determinato una "zona franca" relativamente ai trasferimenti internazionali e puramente interni rispetto ai quali il principio della libera circolazione non poteva applicarsi. Anche per questo la Commissione e l'allora Commissario alla concorrenza Van Miert avevano fatto pressione sulle varie federazioni affinché emendassero i rispettivi regolamenti. La situazione è successivamente cambiata, posto che le circolari FIFA n. 611/1997 e n. 616/1997 hanno equiparato integralmente i trasferimenti dei calciatori extra-comunitari tra società di Stati membri dell'Unione europea (e del SEE) a quelli dei giocatori comunitari, abolendo l'obbligo di pagare l'indennità di trasferimento per gli atleti in scadenza di contratto. Analogamente, a livello interno (italiano), l'istituto dell'indennità di trasferimento disciplinato dall'art. 6, l. n. 91/1981 è stato abolito dalla l. n. 586/1996 con riferimento a tutti i trasferimenti di atleti professionisti tra squadre italiane senza distinzione di nazionalità.

3. La vicenda *Meca-Medina e Majcen.*

Nell'ambito della giurisprudenza della Corte di giustizia sui rapporti tra lo sport e il diritto dell'Unione europea e, in particolare, sulla nozione di regole puramente sportive, le sentenze del Tribunale, prima[3], e della Corte di giustizia, poi[4] relative al caso *Meca-Medina e Majcen* si segnalano in quanto, mentre la sentenza del Tribunale ha cercato di attribuire maggiore chiarezza alla nozione di regole puramente sportive rispetto a quanto fatto dalla precedente giurisprudenza, la successiva sentenza della Corte di giustizia ha, invece, contribuito a gettare ulteriori ombre su tale nozione, ponendosi in aperto contrasto con la precedente giurisprudenza della Corte di giustizia e lasciando irrisolti una serie di aspetti di rilevanza fondamentale non ancora definitivamente chiariti nonostante gli anni trascorsi.

L'oggetto del contendere nella vicenda *Meca-Medina e Majcen* era rappresentato dalla asserita incompatibilità con le norme europee in materia di concorrenza (e di libera prestazione dei servizi) di alcune disposizioni regolamentari del Comitato Internazionale Olimpico (CIO) in materia di controlli antidoping. In particolare, il quesito di fondo al quale il Tribunale e la Corte di giustizia hanno risposto, peraltro in modo totalmente diverso, riguardava, appunto, la possibilità di qualificare le normative antidoping come regole puramente sportive e, in quanto tali, sottratte alla sfera di applicazione del diritto dell'Unione europea.

---

[3] Trib. di primo grado, sentenza 30 settembre 2004, causa T-313/02, *Meca-Medina e Majcen*, in *Racc.*, 2004, pp. II-3291.

[4] Corte di giustizia, sentenza 18 luglio 2006, causa C-519/04P, *Meca-Medina e Majcen*, in *Racc.*, 2006, pp. I-6991.

Si tratta di una controversia estremamente complessa anche dal punto di vista procedurale, se solo si considerano i seguenti passaggi:

a) i due nuotatori, David Meca-Medina e Igor Majcen, sono stati riconosciuti colpevoli di una violazione delle regole antidoping dalla Federazione Interazionale Nuoto (FINA) e condannati alla sanzione della squalifica per quattro anni;

b) tale decisione della FINA è stata impugnata davanti al Tribunale Arbitrale dello Sport (TAS) di Losanna, il quale ha confermato la sanzione della squalifica di quattro anni;

c) successivamente, il TAS ha ridotto la squalifica a due anni;

d) dopo tale pronuncia del TAS, i due nuotatori, anziché impugnare a decisione davanti al Tribunale Federale Svizzero, hanno proposto una denuncia alla Commissione europea sostenendo che le regole antidoping del CIO e della FINA integravano gli estremi di un accordo tra associazioni di imprese restrittivo della concorrenza e, quindi, in contrasto con l'art. 101 TFUE;

e) la Commissione europea ha respinto tale denuncia;

f) i due nuotatori, pertanto, hanno impugnato la decisione della Commissione davanti al Tribunale dell'Unione europea, il quale ha escluso qualsiasi contrarietà delle regole antidoping denunciate con le norme europee in materia di concorrenza;

g) la sentenza del Tribunale è stata in seguito impugnata davanti alla Corte di giustizia la quale, da un lato, ha annullato la sentenza del Tribunale a causa di un errore di diritto e, dall'altro lato, ha stabilito che le regole antidoping in questione, pur essendo restrittive della concorrenza, dovessero essere considerate compatibili con l'art. 101 TFUE in quanto giustificate da motivi imperativi di carattere generale.

3.1. La decisione della Commissione europea.

In data 31 maggio 2001 i due nuotatori hanno presentato alla Commissione europea una denuncia nella quale hanno sostenuto che talune regole antidoping del CIO, ed attuate dalla FINA, costituissero delle pratiche restrittive della concorrenza e della libera prestazione dei servizi. Nello specifico, i due nuotatori hanno fatto valere che:

a) la soglia di 2 ng/ml oltre la quale la presenza di Nandrolone nel corpo di un atleta costituisce violazione della normativa antidoping è priva di qualsiasi solida base scientifica, posto che tale soglia può essere agevolmente superata per effetto del consumo di carne di maiale non castrato;

b) il carattere oggettivo della nozione di doping accolta dal CIO e fatta propria dalla FINA (la semplice presenza di una sostanza proibita nel corpo dell'atleta, con conseguente inversione dell'onere probatorio a carico dell'atleta rafforza la portata anticoncorrenziale delle norme;

c) tale effetto anticoncorrenziale risulta ulteriormente rafforzato dalla natura parziale e non indipendente del TAS, strettamente legato al CIO da vincoli economici e finanziari.

Nel respingere tutte le argomentazioni dei nuotatori, la Commissione rileva, innanzitutto, che la normativa sul doping della FINA non ha quale oggetto quello di restringere la concorrenza sul mercato; al contrario, il solo ed unico scopo della normativa antidoping è quello di assicurare l'identificazione e la punizione degli atleti la cui condotta contravviene ai principi e alle regole relative al divieto di usare sostanze vietate. Certamente le sanzioni che colpiscono gli atleti responsabili di una violazione antidoping possono avere l'effetto di limitare la libertà d'azione degli atleti e, quindi, il loro stesso esercizio di un'attività economica rilevante sotto il profilo dell'art. 101 TFUE. Tuttavia, secondo la Commissione tale restrizione non costituisce una restrizione della concorrenza in quanto strettamente inerente all'organizzazione e al buon funzionamento delle competizioni sportive.

Citando espressamente la sentenza della Corte di giustizia nel caso *Wouters e a.*, la Commissione sottolinea che "*non ogni accordo tra imprese o ogni decisione di un'associazione di imprese che restringa la libertà d'azione delle parti o di una di esse ricade necessariamente sotto il divieto sancito all'art. [101], n. 1, del Trattato. Infatti, ai fini dell'applicazione di tale disposizione ad un caso di specie, occorre innanzi tutto tener conto del contesto globale in cui la decisione dell'associazione di imprese di cui trattasi è stata adottata o spiega i suoi effetti, e più in particolare dei suoi obiettivi, connessi nella fattispecie alla necessità di concepire norme in tema di organizzazione, di qualificazione, di deontologia, di controllo e di responsabilità, che forniscano la necessaria garanzia di integrità e di esperienza ai consumatori finali dei servizi legali e alla buona amministrazione della giustizia. Occorre poi verificare che gli effetti restrittivi della concorrenza che ne derivano ineriscano al perseguimento di tali obiettivi*" [5].

Sulla scorta di tale principio, la Commissione ritiene che le regole antidoping in questione siano inerenti al regolare svolgimento dell'attività spor-

---

[5] Corte di giustizia, 19 febbraio 2002, *J.C.J. Wouters, J.W. Savelbergh e Price Waterhouse Belastingadviseurs BV* c. *Algemene Raad van de Nederlandse Orde van Advocaten*, con l'intervento di: Raad van de Balies van de Europese Gemeenschap, in *Racc.*, causa C-309/99, in *Racc.*, 2002, pp. I-01577.

tiva e necessarie per garantire un contrasto efficace al doping; inoltre, le limitazioni alla libertà d'azione degli atleti indotte da tali regole non va oltre ciò che è necessario per raggiungere l'obiettivo perseguito.

Per tali motivi, la Commissione ha ritenuto che le regole in questione non ricadessero nell'ambito di applicazione dell'art. 101 TFUE.

3.2. La sentenza del Tribunale.

Avverso la decisione della Commissione i due nuotatori hanno proposto ricorso avanti al Tribunale sostenendo, *inter alia*, che la Commissione avrebbe commesso un errore manifesto di valutazione in fatto ed in diritto, ritenendo che la limitazione della libertà degli atleti derivante dalla regolamentazione antidoping controversa non costituisca una restrizione della concorrenza ai sensi dell'art. 101 TFUE, per il fatto che simile limitazione sarebbe inerente all'organizzazione ed al corretto svolgimento della competizione sportiva e non eccederebbe quanto necessario per conseguire l'obiettivo della lotta al doping.

Prima di affrontare la questione specifica sollevata dai due nuotatori, il Tribunale ricorda innanzitutto i principi che stanno alla base dell'applicazione delle regole europee in materia di attività economiche ai regolamenti sportivi.

A tale riguardo, il Tribunale sottolinea che, secondo la costante giurisprudenza della Corte di giustizia e considerati gli obiettivi dell'Unione europea, l'attività sportiva è disciplinata dal diritto europeo solo in quanto configurabile come attività economica. Secondo il Tribunale, inoltre, questa giurisprudenza risulta confortata anche dalla dichiarazione n. 29 sullo sport, figurante in allegato all'atto finale della conferenza che ha adottato il testo del Trattato di Amsterdam, la quale sottolinea la rilevanza sociale dello sport ed invita segnatamente gli organi dell'Unione europea a riservare un'attenzione particolare alle caratteristiche specifiche dello sport dilettantistico. In particolare, tale dichiarazione è coerente con la detta giurisprudenza in quanto essa riguarda le situazioni in cui l'esercizio dello sport costituisce un'attività economica.

Pertanto, ad avviso del Tribunale, quando un'attività sportiva riveste il carattere di una prestazione di lavoro subordinato o di una prestazione di servizi retribuita, essa ricade in particolare nell'ambito di applicazione, a seconda dei casi, degli artt. 39 ss. CE o degli artt. 49 ss. CE (ora artt. 45 e 56 TFUE).

Di conseguenza, – prosegue il Tribunale –, secondo la Corte di giustizia i divieti che queste disposizioni del Trattato sanciscono si applicano alle norme adottate nel campo dello sport che riguardano l'aspetto economico che l'attività sportiva può rivestire. In tale contesto, ad esempio, la Corte di giustizia ha dichiarato che le norme che prevedono il pagamento di indennità nel caso di trasferimenti di giocatori professionisti tra club (clausole di trasferimento) o che limitano il numero di giocatori professionisti provenienti da altri Stati membri che detti club possono schierare durante le partite (norme sulla composizione delle squadre dei club), o ancora che fissano, senza ragioni obiettive riguardanti unicamente lo sport o motivate da differenze di situazione tra i giocatori, termini di scadenza per i trasferimenti diversi per i giocatori provenienti da altri Stati membri (clausole sui termini di scadenza per i trasferimenti) ricadono nel campo di applicazione di queste disposizioni del Trattato e sono soggette ai divieti che esse sanciscono.

Per contro, i divieti che queste disposizioni del Trattato sanciscono non riguardano le regole puramente sportive, cioè quelle regole che riguardano le questioni che interessano esclusivamente lo sport e che, come tali, sono estranee all'attività economica (come sancito dalla sentenza *Walrave e Koch*). Infatti, tali regolamenti, attinenti al carattere ed al contesto specifico degli incontri sportivi, sono inerenti all'organizzazione ed al corretto svolgimento della competizione sportiva e non possono essere considerati costitutivi di una restrizione delle norme comunitarie sulla libera circolazione dei lavoratori e sulla libera prestazione dei servizi. In tale contesto si è giudicato che costituiscono regole puramente sportive, e quindi estranee per natura all'ambito di applicazione degli artt. 39 CE e 49 CE ora artt. 45 e 56 TFUE), quelle relative alla composizione delle squadre nazionali, o ancora le regole relative alla selezione da parte delle federazioni sportive di quelli tra i loro affiliati che possono partecipare a competizioni internazionali di alto livello. Fanno ugualmente parte di queste norme le «regole del gioco» in senso stretto, quali ad esempio le regole che fissano la durata delle partite o il numero di giocatori in campo, dato che lo sport può esistere e funzionare soltanto nell'ambito di regole determinate. Questa restrizione della sfera di applicazione delle dette norme del Trattato deve tuttavia restare entro i limiti del suo oggetto specifico.

Il passo sopra riportato merita la massima attenzione in quanto, per la prima volta, il Tribunale si sforza di distinguere, anche a livello terminologico, nell'ambito delle regole adottate in ambito sportivo (c.d. regole sportive), le regole economiche, ossia quelle che riguardano l'aspetto economico che l'attività sportiva può rivestire, dalle regole puramente sportive, ossia quelle regole che riguardano le questioni che interessano esclusivamente lo sport e che, come tali, sono estranee all'attività economica in quanto attinenti al carattere ed al contesto specifico degli incontri sportivi e inerenti all'organizzazione ed al corretto svolgimento della competizione sportiva. Inoltre, sempre per la prima volta, vengono menzionate le c.d. "regole del gioco" «*quali, ad esempio, le regole che fissano la durata delle partite o il numero di giocatori in campo, dato che lo sport può esistere e funzionare soltanto nell'ambito di regole determinate*» e anch'esse ricomprese nell'ambito delle regole puramente sportive.

Secondo il Tribunale, pertanto, le regole sportive sono quelle regole adottate nel campo dello sport per disciplinarne la corretta gestione ed organizzazione. All'interno delle regole sportive sono ravvisabili tre distinte tipologie di regole:

a) le regole economiche;
b) le regole puramente sportive;
c) le regole del gioco, quale sottocategoria delle regole puramente sportive.

È interessante notare altresì che, secondo il Tribunale, tale tripartizione non varia a seconda della tipologia e del contenuto delle norme europee (libera prestazione dei servizi e libera circolazione dei lavoratori/concorrenza) considerate. Sul punto, infatti, il Tribunale, pur riconoscendo che né nella sentenza *Bosman*, né nella sentenza *Deliège* la Corte di giustizia ha dovuto occuparsi della assoggettabilità delle regole sportive alla disciplina antitrust, ha sottolineato che «*i principi desunti dalla giurisprudenza, in materia di applicazione ai regolamenti sportivi delle disposizioni comunitarie in materia di libera circolazione delle persone e dei servizi, sono ugualmente validi per quanto riguarda le disposizioni del Trattato relative alla concorrenza. Infatti, la circostanza che un regolamento puramente sportivo sia estraneo all'attività economica, con la conseguenza che, secondo la Corte, esso non ricade nell'ambito di applicazione degli artt. 39 e 49 Trattato CE [ora artt. 45 e 56 Trattato FUE], significa, parimenti, che esso è estraneo ai rapporti economici che interessano la concorrenza, con la conseguenza che esso non ricade nemmeno nell'ambito di applicazione degli artt. 81 CE ed 82 CE [ora artt. 101 e 102 TFUE]. Per contro, una normativa che, sebbene adottata nell'ambito dello sport, non sia puramente sportiva, ma riguardi l'aspetto economico che l'attività sportiva può rivestire, ricade nel campo di applicazione delle disposizioni tanto degli artt. 39 e 49 Trattato CE [ora artt. 45 e 56 Trattato FUE] che degli artt. 81 CE ed 82 CE [ora artt. 101 e 102 TFUE] e può, eventualmente, recare pregiudizio alle libertà garantite da tali disposizioni ed essere oggetto della procedura di applicazione degli artt. 81 CE ed 82 CE [ora artt. 101 e 102 TFUE]*».

Sebbene per tale via il Tribunale sembri ampliare la portata dell'eccezione sportiva così come teorizzata nelle pronunce *Walrave e Koch* e *Donà*, in realtà il principio di diritto enunciato dal Tribunale appare largamente condivisibile: se si accetta l'idea che esistono regole che riguardano questioni che interessano esclusivamente lo sport e che, come tali, sono estranee all'attività economica e che, pertanto, sono sottratte alla sfera di applicazione del diritto dell'Unione europea in quanto attinenti al carattere specifico dello sport (c.d. regole puramente sportive) oppure in quanto aventi ad oggetto aspetti quali, ad esempio, le regole che fissano la durata delle partite, il numero di giocatori in campo o la dimensione della palla (c.d. regole del gioco), la non assoggettabilità di tali regole al diritto dell'Unione europea non può essere limitata alle sole disposizioni in materia di libera prestazione dei servizi o libera circolazione dei lavoratori, ma deve essere estesa ad ogni altro tipo di disposizione, ivi compresa la normativa a tutela della concorrenza.

Dopo tale ampia premessa, il Tribunale analizza la natura (puramente sportiva o economica) delle regole antidoping controverse. Da subito, il Tribunale mette in risalto che, «*benché sia certamente vero che lo sport di alto livello è divenuto in larga misura un'attività economica, rimane nondimeno il fatto che la lotta antidoping non persegue alcun obiettivo economico. Infatti, la lotta antidoping è intesa a preservare, in primo luogo, lo spirito sportivo (il fair play) senza il quale lo sport, praticato a livello tanto dilettantistico quanto professionale, non è più sport. Questo obiettivo, puramente sociale, giustifica da solo la lotta antidoping. In secondo luogo, dato che i prodotti dopanti non sono privi di effetti fisiologici negativi, tale lotta mira a salvaguardare la salute degli atleti. Pertanto, il divieto del doping, in quanto espressione particolare del principio del fair play, rientra fra le prime regole del gioco sportivo*».

Per tali motivi, il Tribunale, ribadito che il divieto del doping si basa su considerazioni puramente sportive ed è dunque estraneo a qualsiasi considerazione economica, afferma che le regole per la lotta antidoping, esattamente come i regolamenti esaminati dalla Corte nelle sentenze *Walrave*, *Donà* e *Deliège*, non possono rientrare nell'ambito di applicazione delle disposizioni del Trattato sulle libertà economiche e, in particolare, degli artt. 49, 81 ed 82 CE [ora artt. 56, 101 e 102 TFUE]. Le regole antidoping, infatti, sono intimamente legate allo sport in quanto tale.

Si può, pertanto, affermare che nella propria sentenza il Tribunale non ha fatto altro che applicare i principi elaborati dalla Corte di giustizia nelle precedenti sentenze, estendendoli anche al caso in cui le regole dell'Unione europea invocate non fossero quelle relative alle libertà fondamentali, ma quelle relative alla concorrenza, nel tentativo di dare unitarietà e coerenza alla propria pronuncia rispetto alla pregressa giurisprudenza.

Sulla scorta di quanto detto, pertanto, è facile rendersi conto che la sentenza *Meca-Medina e Majcen* del Tribunale si colloca nel solco di una giurisprudenza della Corte di giustizia, certamente non ricca, ma pacificamente costante in ordine al fatto che:

1) lo sport, anche quando costituisce un'attività economica, non può mai essere equiparato *tout court* ad una qualsiasi attività economica: in altre parole, lo sport è speciale;

2) tale specialità, a prescindere dalla rilevanza socioculturale del fenomeno sportivo, è rappresentata dal fatto che l'attività sportiva è disciplinata da una serie di regole e norme il cui fine ultimo ed essenziale è quello di assicurare l'essenza stessa del fenomeno sportivo, senza alcun interesse per la dimensione economica che lo sport può assumere;

3) proprio tale specialità impone che, qualora l'attività sportiva sia assoggettata al diritto dell'Unione europea in quanto costituisce un'attività economica, le regole strettamente inerenti allo sport (i.e., le regole puramente sportive) siano sottratte all'ambito di applicazione delle regole che governano il mercato interno;

4) per contro, quando vengono in considerazioni regole sportive, ma non strettamente inerenti allo sport (i.e., le regole che disciplinano il fenomeno sportivo nella sua valenza economica), allora si deve fare applicazione delle stesse regole e delle stesse eccezioni previste per ogni altra attività economica.

3.3. La sentenza della Corte di giustizia.

Adita in sede di appello, la Corte di giustizia ha ritenuto che la pronuncia del Tribunale fosse viziata da un errore di diritto. Nello specifico, ad avviso della Corte di giustizia, il ragionamento seguito dal Tribunale – e riassumibile nella massima secondo cui «*la circostanza che un regolamento puramente sportivo sia estraneo all'attività economica, con la conseguenza che, secondo la Corte, esso non ricade nell'ambito di applicazione degli artt. 39 CE e 49 CE, significa, parimenti, che esso è estraneo ai rapporti economici che interessano la concorrenza, con la conseguenza che esso non ricade nemmeno nell'ambito di applicazione degli artt. 81 CE ed 82 CE*» – risulta viziato in quanto:

a) «*se l'attività sportiva di cui trattasi rientra nell'ambito di applicazione del Trattato, allora i requisiti per il suo esercizio sono sottoposti a tutti gli obblighi derivanti dalle varie disposizioni del Trattato. Ne consegue che le norme che disciplinano la detta attività devono soddisfare i presupposti per l'applicazione di tali disposizioni che sono in particolare finalizzate a ga-*

rantire la libera circolazione dei lavoratori, la libertà di stabilimento, la libera prestazione dei servizi o la concorrenza»;

b) «*quindi, nel caso in cui l'esercizio di tale attività sportiva debba essere valutato alla luce delle disposizioni del Trattato relative alla libera circolazione dei lavoratori o alla libera prestazione dei servizi, occorrerà verificare se le norme che disciplinano la detta attività soddisfino i presupposti per l'applicazione degli artt. [45 e 56 TFUE], cioè non costituiscano restrizioni vietate dai detti articoli. Del pari, nel caso in cui l'esercizio della detta attività debba essere valutato alla luce delle disposizioni del Trattato relative alla concorrenza, occorrerà verificare se, tenuto conto dei presupposti per l'applicazione propri degli artt. [101 e 102 TFUE], le norme che disciplinano la detta attività provengano da un'impresa, se quest'ultima limiti la concorrenza o abusi della sua posizione dominante, e se tale restrizione o tale abuso pregiudichi il commercio tra gli Stati membri*»;

c) «*pertanto, quand'anche si consideri che tali norme non costituiscano restrizioni alla libera circolazione perché riguardano questioni che interessano esclusivamente lo sport e, come tali, sono estranee all'attività economica, tale circostanza non implica né che l'attività sportiva interessata esuli necessariamente dall'ambito di applicazione degli artt. [101 e 102 TFUE] né che le dette norme non soddisfino i presupposti per l'applicazione propri dei detti articoli*».

Sulla scorta di tale fondamentale premessa, la Corte di giustizia, ritenendo di disporre di tutte le informazioni necessarie per decidere il caso dei due nuotatori nel merito, anziché rinviare la decisione al Tribunale ha deciso di procedere all'esame del caso del merito.

In tale contesto, e per le sue dirette ricadute sulla materia sportiva, un'attenzione particolare merita la sentenza della Corte di giustizia del 1995 nella vicenda *Wouters e a.* relativa alla compatibilità con il diritto europeo della concorrenza della normativa olandese che vieta le forme di collaborazione integrata tra avvocati e revisori dei conti. In quella occasione la Corte di giustizia ha, dapprima, sottolineato che non ogni accordo tra imprese restrittivo della concorrenza ricade necessariamente nel divieto di cui all'art. 101, n. 1 TFUE in quanto ai fini dell'applicazione di tale norma «occorre innanzitutto tenere conto del contesto globale in cui la decisione dell'associazione di imprese di cui trattasi è stata adottata o spiega i suoi effetti, e più in particolare dei suoi obiettivi, connessi nella fattispecie alla necessità di concepire norme in tema di organizzazione, di qualificazione, di deontologia, di controllo e di responsabilità che forniscano la necessaria garanzia di integrità e di esperienza ai consumatori finali dei servizi legali e alla buona amministrazione della giustizia», verificando altresì se gli effetti restrittivi della concorrenza che ne derivano ineriscano al perseguimento di tali obiettivi; successivamente, si è data carico di sottolineare che l'avvocato (nella specie, dei Paesi Bassi) è tenuto al rispetto di rigorose regole deontologiche relative, in particolare, al dovere di difendere il proprio cliente in piena indipendenza e nell'interesse esclusivo di quest'ultimo, al dovere di evitare qualunque rischio di conflitto di interessi e al dovere di rispettare il segreto professionale, con la conseguenza che l'osservanza di tali doveri sarebbe messa a repentaglio qualora gli avvocati venissero autorizzati ad instaurare forme di collaborazione integrata con i revisori dei conti, sia perché questi ultimi non sono tenuti al rispetto dei medesimi obblighi deontologici, sia perché, stante l'incompatibilità tra l'attività di consulenza dell'avvocato e l'attività di controllo del revisore, «l'avvocato potrebbe non essere più in grado di consigliare e difendere il proprio cliente in maniera indipendente e nel rispetto di un rigoroso segreto professionale se appartenesse ad una struttura avente anche la funzione di rendere conto dei risultati finanziari delle operazioni per le quali egli è intervenuto e di certificarli»; infine, sulla scorta di tali osservazioni, ha ritenuto che il divieto in esame non violasse l'art. 101, n. 1, TFUE in quanto, malgrado gli effetti restrittivi della concorrenza in precedenza descritti, risultava necessario non già per promuovere l'efficienza economica del sistema, bensì per il buon esercizio della professione di avvocato, così come organizzata nei Paesi Bassi.

Nella ricostruzione operata dalla Corte di giustizia, pertanto, l'applicazione al settore sportivo dei principi elaborati in occasione del caso *Wouters e a.* comporta che, ogni qualvolta la validità di una regola sportiva sia contestata con riferimento al diritto europeo della concorrenza, la regola sportiva in questione deve essere assoggettata al c.d. *Wouters test*. In sostanza, ciò significa che:

a) in primo luogo, occorre domandarsi se l'associazione sportiva che ha adottato la regola contestata può considerarsi un'impresa o un'associazione di imprese ai sensi degli artt. 101 o 102 TFUE: a tale riguardo, occorre che l'associazione sportiva svolga essa stessa un'attività economica oppure che i membri dell'associazione sportiva siano imprese che svolgono un'attività economica;

b) in caso di risposta affermativa, si tratta di verificare se la regola contestata restringe la concorrenza ai sensi dell'art. 101, n. 1, TFUE oppure costituisce un abuso di posizione dominante ai sensi dell'art. 102 TFUE: a tal fine, occorre:

i) tenere conto del contesto generale in cui la regola è stata adottata o dispiega i suoi effetti, nonché dei suoi obiettivi;

ii) verificare se gli effetti restrittivi della concorrenza sono inerenti al perseguimento di tali obiettivi ad essi proporzionati;

c) in caso di risposta negativa, si dovrà verificare se la regola in questione è in grado di determinare un pregiudizio al commercio tra Stati membri;

d) in caso di risposta positiva, infine, si dovrà verificare l'eventuale sussistenza delle quattro condizioni previste dall'art. 101, n. 3, TFUE.

In tale contesto, la Corte di giustizia ha riconosciuto che «*l'obiettivo generale della normativa in esame è combattere il doping in vista di uno svolgimento leale della competizione sportiva e include la necessità di assicurare agli atleti pari opportunità, la salute, l'integrità e l'obiettività della competizione nonché i valori etici nello sport, la qual cosa non è contestata da nessuna delle parti. Peraltro, dato che per garantire l'esecuzione del divieto del doping sono necessarie sanzioni, l'effetto di queste ultime sulla libertà d'azione degli atleti va considerato, in linea di principio, come inerente alle regole antidoping. Quindi, anche qualora la regolamentazione antidoping controversa vada considerata come una decisione di associazioni di imprese che limita la libertà d'azione dei ricorrenti, essa non può, tuttavia, costituire necessariamente una restrizione della concorrenza incompatibile con il mercato comune ai sensi dell'art. 81 Trattato CE [ora art. 101 Trattato FUE], perché è giustificata da un obiettivo legittimo. Infatti, una limitazione del genere inerisce all'organizzazione e al corretto svolgimento della competizione sportiva ed è finalizzata proprio ad assicurare un sano spirito di emulazione tra gli atleti*».

Per quanto riguarda, invece, il carattere proporzionato della sanzione, la Corte di giustizia evidenzia che la natura repressiva della regolamentazione antidoping e la gravità delle sanzioni applicabili in caso di sua violazione sono effettivamente in grado di produrre effetti negativi sulla concorrenza perché, nel caso in cui tali sanzioni si rivelassero, alla fine, immotivate, potrebbero comportare l'ingiustificata esclusione dell'atleta dalle competizioni e dunque falsare le condizioni di esercizio dell'attività in questione. Di conseguenza, per potersi sottrarre al divieto sancito dall'art. 101, n. 1, TFUE, le restrizioni imposte dalla normativa antidoping devono limitarsi a quanto necessario per assicurare il corretto svolgimento della competizione sportiva.

Sotto tale profilo, due sono gli aspetti presi in considerazione dalla Corte di giustizia: da un lato, la necessità di determinare in modo chiaro, preciso e non arbitrario le condizioni atte a fissare la linea di demarcazione tra le situazioni che rientrano nel doping sanzionabile e quelle che non vi rientrano; dall'altro lato, la severità delle dette sanzioni.

Con riferimento al primo aspetto, la Corte di giustizia rileva che, nel caso di specie, la linea di demarcazione che distingue ciò che è vietato da ciò che non è vietato è stata individuata nella soglia di 2 ng/ml di urina, oltre la quale la presenza di Nandrolone nel corpo dell'atleta costituisce doping. Per quanto i ricorrenti abbiano contestano tale regola sostenendo che la soglia così calcolata è fissata ad un livello eccessivamente basso, il quale non poggerebbe su alcun criterio di certezza scientifica, la Corte di giustizia sottolinea i seguenti punti-chiavi:

a) il nandrolone è una sostanza anabolizzante la cui presenza nel corpo degli atleti è in grado di migliorare le loro prestazioni e di falsare lo svolgimento leale delle competizioni cui gli interessati partecipano. Il principio alla base del divieto che colpisce tale sostanza è pertanto giustificato, tenuto conto dell'obiettivo della regolamentazione antidoping;

b) è altresì pacifico che tale sostanza può essere prodotta a livello endogeno e che, per tener conto di tale fenomeno, le istanze sportive hanno ammesso che la presenza della detta sostanza è qualificata come doping solo quando oltrepassa una certa soglia. Quindi, è soltanto nell'ipotesi in cui, tenuto conto dello stato delle conoscenze scientifiche al momento dell'adozione della regolamentazione antidoping controversa o anche al momento dell'applicazione che ne è stata fatta per sanzionare i ricorrenti, nel 1999, la soglia di tolleranza risultasse fissata ad un livello talmente basso da dover ritenere che non tenga sufficientemente conto di tale fenomeno che la detta regolamentazione dovrebbe essere considerata ingiustificata alla luce dell'obiettivo cui era finalizzata.

Sennonché, la Corte di giustizia rileva che, in base alle conoscenze scientifiche disponibili, la produzione endogena media osservata in tutti gli studi pubblicati risulta 20 volte inferiore a 2 ng/ml di urina e che il valore massimo della produzione endogena osservata è inferiore di circa un terzo. E se è vero che nel corso del 1992 uno studio, peraltro mai pubblicato, aveva evidenziato che il semplice consumo di carne di verro poteva portare atleti perfettamente innocenti a oltrepassare la soglia in questione, tale dato non risultava confermato dalla maggioranza della comunità scientifica. Inoltre, i risultati degli studi e degli esperimenti condotti in materia dopo l'adozione della decisione della commissione dovevano ritenersi ininfluenti sulla legittimità di quest'ultima.

Per quanto riguarda, invece, il profilo del carattere proporzionato della sanzione inflitta, la Corte di giustizia, rilevato che i ricorrenti non avevano lamentato la natura eccessiva delle sanzioni, ha ritenuto che non fosse stato dimostrato il carattere sproporzionato della regolamentazione antidoping controversa ed ha, pertanto, rigettato l'appello proposto dai due nuotatori.

4. Le Federazioni sportive e la concorrenza.

Dopo la vicenda *Meca-Medina e Majcen*, il tema dei rapporti tra l'attività sportiva e il diritto europeo della concorrenza è stato analizzato prevalentemente sotto il profilo dell'idoneità dell'esercizio del potere regolatorio e normativo delle federazioni sportive ad ostacolare l'emergere di nuove manifestazioni sportive (o marginalizzare quelle già esistenti) che si pongono in concorrenza con le manifestazioni sportive organizzate e gestite direttamente dalle federazioni o da queste autorizzate.

La trasformazione dello sport in vera e propria attività economica iniziata negli anni Novanta ha amplificato il fenomeno in esame. È noto infatti, che lo sport, soprattutto quando praticato ad altissimi livelli, rappresenta ormai da diversi anni un prodotto di intrattenimento di straordinaria rilevanza economica. Come riconosceva la Corte di giustizia già nella sentenza *Deliège* del 2000 «l'organizzatore di una (...) competizione [di alto livello] offre all'atleta la possibilità di esercitare la sua attività sportiva misurandosi con altri concorrenti e, correlativamente, gli atleti, con la loro partecipazione alla competizione, permettono all'organizzatore di produrre uno spettacolo sportivo al quale il pubblico può assistere, che emittenti di programmi televisivi possono ritrasmettere e che può interessare quanti intendono inviare messaggi pubblicitari nonché sponsor. Inoltre, l'atleta fornisce ai propri sponsor una prestazione pubblicitaria che trova il suo supporto nell'attività sportiva in sé stessa». L'avvento delle televisioni a pagamento, inoltre, ha contribuito a trasformare lo sport in vero e proprio business, attribuendo ai diritti audiovisivi relativi ad eventi sportivi un ruolo di primissimo piano all'interno dei palinsesti delle emittenti televisive.

Sino ad oggi i soggetti che hanno tratto maggior vantaggio da tale situazione sono state le singole federazioni sportive (nazionali ed internazionali) le quali, in ragione della posizione di monopolio detenuta in forza del principio di una federazione unica per ogni disciplina sportiva (cui si ricollega la c.d. struttura piramidale del fenomeno sportivo in Europa), hanno potuto agire autonomamente sia sul versante dell'esercizio del potere di regolamentazione ed organizzazione dello sport, sia sul versante dell'esercizio dell'attività economica relativa all'organizzazione delle manifestazioni sportive. In considerazione di questa duplice natura delle federazioni sportive, il problema giuridico che si è posto, soprattutto in termini di tutela della concorrenza, è stato quello di chiarire se e fino a che punto deve ritenersi lecito il comportamento della federazione che si avvale dell'esercizio del proprio potere regolatorio per riservare a sé stessa, e a discapito di soggetti terzi, l'accesso al (distinto) mercato dell'organizzazione degli eventi sportivi.

Si tratta di un tema di straordinaria attualità in virtù di alcuni casi, di recente portati all'esame sia delle istituzioni europee e di rilevante complessità in quanto, a seconda del punto di vista che si adotta, vengono in considerazioni aspetti fondamentali quali la libertà di concorrenza, da un lato, e l'autonomia e la specificità dello sport, dall'altro lato. Lo stesso Parlamento europeo nella propria risoluzione sulla relazione annuale sulla politica di concorrenza del 2015 aveva sollecitato «la Commissione ad esaminare le pratiche restrittive e abusive delle federazioni sportive internazionali, per esempio la negazione ai loro membri del diritto di partecipare a eventi sportivi alternativi non avallati dalle rispettive federazioni e l'imposizione per atleti, funzionari e allenatori di una squalifica a vita dalle competizioni come i giochi olimpici e i campionati mondiali in caso di non ottemperanza».

Non è, tuttavia, la prima volta che il tema in questione viene portato all'esame sia delle istituzioni europee, tanto da poter affermare che, seppur non particolarmente ricca in termini quantitativi, la prassi decisionale sviluppatasi in Europa ci restituisce un quadro abbastanza preciso ed univoco, di cui si cercherà di dare conto nelle pagine che seguono.

5. I primi interventi della Commissione e della Corte di giustizia: i casi *FIA/Formula 1* e *MOTOE*.

Nell'ambito della giurisprudenza e della prassi decisionale dell'Unione europea il tema in oggetto non si presenta completamente nuovo. Pur essendo relativamente pochi i casi portati al vaglio di varie istanze decisionali, il quadro all'interno del quale l'interprete è chiamato ad orientarsi si presenta abbastanza univoco in ordine alla rilevanza per il diritto della concorrenza delle dinamiche che caratterizzano il mercato dell'organizzazione e della gestione degli eventi sportivi.

Per quanto riguarda i casi portati all'esame delle istituzioni dell'Unione europea il riferimento obbligato è rappresentato dalla vicenda *FIA/Formula 1* del 2001 conclusasi con un accordo con la Commissione europea e il caso *MOTOE* deciso dalla Corte di giustizia nel 2008.

La vicenda *FIA/Formula 1* nasce a seguito della notifica alla Commissione europea di cinque regolamenti della FIA relativi rispettivamente allo statuto della FIA, al Codice etico, alle disposizioni generali applicabili a qualunque manifestazione della FIA, ai regolamenti dei campionati internazionali FIA e alle informazioni contenute nell'annuario della FIA oltre ad altri accordi stipulati dalla FIA e relativi specificamente al settore della Formula 1. Nella propria comunicazione degli addebiti la Commissione aveva evidenziato che la FIA era venuta a trovarsi in una situazione di conflitto di interessi, essendosi servita delle proprie competenze in materia di regolamentazione, per bloccare l'organizzazione di gare concorrenti rispetto alle manifestazioni della FIA. Inoltre, per un certo periodo, era plausibile ritenere che la FIA avesse sfruttato abusivamente la propria posizione dominante per il fatto di aver preteso diritti televisivi sulle manifestazioni motoristiche che autorizzava. Da ultimo, alcuni contratti notificati sembravano in contrasto con la disciplina antitrust per aver frapposto ulteriori ostacoli all'attività di possibili concorrenti: a mero titolo esemplificativo la Commissione aveva sottolineato che i contratti con gli organizzatori impedivano, per un periodo di dieci anni, di mettere i circuiti utilizzati per la Formula 1 a disposizione di altre gare che avrebbero potuto fare concorrenza alla Formula 1 stessa, mentre gli accordi con le emittenti prevedevano una penale finanziaria qualora venissero mostrate manifestazioni motoristiche concorrenti del campionato di Formula 1.

Preso atto dei rilievi della Commissione europea la FIA ha deciso di modificare i propri regolamenti e gli accordi in essere. Nello specifico, il Codice etico è stato modificato prevedendo espressamente che il codice mira ad agevolare gli sport motoristici e che la sua attuazione non servirà in alcun caso a impedire l'organizzazione di una gara o la partecipazione di un concorrente, tranne ove la FIA giunga alla conclusione che ciò risulti necessario per salvaguardare le esigenze di sicurezza, correttezza sportiva e regolarità delle gare; in linea con tale nuova filosofia, sono stati eliminati gli ostacoli che si frapponevano in precedenza a una possibile concorrenza tra i marchi e al loro stesso interno. La FIA ha riconosciuto la possibilità di organizzare manifestazioni e gare concorrenti all'interno della Formula 1 (nonché in altre discipline motoristiche), di creare nuove discipline e autorizzare manifestazioni o gare in discipline potenzialmente concorrenti. In tal senso è stata eliminata la clausola che prevedeva che i circuiti utilizzati per la Formula 1 non potevano ospitare altre gare motoristiche per dieci anni; analogamente è stata eliminata la clausola che prevedeva una penalità per le emittenti televisive che avessero trasmesso eventi motoristici in concorrenza con la Formula 1; è stato pure soppresso il diritto della FIA di acquisire in esclusiva tutti i diritti televisivi relativi ad eventi autorizzati dalla FIA ancorché se organizzati e gestiti da soggetti terzi.

Di fronte a tali modifiche la Commissione europea ha ritenuto di poter chiudere il caso essendo venuti meno i dubbi manifestati in occasione della comunicazione degli addebiti. È, peraltro, interessante notare che sin dall'inizio la Commissione aveva sempre riconosciuto il carattere indispensabile di norme minime di sicurezza per il corretto funzionamento dello sport motoristico, sottolineando l'opportunità che la FIA disciplinasse l'organizzazione di manifestazioni motoristiche e la partecipazione alle stesse, per garantire il rispetto di tali norme. Infatti, in mancanza di norme vincolanti, gli organizzatori delle manifestazioni e i concorrenti potrebbero indulgere alla tentazione di ignorare alcuni requisiti essenziali di sicurezza nell'intento di ridurre i costi.

Diverso, ma per alcuni aspetti analogo (e non solo per il settore sportivo coinvolto, gli sport motoristici), si presenta il caso esaminato dalla Corte di giustizia nella vicenda *MOTOE*. Quest'ultima è un'associazione di diritto privato senza scopo di lucro avente per oggetto l'organizzazione di gare motociclistiche in Grecia che aveva presentato al Ministro dell'ordine pubblico una domanda diretta ad ottenere l'autorizzazione ad organizzare gare nell'ambito del trofeo panellenico organizzato dalla stessa MOTOE. Conformemente all'art. 49, n. 2, del codice stradale greco, tale programma è stato trasmesso all'ELPA (il Club automobilistico e turistico greco) che rappresenta in Grecia la FIM (Fédération International de Motocyclisme), per ottenere un parere conforme ai fini della concessione dell'autorizzazione richiesta. Poiché l'ELPA non ha mai fornito al ministro competente il parere richiesto, eccependo l'illegittimità di tale rigetto implicito la MOTOE ha proposto un ricorso dinanzi al Tribunale amministrativo di primo grado di Atene facendo valere che l'art. 49 del codice stradale greco è contrario, da un lato, al principio costituzionale di imparzialità degli organi amministrativi e, dall'altro, agli allora artt. 82 CE e 86, n. 1, CE (ora artt. 102 e 106 TFUE), in quanto la disposizione nazionale controversa consente all'ELPA, la quale organizza direttamente gare motociclistiche, di istituire un monopolio in tale settore e di abusarne. Sconfitta in primo grado, la MOTOE ha presentato appello e nell'ambito di tale giudizio i giudici greci hanno ritenuto necessario sottoporre alla Corte di giustizia le due seguenti questioni pregiudiziali:

a) se gli artt. 82 e 86 del Trattato CE (ora artt. 102 e 106 TFUE) debbano essere interpretati nel senso che includono nel loro ambito di applicazione anche le attività di una persona giuridica quale l'ELPA che ha la qualità di rappresentante nazionale della FIM e che svolga attività economiche attraverso la conclusione di contratti di sponsorizzazione, di pubblicità e di assicurazione, relativamente alle manifestazioni sportive da essa organizzate nel settore dei veicoli a motore;

b) in caso di risposta affermativa, se l'art. 49 del codice stradale greco sia compatibile con le disposizioni in precedenza richiamate, in quanto, ai fini della concessione da parte dell'autorità pubblica nazionale (nella fattispecie il Ministro dell'ordine pubblico) di un'autorizzazione per l'organizzazione di una gara di veicoli a motore, attribuisce alla summenzionata persona giuridica il potere di emettere un parere conforme quanto all'organizzazione della gara, senza fissare limiti, obblighi e controlli all'esercizio di tale potere. In altre e più semplici parole, la vicenda MOTOE solleva la delicata questione di stabilire se il doppio ruolo di un soggetto che, nella sua veste di rappresentante nazionale di una federazione internazionale, da un lato svolge attività rappresentativa e di regolamentazione di un determinato settore sportivo e, dall'altro lato, organizza e gestisce direttamente le attività economiche connesse all'organizzazione di eventi sportivi.

Nello specifico, per quanto riguarda la rilevanza del doppio ruolo svolto dall'ELPA ai fini della qualifica di quest'ultima come impresa ai sensi del diritto europeo della concorrenza la Corte di giustizia, pur riconoscendo che le attività che si ricollegano all'esercizio delle prerogative dei pubblici poteri non presentano carattere economico e quindi sono sottratte alle norme sulla concorrenza previste dal Trattato, mette in chiaro che «la circostanza che un ente disponga, per l'esercizio di una parte delle proprie attività, di prerogative dei pubblici poteri non impedisce, di per sé sola, di qualificarlo come impresa ai sensi del diritto comunitario della concorrenza per il resto delle sue attività economiche», posto che «la qualificazione come attività rientrante nell'esercizio dei pubblici poteri o come attività economica dev'essere effettuata separatamente per ogni attività esercitata da un dato ente».

Per quanto riguarda, invece, la questione dell'idoneità del potere attribuito all'ELPA di emettere un parere conforme sulle domande di autorizzazione presentate ai fini dell'organizzazione delle gare motociclistiche, senza fissare limiti, obblighi e controlli all'esercizio di tale potere di favorire comportamenti abusivi in danno di altri concorrenti, la Corte di giustizia sottolinea che «un sistema di concorrenza non falsata, come quello previsto dal Trattato, può essere garantito solo se sono garantite pari opportunità tra i vari operatori economici. Affidare ad una persona giuridica come l'ELPA, che, essa stessa, organizza e sfrutta commercialmente gare motociclistiche, il compito di fornire all'amministrazione competente un parere conforme sulle domande di autorizzazione presentate ai fini dell'organizzazione di tali gare, equivale de facto a conferirle il potere di designare i soggetti autorizzati ad organizzare le suddette gare nonché a fissare le condizioni in cui le stesse si svolgono, concedendo in tal modo all'ente in questione un evidente vantaggio sui concorrenti. Una prerogativa siffatta può indurre l'impresa che ne dispone a impedire l'accesso degli altri operatori sul mercato di cui trattasi. Tale situazione di disparità tra le condizioni di concorrenza è, inoltre, sottolineata dal fatto, confermato all'udienza dinanzi alla Corte, che l'ELPA, quando organizza o partecipa all'organizzazione di gare motociclistiche, non è tenuta ad ottenere alcun parere conforme affinché l'amministrazione competente le conceda l'autorizzazione richiesta». Inoltre, prosegue la Corte di giustizia, la stessa assenza di limiti, obblighi o controlli all'esercizio del potere di emettere il parere conforme «può indurre la persona giuridica incaricata di emettere tale parere conforme a falsare la concorrenza favorendo le gare che essa organizza o quelle alla cui organizzazione partecipa».

Appare alquanto evidente da quanto sin qui illustrato che il vero punto affrontato dalla Corte di giustizia non attiene alla legittimità del potere regolatorio di una federazione sportiva in quanto tale, bensì alla legittimità degli obiettivi eseguiti dalla federazione nell'esercizio di tale potere. A tale riguardo, infatti, nelle proprie Conclusioni l'Avvocato generale Kokott aveva riconosciuto espressamente la possibilità che in taluni casi esistano fondati motivi che legittimano una federazione sportiva a negare il proprio parere conforme ai fini della concessione dell'approvazione allo svolgimento di una manifestazione sportiva. A mero titolo esemplificativo vengono citate le finalità di assicurare la sicurezza di corridori e spettatori, la necessità che ogni disciplina sportiva sia governata da regole possibilmente uniformi, da osservarsi per assicurare un regolare e giusto svolgimento delle competizioni nonché l'interesse sia degli atleti sia del pubblico a che le varie manifestazioni sportive siano inserite all'interno di un calendario unitario che eviti impossibili quanto inopportuni accavallamenti. In tale contesto, l'Avvocato generale riconosce espressamente che «la struttura a piramide che si è sviluppata nella maggior parte delle discipline sportive concorre ad assicurare l'osservanza dei particolari requisiti dello sport, quali regole uniformi e calendari di gara unitari. Un ente come l'ELPA, che è l'unico legittimo rappresentante in Grecia della Federazione motociclistica internazionale FIM, è parte di questa struttura a piramide. Nel quadro del potere ad essa conferito di codecisione nella concessione dell'autorizzazione pubblica delle gare motociclistiche, può far valere gli interessi dello sport in maniera legittima e, all'occorrenza, negare il proprio parere conforme. La negazione del parere conforme si trasforma, tuttavia, in abuso allorquando non possa essere obiettivamente giustificata con gli interessi dello sport e venga, invece, arbitrariamente impiegata per promuovere propri interessi economici, a scapito degli altri offerenti, che intendano organizzare e soprattutto commercializzare gare motociclistiche sotto la propria responsabilità».

6. I casi *International Skating Union (ISU)* e *Superlega*.

L'attuale rilevanza del tema in esame è strettamente collegata a due casi (e ad altri tre casi di cui si darà brevemente conto nel paragrafo finale del presente scritto).

Il primo riguarda la controversia che tra due pattinatori olandesi (Mark Tuitert e Niels Kerstholt) e l'International Skating Union (ISU); il secondo si riferisce al ben noto tema della Superlega.

6.1. Il caso *International Skating Union (ISU)*.

Il caso dei due pattinatori olandesi si presenta abbastanza semplice da un punto di vista fattuale. Il Codice etico dell'ISU impone a tutti soggetti a cui il Codice stesso si applica (in primis, gli atleti tesserati per una federazione nazionale affiliata all'ISU) di astenersi dalle scommesse e da qualsiasi attività connessa alle scommesse relative a manifestazioni che si svolgono sotto la giurisdizione dell'ISU. Nel corso del 2013 Icederby International Co. Ltd., una società privata di diritto koreano, ha comunicato all'ISU la propria intenzione di organizzare una manifestazione sportiva in Dubai (il Dubai Icederby Grand Prix Exhibition 2014), precisando che durante la manifestazione non ci sarebbe stata alcuna attività di scommesse in loco in quanto strettamente vietate in Dubai. Si tratta di una precisazione di fondamentale importanza posto che la società Icederby International era nota soprattutto per organizzare attività di scommesse durante le manifestazioni sportive dalla stessa gestite. Con comunicato n. 1853 del 6 marzo 2014 l'ISU ha fatto sapere che non intendeva riconoscere la manifestazione sportiva in questione sulla base del presupposto che tale competizione poteva in qualche modo essere ricollegata ad attività di scommesse. Inoltre, con lo stesso comunicato l'ISU ha precisato che la partecipazione ad una competizione sportiva non autorizzata dall'ISU avrebbe comportato per i partecipanti la definitiva impossibilità di partecipare alle manifestazioni organizzate dall'ISU (quali le Olimpiadi invernali, i Campionati del mondo, i Campionati europei, ecc.). Al fine di comprendere pienamente la portata di quest'ultima disposizione, tuttavia, occorre analizzare con attenzione il contenuto delle regole ISU sulla partecipazione degli atleti alle manifestazioni sportive. In base al combinato disposto dell'art. 102, 1, b), i) e 2, iii) chiunque (atleta, dottore, allenatore, arbitro, dirigente, ecc.) partecipi ad una manifestazione sportiva non autorizzata dall'ISU perde il diritto di partecipare a tutte le competizioni sportive organizzate dall'ISU. Inoltre, sebbene sia prevista un'apposita procedura che permette ad un soggetto privato della possibilità di partecipare alle competizioni organizzate dall'ISU di riacquistare tale possibilità, questa procedura è espressamente dichiarata inapplicabile agli atleti che abbiano preso parte ad una competizione non approvata dall'ISU. Ne consegue, pertanto, che la sanzione prevista dall'ISU a carico degli atleti che prendano parte a manifestazioni non organizzate dall'ISU comporta l'esclusione a vita dell'atleta dalle manifestazioni organizzate dall'ISU.

L'8 dicembre 2017 la Commissione ha adottato una decisione con la quale ha stabilito che:

a) il mercato rilevante nel caso di specie era il mercato mondiale dell'organizzazione e dello sfruttamento commerciale del pattinaggio di velocità. Ciò premesso, tenuto conto del ruolo della ricorrente quale organizzatrice delle più importanti competizioni nonché di organismo di regolamentazione della disciplina, la Commissione ha ritenuto che le norme in materia di ammissibilità limitassero la concorrenza;

b) la ricorrente poteva influenzare la concorrenza sul mercato rilevante, essendo l'organo direttivo e il solo organismo di regolamentazione del pattinaggio di velocità e detenendo il potere di autorizzare le competizioni internazionali di tale disciplina. La ricorrente è, inoltre, responsabile dell'organizzazione delle più importanti competizioni di pattinaggio di velocità e il suo potere di mercato sostanziale risulta dal fatto che nessuna impresa è stata in grado di entrare con successo nel mercato rilevante;

c) l'ISU era un'associazione di imprese e che le norme in materia di ammissibilità costituissero una decisione di un'associazione di imprese ai sensi dell'art. 101, par. 1, TFUE;

d) le norme in materia di ammissibilità avevano lo scopo di restringere la concorrenza ai sensi dell'art. 101, par. 1, TFUE. Essa ha ritenuto, in sostanza, che dette norme limitassero le possibilità, per i pattinatori di velocità professionisti, di partecipare liberamente a prove internazionali organizzate da terzi e privassero, pertanto, i potenziali organizzatori di prove concorrenti dei servizi degli atleti che erano necessari per organizzare dette competizioni. Essa è giunta a tale conclusione dopo aver esaminato il contenuto delle suddette norme, i loro obiettivi, il contesto economico e giuridico nel quale si inserivano nonché l'intento soggettivo della ricorrente di escludere organizzatori terzi;

e) le regole dell'ISU controverse non potevano esulare dall'ambito di applicazione dell'art. 101 TFUE in quanto tali regole non erano funzionali solo ad obiettivi puramente legittimi, ma rispondevano anche ad altri interessi della ricorrente, tra cui i suoi interessi economici. Inoltre, secondo la Commissione, le norme in materia di ammissibilità non ineriscono, in parte, ai legittimi obiettivi perseguiti e, in ogni caso, non sono proporzionate agli obiettivi stessi.

Con riferimento, invece, alla competenza esclusiva del Tribunale Arbitrale dello Sport (TAS) di Losanna a conoscere di eventuali impugnazioni contro il diniego di autorizzazione e/o le sanzioni irrogate agli atleti, la Commissione ha ammesso che l'arbitrato rappresentava un metodo generalmente accettato per la risoluzione delle controversie e che il fatto di stipulare una clausola compromissoria non costituiva, di per sé, una restrizione della concorrenza. Tuttavia, essa ha ritenuto che il regolamento arbitrale dell'ISU rafforzasse le restrizioni concorrenziali generate dalle norme in materia di ammissibilità in quanto, da un lato, il regolamento arbitrale rendeva difficile ottenere una tutela giurisdizionale effettiva contro le eventuali decisioni di inammissibilità della ricorrente non conformi all'art. 101 TFUE; mentre, dall'altro lato, gli atleti erano costretti ad accettare il regolamento arbitrale e la competenza esclusiva del TAS.

Per tali motivi, nella propria decisione la Commissione ha accertato la violazione da parte dell'ISU dell'art. 101 TFUE, ha invitato la stessa ISU a porre termine all'infrazione e ha precisato che qualora l'ISU non si fosse conformata alla decisione, la Commissione avrebbe irrogato penalità di mora giornaliere di importo equivalente al 5% del suo volume d'affari medio giornaliero. Inoltre, la Commissione ha precisato che l'ISU poteva, in sostanza, porre fine all'infrazione pur conservando il suo sistema di autorizzazione preventiva solo se introduceva modifiche sostanziali non solo alle norme in materia di ammissibilità, ma altresì al suo regolamento arbitrale.

6.2. La sentenza del Tribunale.

Avverso tale decisione l'ISU ha proposto ricorso al Tribunale dell'Unione europea. Nel confermare la decisione impugnata il Tribunale ha sottolineato che la situazione in cui si trova l'ISU poteva dar luogo ad un conflitto di interessi. Infatti, per un verso, l'ISU svolge una funzione di regolamentazione, in base alla quale essa ha il potere di adottare norme nelle discipline di sua competenza e, quindi, di autorizzare le competizioni organizzate da terzi; per altro verso, nell'ambito della sua attività commerciale, l'ISU organizza le più importanti competizioni di pattinaggio di velocità alle quali i pattinatori professionisti devono partecipare per garantirsi un reddito. A tale proposito il Tribunale ha affermato che gli obblighi gravanti su una federazione sportiva nell'esercizio della sua funzione di regolamentazione, ai sensi dell'art. 101 TFUE, sono quelli costantemente sanciti dalla giurisprudenza relativa all'applicazione degli artt. 102 e 106 TFUE. Di conseguenza in tali circostanze, l'ISU è tenuta a garantire, in sede di esame delle richieste di autorizzazione, che gli organizzatori terzi di gare di pattinaggio di velocità non siano indebitamente privati di un accesso al mercato rilevante, al punto che la concorrenza in tale mercato ne risulti falsata.

Tanto premesso, il Tribunale ha esaminato la valutazione della Commissione in merito al contenuto delle norme in materia di ammissibilità, osservando che tali norme non esplicitano gli obiettivi legittimi da esse asseritamente perseguiti e hanno previsto criteri di autorizzazione, peraltro non esaustivi, solo a partire dal 2015. Pertanto, i requisiti applicati a partire da tale data non possono essere considerati tutti criteri di autorizzazione chiaramente definiti, trasparenti, non discriminatori e controllabili, che possano, in quanto tali, garantire agli organizzatori di gare un accesso effettivo al mercato rilevante. Di conseguenza, il Tribunale ha dichiarato che l'ISU aveva mantenuto un ampio margine di discrezionalità per rifiutare di autorizzare le competizioni proposte da terzi. Inoltre, per quanto riguarda il sistema sanzionatorio, il Tribunale ha sottolineato che la severità delle sanzioni previste era un elemento particolarmente rilevante nella ricerca di eventuali ostacoli al corretto funzionamento del gioco della concorrenza sul mercato rilevante. Una siffatta severità può, infatti, dissuadere gli atleti dal partecipare a competizioni non autorizzate dall'ISU, anche quando non vi sia alcun motivo legittimo a giustificare un tale diniego di autorizzazione. Nel caso di specie, il Tribunale ha dichiarato che le sanzioni previste dalle norme in materia di ammissibilità erano sproporzionate. Infatti, non solo le categorie di infrazioni erano scarsamente definite, ma la durata delle sanzioni previste, in particolare in caso di partecipazione a competizioni di terzi non autorizzate, restava grave, tenuto conto della durata media della carriera di un pattinatore. Infine, il Tribunale ha esaminato la valutazione della Commissione per quanto riguarda gli obiettivi perseguiti dalle norme in materia di ammissibilità, evidenziando che la tutela dell'integrità dello sport costituisce un obiettivo legittimo riconosciuto dall'art. 165 TFUE. Di conseguenza, il Tribunale ha riconosciuto che l'ISU era legittimata a introdurre norme volte sia ad evitare i rischi di manipolazione delle competizioni che possono derivare dalle scommesse sportive, sia a garantire la conformità delle competizioni sportive a standard comuni. Tuttavia, nella specie, restava il fatto che le norme adottate dall'ISU andavano oltre quanto necessario per raggiungere siffatti obiettivi e, pertanto, non erano proporzionate agli obiettivi stessi. Di conseguenza, la Commissione aveva giustamente ritenuto che le restrizioni derivanti dal sistema di autorizzazione preventiva non potessero essere giustificate dagli obiettivi in questione. Alla luce di tutte le citate considerazioni, la

Commissione aveva giustamente concluso che le norme in materia di ammissibilità presentavano un grado di dannosità sufficiente, in particolare in considerazione del loro contenuto, per poter essere considerate restrittive della concorrenza per oggetto.

Sino a questo punto, per la verità, la sentenza del Tribunale non aggiunge alcun elemento di novità rispetto alla costante giurisprudenza della Corte di giustizia esaminata nei paragrafi precedenti. Nella sostanza, infatti, il Tribunale ha confermato che il principio della c.d. specificità dello sport in quanto tale non può essere invocato dalle federazioni sportive per pretendere di governare e amministrare le discipline sportive in maniera del tutto autonoma, specie nei casi in cui le stesse federazioni sportive organizzano anche manifestazioni sportive e competono su questo mercato con soggetti terzi. Come riconosciuto dalla giurisprudenza della Corte di giustizia, in tal caso il rischio di conflitto di interessi è manifesto e, pertanto il potere regolamentare delle federazioni sportive deve essere soggetto a restrizioni, obblighi e controlli al fine di impedire alle federazioni sportive di impedire l'accesso al mercato da parte di altri operatori. Tale principio fondamentale, già affermato nel caso *MOTOE* con riferimento all'art. 102 TFUE, è ora espressamente richiamato anche con riferimento all'art. 101 TFUE, confermando così la sentenza del 2013 nella causa *Ordem dos Técnicos Oficiais de Contas*.

Tuttavia, vi è una parte della decisione impugnata che merita un'attenzione particolare. Al riguardo va ricordato che uno degli aspetti del sistema di autorizzazione preventiva dell'ISU era rappresentato dalla competenza esclusiva del Tribunale Arbitrale dello Sport (TAS) di Losanna a conoscere le decisioni dell'ISU che dichiarano l'ineleggibilità di un atleta ad una competizione ISU oppure che rifiutano di concedere l'autorizzazione richiesta da un soggetto terzo per l'organizzazione di un evento sportivo. Secondo la decisione della Commissione, tale competenza esclusiva del TAS sarebbe idonea a rafforzare i vincoli di concorrenza determinati dalle regole di ammissibilità in quanto rende difficile l'ottenimento di una tutela giurisdizionale effettiva contro le decisioni di ineleggibilità dell'ISU che violano l'art. 101 TFUE. A sostegno di tale conclusione la Commissione aveva sottolineato che:

i) il ricorso giurisdizionale contro i lodi del TAS è possibile, ma solo dinanzi al Tribunale Federale Svizzero per un numero molto limitato di motivi, quali incompetenza, violazione di regole procedurali elementari o incompatibilità con l'ordine pubblico;

ii) secondo la giurisprudenza del Tribunale Federale Svizzero, il diritto europeo della concorrenza non rientra nel concetto di ordine pubblico internazionale ai sensi dell'ordinamento giuridico svizzero. Il Tribunale Federale Svizzero non è quindi idoneo ad annullare un lodo arbitrale del TAS che confermi una decisione di ineleggibilità adottata in violazione dell'art. 101 TFUE;

iii) anche se il Tribunale federale svizzero dovesse applicare le regole della concorrenza dell'UE, non potrebbe mai sottoporre una questione pregiudiziale alla Corte di giustizia in caso di dubbi sull'interpretazione di tali regole;

iv) sebbene i lodi TAS siano esecutivi in qualsiasi tribunale competente, una volta che una decisione di ineleggibilità è imposta dall'ISU, generalmente non è necessaria l'esecuzione da parte dei tribunali nazionali poiché l'ISU ha il potere di far eseguire la propria decisione;

v) un tribunale nazionale all'interno dell'Unione europea ha la competenza per verificare se il riconoscimento e l'esecuzione del lodo arbitrale del TAS (che conferma una decisione di ineleggibilità) violi il diritto della concorrenza europeo solo se un atleta intenta un'azione civile avviando una controversia in uno Stato membro dove viene negata la partecipazione ad una manifestazione di pattinaggio ISU. Tuttavia, anche in tal caso il giudice nazionale di uno Stato membro non potrebbe in alcun caso annullare una decisione di ineleggibilità anticoncorrenziale dell'ISU o un lodo arbitrale del TAS per violazione dell'art. 101 e/o dell'art. 102 TFUE, posto che tale giudice potrebbe semplicemente rifiutare il riconoscimento o l'esecuzione del lodo arbitrale per motivi di ordine pubblico in quello specifico Stato membro.

Contrariamente al ragionamento della Commissione, il Tribunale sottolinea che il carattere vincolante dell'arbitrato e la competenza esclusiva del TAS a conoscere delle controversie relative alle decisioni di ineleggibilità possono essere giustificate da interessi legittimi legati alla natura specifica dello sport. Come riconosciuto dalla Corte europea dei diritti dell'uomo, è chiaramente nell'interesse delle controversie sorte nell'ambito dello sport professionistico il fatto che tali controversie possano essere sottoposte a un tribunale specializzato, in grado di pronunciarsi in modo rapido ed economico. Inoltre, secondo il Tribunale, occorre ricordare che la Corte di giustizia ha già dichiarato che chiunque può adire un giudice nazionale e chiedere il risarcimento del danno subito qualora sussista un nesso di causalità tra tale danno e un accordo o una pratica vietata ai sensi dell'art. 101 TFUE.

Di conseguenza, se è vero che il regolamento arbitrale non consente ai pattinatori di adire un giudice nazionale per chiedere l'annullamento di una decisione di ineleggibilità che viola l'art. 101, comma 1, TFUE, non può essere revocato in dubbio che:

a) i pattinatori possono adire un giudice nazionale;

b) anche gli organizzatori terzi possono proporre un'azione risarcitoria qualora ritengano che la decisione di diniego dell'autorizzazione violi l'art. 101, comma 1, TFUE.

In tali casi, il giudice nazionale non è vincolato dalla valutazione del TAS sulla compatibilità della decisione di ineleggibilità o del rifiuto di autorizzazione con il diritto dell'Unione in materia di concorrenza e, ove opportuno, può proporre una domanda di pronuncia pregiudiziale alla Corte di giustizia ai sensi dell'art. 267 TFUE.

Infine, il Tribunale chiarisce che i pattinatori e gli organizzatori terzi che sono stati oggetto di una decisione di ineleggibilità o di un rifiuto di concedere un'autorizzazione contraria all'art. 101, par. 1, TFUE possono anche proporre reclamo a un'autorità nazionale garante della concorrenza o alla Commissione.

Di conseguenza, secondo il Tribunale, l'utilizzo del sistema arbitrale del TAS non è tale da compromettere la piena efficacia del diritto europeo della concorrenza.

In secondo luogo, il Tribunale si pronuncia sulla legittimità delle misure correttive imposte dalla decisione impugnata per porre fine all'infrazione accertata e, a tal riguardo, accoglie parzialmente le domande di annullamento della ricorrente, nei limiti in cui la Commissione aveva ingiunto, a pena di sanzioni, la sostanziale modifica del regolamento arbitrale dell'ISU in caso di mantenimento del sistema di autorizzazione preventiva. In proposito, il Tribunale ha osservato che la Commissione aveva ritenuto che il citato regolamento arbitrale, che conferisce al Tribunale arbitrale dello sport di Losanna la competenza esclusiva a conoscere dei ricorsi avverso le decisioni di inammissibilità e rende obbligatorio un arbitrato siffatto, rafforzasse le restrizioni alla concorrenza derivanti dalle norme in materia di ammissibilità. Poiché la Commissione si sarebbe ispirata, al riguardo, agli orientamenti per il calcolo delle ammende, e più specificamente alla nozione di «circostanza aggravante» ivi contenuta, il Tribunale ha sottolineato che in base a tali orientamenti solo comportamenti o circostanze di carattere illecito, che rendono l'infrazione maggiormente dannosa, possono giustificare un inasprimento dell'ammenda inflitta per una violazione del diritto della concorrenza dell'Unione. Sennonché, siccome per stessa ammissione della Commissione il ricorso al procedimento arbitrale del TAS non rappresentava una violazione dell'art. 101 TFUE, quest'ultimo non avrebbe mai potuto essere considerato una circostanza aggravante.

Avverso la decisione del Tribunale è stato proposto ricorso alla Corte di giustizia e, dopo la presentazione delle Conclusioni dell'Avvocato generale, si è in attesa della pronuncia del giudice europeo.

7. Il caso *Superlega*.

Il caso *Superleague* nasce domenica 18 aprile 2021, allorché il Times rivela per la prima volta che 12 squadre di calcio europee (Arsenal FC, Atlético de Madrid, Chelsea FC, FC Barcelona, FC Internazionale Milano, Juventus FC, Liverpool FC, Manchester City, Manchester United, Real Madrid CF e Tottenham Hotspur) erano pronte a staccarsi dalla UEFA e formare una nuova competizione chiamata The Super League.

Il format della nuova competizione avrebbe dovuto essere il seguente:

– 20 club partecipanti di cui 15 club fondatori e ammessi di diritto e un meccanismo di qualificazione per altre cinque squadre che si qualificheranno annualmente in base ai risultati ottenuti nella stagione precedente;

– partite infrasettimanali con tutti i club partecipanti che continueranno a gareggiare nei rispettivi campionati nazionali, preservando il tradizionale calendario delle partite nazionali che rimane al centro del gioco dei club;

– inizio ad agosto con i club che partecipano a due gironi da dieci squadre ciascuno, giocando in casa e in trasferta, con le prime tre di ogni girone che si qualificano automaticamente ai quarti di finale. Le squadre che finiscono quarta e quinta si sfideranno in un doppio spareggio per le restanti posizioni dei quarti. Verrà utilizzato un formato a eliminazione diretta per raggiungere la finale di fine maggio, che si svolgerà in un'unica partita in una sede neutra.

Come noto, la reazione dell'UEFA, della FIFA e di alcune federazioni calcistiche/leghe nazionali non si è fatta attendere e non ha fatto sconti:

a) FIFA e UEFA hanno rilasciato una dichiarazione con la quale hanno manifestato il loro rifiuto di riconoscere l'istituzione della Superlega; hanno avvisato dell'espulsione di qualunque giocatore o club che partecipasse a tale competizione da quelle organizzate dalla FIFA e dalle confederazioni regionali;

b) il 18 aprile 20221 la UEFA, la Federcalcio inglese e la Premier League, la Federcalcio spagnola (RFEF) e La Liga, la Federcalcio italiana (FIGC) e la Lega Serie A hanno annunciato che avrebbero preso in considerazione tutte le misure a tutti i livelli, sia giudiziario che sportivo per evitare che il progetto Superlega andasse in porto, per vietare ai club interessati di giocare in qualsiasi altra competizione a livello nazionale, europeo o mondiale e per negare ai loro giocatori l'opportunità di rappresentare le loro squadre nazionali;

c) l'Associazione Europea delle Leghe Professionistiche di Calcio ha pubblicato un comunicato di sostegno unanime alla dichiarazione della FIFA e della UEFA al fine di coordinare le misure necessarie per impedire l'avvio della nuova competizione e per adottare le misure disciplinari annunciate dalla FIFA e dalla UEFA nei confronti di quei club e calciatori partecipanti alla nuova competizione;

d) a livello nazionale, per quanto riguarda l'Italia, il 26 aprile 2021 il Consiglio Federale della Federazione Italiana Giuoco Calcio (FIGC) ha modificato l'art. 16 delle proprie Norme organizzative interne (NOIF) stabilendo che "ai fini della iscrizione al campionato la società si impegna a non partecipare a competizioni organizzate da associazioni private non riconosciute dalla FIFA, dalla UEFA e dalla FIGC. La partecipazione a competizioni organizzate da associazioni private non riconosciute dalla FIFA, dalla UEFA e dalla FIGC comporta la decadenza della affiliazione. La disputa di gare e tornei amichevoli non riconosciuti dalla FIGC è soggetta alla autorizzazione della federazione medesima. La disputa di gare e tornei amichevoli senza la autorizzazione della FIGC comporta la decadenza della affiliazione".

Di fronte a simili dichiarazioni e comportamenti, suscettibili di determinare il fallimento del progetto Superlega, la ESLC ha avviato davanti al Tribunale di commercio n. 17 di Madrid un'azione giudiziaria contro UEFA e FIFA finalizzata, da un lato, ad accertare nel merito che le condotte dell'UEFA e della FIFA costituiscono comportamenti restrittivi della concorrenza ai sensi degli artt. 101 e/o 102 TFUE; e, dall'altro lato, ed in via cautelare, ad ottenere la cessazione immediata di tali condotte illegittime e il divieto della loro futura reiterazione.

Con ordinanza del 20 aprile 2021 il Tribunale di commercio di Madrid ha concesso le misure cautelari richieste, mentre, con ordinanza dell'11 maggio 2021 il medesimo Tribunale di Madrid ha deciso di sottoporre alla Corte di giustizia le seguenti questioni pregiudiziali [6]:

1) se l'art. 102 TFUE debba essere interpretato nel senso che vieta un abuso di posizione dominante in base al quale la FIFA e la UEFA stabiliscono nei loro statuti (in particolare, agli artt. 22 e da 71 a 73 dello statuto della FIFA, agli artt. 49 e 51 dello statuto della UEFA, nonché in qualsiasi articolo analogo contenuto negli statuti delle federazioni membri e delle leghe nazionali) che è richiesta una previa autorizzazione da parte di tali enti, ai quali è stata attribuita la competenza esclusiva di organizzare o autorizzare competizioni internazionali per club in Europa, affinché un'entità terza istituisca

---

[6] Juzgado de lo mercantil n. 17 de Madrid, 11th May 2021.

una nuova competizione paneuropea per club come la Superlega, in particolare, quando non esiste una procedura regolamentata sulla base di criteri oggettivi, trasparenti e non discriminatori, e tenuto conto del possibile conflitto di interessi che interessa la FIFA e la UEFA;

2) se l'art. 101 TFUE debba essere interpretato nel senso che vieta alla FIFA e alla UEFA di imporre nei loro statuti (in particolare agli artt. 22 e da 71 a 73 dello statuto della FIFA, agli artt. 49 e 51 dello statuto della UEFA, nonché in qualsiasi articolo di analogo contenuto negli statuti delle federazioni membri e delle leghe nazionali) una previa autorizzazione da parte di tali enti, ai quali è stata attribuita la competenza esclusiva di organizzare o autorizzare competizioni internazionali in Europa, affinché un'entità terza possa istituire una competizione paneuropea per club come la Superlega, in particolare, quando non esiste una procedura regolamentata sulla base di criteri oggettivi e non discriminatori, e tenuto conto del possibile conflitto di interessi che interesserebbe la FIFA e la UEFA;

3) se gli artt. 101 e/o 102 TFUE debbano essere interpretati nel senso che vietano un'azione da parte della FIFA, della UEFA, delle loro federazioni che ne sono membri e/o delle leghe nazionali diretta a minacciare l'adozione di sanzioni contro i club che partecipano alla Superlega e/o i loro giocatori per la dissuasione che potrebbero generare. Se, qualora siano adottate le sanzioni di esclusione da competizioni o di divieto di partecipare a partite delle squadre nazionali, tali sanzioni, senza essere fondate su criteri oggettivi, trasparenti e non discriminatori, costituiscono una violazione degli artt. 101 e/o 102 TFUE;

4) se gli artt. 101 e/o 102 TFUE debbano essere interpretati nel senso che sono con essi incompatibili le disposizioni degli artt. 67 e 68 dello statuto della FIFA in quanto identificano la UEFA e le federazioni nazionali che ne sono membri come «proprietari originali di tutti i diritti derivanti dagli incontri (...) sotto la rispettiva giurisdizione», privando i club partecipanti e qualsiasi altro organizzatore di competizioni alternative della titolarità originaria di tali diritti, assumendosi la responsabilità esclusiva della loro commercializzazione;

5) se, qualora la FIFA e la UEFA, quali entità a cui è attribuita la competenza esclusiva di organizzare e autorizzare competizioni internazionali di club calcistici in Europa, vietassero o si opponessero, sulla base delle suddette disposizioni dei loro statuti, allo sviluppo della Superlega, l'art. 101 TFUE debba essere interpretato nel senso che tali restrizioni alla concorrenza potrebbero beneficiare dell'eccezione stabilita in detta disposizione, dato che la produzione è circoscritta in maniera sostanziale, la comparsa sul mercato di prodotti alternativi a quelli offerti dalla FIFA/UEFA è protetta e l'innovazione è

limitata, precludendo formati e modalità ulteriori, eliminando la concorrenza potenziale nel mercato e limitando la scelta del consumatore. Se siffatta restrizione trarrebbe vantaggio da una giustificazione obiettiva che consenta di ritenere che non vi sia abuso di posizione dominante ai sensi dell'art. 102 TFUE;

6) se gli artt. 45, 49, 56 e/o 63 TFUE debbano essere interpretati nel senso che una disposizione come quella contenuta negli statuti della FIFA e della UEFA (in particolare gli artt. 22 e da 71 a 73 dello statuto della FIFA, gli artt. 49 e 51 dello statuto della UEFA, nonché qualsiasi altro articolo analogo contenuto negli statuti delle federazioni membri e delle leghe nazionali) costituisce una restrizione contraria ad alcune delle libertà fondamentali sancite in tali disposizioni, richiedendo una previa autorizzazione di tali enti per l'istituzione da parte di un operatore economico di uno Stato membro di una competizione per club paneuropea come la Superlega[7].

7.1. La normativa UEFA e FIFA in materia di organizzazione di eventi sportivi.

Al fine di comprendere la portata e la rilevanza dei quesiti pregiudiziali sottoposti alla Corte di giustizia e svolgere alcune brevi riflessioni alla luce dei principi elaborati dalla stessa Corte di giustizia in ordine alle norme e prassi sportive che subordinano la possibilità di organizzare eventi/competizioni sportive da parte di soggetti terzi alla previa autorizzazione delle federazioni sportive, giova riassumere per sommi capi il contenuto delle disposizioni degli Statuti della FIFA e dell'UEFA su tale specifico aspetto.

L'art. 6 del regolamento FIFA sugli incontri internazionali stabilisce la competenza esclusiva della FIFA e delle sue confederazioni e federazioni membri di autorizzare lo svolgimento di gare internazionali.

---

[7] Non si contano i commenti apparsi sul tema della Superlega. Senza alcuna pretesa di esaustività, si veda S. VAN DEN BOGAERT, *The rise and fall of the European Super League: a case for better governance in sport*, in *CMLR*, 2022, p. 25; A. ANDERSON-T. MURRAY, *Doomed to fail? An analysis of the European Super League and the complex web of football governancve, regulations and law*, in www.lawinsport.com (consultato il 2 giugno 2023); T. VAN DER BURG, *European Super League: why the AG opinion may not dissuade other breakaways (which could be problematic)?*, in www.lawinsport.com (consultato il 2 giugno 2023); H. VEDDER, *Superleague: who sets the rules of the game?*, in www.europeanlaw blog.eu (consultato il 2 giugno 2023); A. CATTANEO, *Superlega e calcio inglese*, in *Riv. dir. sport.*, 2022, p. 400; S. BASTIANON, *I casi ISU e Superlega nelle Conclusioni dell'Avvocato generale Rantos. Prime osservazioni*, in *RDES*, 2023, pp. 1-22; ID., *From "the dirty dozen" to "the good, the bad and the ugly": some preliminary remarks on the Superleague affaire in the light of EU competition rules*, in *RDES*, 1, 2021, p. 17.

L'art. 22, comma 3, lett. e) dello statuto FIFA conferisce alla UEFA e alle altre confederazioni regionali il diritto di organizzare le proprie competizioni internazionali e impone loro l'obbligo di assicurarsi che nessuna lega internazionale o altro raggruppamento analogo di club non formato senza il proprio consenso o l'approvazione della FIFA.

L'art. 70 dello statuto FIFA attribuisce al Comitato di quest'ultima la competenza esclusiva di redigere il calendario delle partite internazionali, che sarà vincolante per le confederazioni, le federazioni nazionali membri e le leghe.

Inoltre, l'art. 71, comma 1 conferisce alla FIFA e alle confederazioni e federazioni nazionali membri la competenza esclusiva di concedere la previa autorizzazione all'organizzazione di competizioni internazionali e vieta espressamente la possibilità di svolgere gare e competizioni che non siano previamente autorizzati dalla FIFA, dalle federazioni nazionali membri o dalle confederazioni.

Da ultimo, l'art. 72 dello statuto della FIFA vieta ai giocatori e alle squadre affiliate alle federazioni membri di giocare o mantenere rapporti sportivi con giocatori e squadre non affiliate a membri della FIFA, restando attribuita alla FIFA la competenza esclusiva di autorizzare deroghe a tale divieto.

Disposizioni sostanzialmente analoghe si ritrovano nello statuto UEFA. L'art. 49, comma 1, stabilisce che l'UEFA ha giurisdizione esclusiva sull'organizzazione delle competizioni internazionali in Europa nelle quali partecipano i propri membri o i rispettivi club, Ai sensi del successivo comma 3, inoltre, gli incontri internazionali, le competizioni ed i tornei non organizzati dall'UEFA che si svolgono all'interno del territorio UEFA devono ottenere la preventiva approvazione da parte della FIFA e/o dell'UEFA in conformità ai regolamenti FIFA sugli incontri internazionali e ad ogni altra disciplina adottata dal Comitato Esecutivo dell'UEFA.

L'art. 51, infine, stabilisce che nessun accordo tra i membri dell'UEFA o tra leghe o club affiliati, direttamente o indirettamente, ad un membro dell'UEFA può essere formato senza l'autorizzazione dell'UEFA. Inoltre, nessun membro UEFA, né le sue leghe o club possono disputare o organizzare incontri al di fuori del proprio territorio senza l'autorizzazione della UEFA.

Alla luce di quanto sin qui illustrato, si può senz'altro affermare che gli attuali statuti FIFA e UEFA attribuiscono alle medesime, nell'ambito delle rispettive competenze, il potere esclusivo di autorizzare e organizzare lo svolgimento di competizioni internazionali e di vietare le competizioni internazionali dalle stesse non precedentemente autorizzate. Sennonché, nella misura in cui FIFA e UEFA, oltre ad operare come enti regolatori e custodi della regolare pratica del gioco del calcio in ogni quadrante geografico, agiscono anche sul mercato quali organizzatori di eventi sportivi, risulta evidente il possibile conflitto di interessi che viene a crearsi nel momento in cui l'ente regolatore decide di esercitare le proprie prerogative in materia di regolamentazione della pratica sportiva al fine di impedire a soggetti terzi di competere sul mercato dell'organizzazione di eventi sportivi sul quale opera lo stesso regolatore.

8. Le Conclusioni dell'Avvocato generale Rantos.

In data 15 dicembre 2022, vale a dire esattamente 17 anni dopo la sentenza della Corte di giustizia nel caso *Bosman*, l'Avvocato generale Rantos ha presentato le proprie Conclusioni nell'affare Superlega [8].

Nella prima parte delle sue Conclusioni l'Avvocato generale dedica particolare attenzione sia ai rapporti tra l'art. 165 TFUE ed il c.d. Modello Sportivo Europeo (di seguito "MSE") sia alle minacce al tale modello sportivo.

In particolare, con specifico riferimento all'art. 165 TFUE, l'Avvocato generale afferma che tale norma esprime il riconoscimento costituzionale del MSE e che tale modello risulta caratterizzato da una serie di elementi tipici di una serie di discipline sportive europee, tra cui anche il calcio. Si tratta, in particolare, della struttura piramidale (alla cui base si colloca lo sport amatoriale, mentre il cui vertice è costituito dallo sport professionistico), il principio delle competizioni aperte (che viene identificato nel meccanismo delle promozioni e delle retrocessioni e che assicura l'equilibrio competitivo e promuove il merito sportivo), il principio della solidarietà finanziaria in virtù del quale i profitti realizzati dallo sport d'élite vengono ridistribuiti a vantaggio dello sport di base nonché il principio di una federazione unica per sport. Tale decisamente forte costituzionalizzazione del MSE per il tramite dell'art. 165 TFUE viene tuttavia immediatamente attenuata al punto 32 ove l'Avvocato generale riconosce che il MSE non è statico, come dimostra il fatto che in Europa esistono differenti modelli sportivi (a livello di organizzazione e di governance), tanto che risulta difficile definire con precisione un unico modello organizzativo dello sport in Europa. Secondo l'Avvocato generale, tuttavia, da un lato tali differenti modelli organizzativi si giustifi-

---

[8] Causa C-333/21 *European Superleague Company SL* c. *Unión de Federaciones Europeas de Fútbol (UEFA), Fédération internationale de football association (FIFA), con l'intervento di A22 Sports Management SL, Liga Nacional de Fútbol Profesional, Real Federación Española de Fútbol*, Conclusioni dell'Avvocato generale Rantos, 15 dicembre 2022.

cano in considerazione del fatto che trovano applicazione con riferimento a discipline sportive la cui popolarità varia tra i vari Stati membri e presentano un più limitato interesse commerciale, con la conseguenza che sia da un punto di vista sportivo e di equilibrio competitivo, sia da un punto di vista economico un sistema organizzativo strutturato sulla base di leghe chiuse o semi-chiuse risulta essere più appropriato.

L'Avvocato generale prosegue la propria analisi ribadendo, al punto 33, che il MSE è caratterizzato dal principio dell'apertura delle competizioni, che viene nuovamente identificato con la rilevanza attribuita al merito sportivo in virtù del quale la partecipazione alle competizioni sportive avviene attraverso il meccanismo delle promozioni e retrocessioni e che, pertanto, si differenzia nettamente dal modello sportivo americano basato principalmente sulle leghe chiuse dove la partecipazione è garantita e predeterminata. Secondo l'Avvocato generale, inoltre, attraverso l'art. 165 TFUE il legislatore europeo ha inteso incorporare il MSE nel Trattato al fine di proteggerlo, operando una netta separazione tra il MSE e gli altri modelli. In particolare, la ratio sottesa alla previsione dell'art. 165 TFUE all'interno dei Trattati deve essere individuata nell'intenzione di enfatizzare il carattere sociale dell'attività economica sportiva e di giustificarne un trattamento differente rispetto a qualsiasi altra attività economica. In aggiunta a quanto sopra, l'Avvocato generale sottolinea la natura intrinsecamente orizzontale dell'art. 165 TFUE (tanto da dover essere preso in considerazione in sede di attuazione di tutte le politiche europee), con la conseguenza che tale norma deve essere letta ed interpretata come il parametro in base al quale applicare gli artt. 101 e 102 TFUE che costituiscono norme generali rispetto al carattere speciale dell'art. 165 TFUE.

Nella seconda parte delle proprie Conclusioni l'Avvocato generale affronta direttamente la questione al centro della controversia. Dopo aver rilevato che il sistema di previa autorizzazione dell'UEFA unitamente al relativo sistema sanzionatorio sono potenzialmente in grado di chiudere il mercato dell'organizzazione di competizioni calcistiche in Europa, l'Avvocato generale si dà carico di evidenziare i profili di (asserita) incompatibilità della Superlega con i principi che stanno alla base del MSE. Secondo l'Avvocato generale, infatti:

a) un modello di competizione chiusa come la Superlega avrebbe inevitabilmente un impatto negativo sui campionati nazionali (e in particolare su quelli degli Stati membri i cui club partecipano alla Superlega), posto che il piazzamento nei rispettivi campionati nazionali non avrebbe alcuna rilevanza ai fini della partecipazione alla Superlega (punto 102);

b) la Superlega si pone in contrasto con uno dei principi fondamentali che stanno alla base dell'organizzazione del calcio in Europa, vale a dire che la partecipazione ad una data competizione sportiva dipende unicamente dal merito sportivo e dai risultati ottenuti sul campo (punto 102);

c) la Superlega si pone, altresì, in contrasto con il principio delle pari opportunità, che a sua volta costituisce un elemento essenziale della correttezza delle competizioni. Grazie, infatti, alla garanzia di partecipare alla Superlega, alcuni club possono beneficiare di ricavi supplementari continuando a competere in ambito nazionale con club che sono invece privati della possibilità di accedere ai ricavi derivanti dalla Superlega e per tale via, attraverso le maggiori possibilità di ingaggiare i migliori calciatori, incidere negativamente sull'equilibrio competitivo dei campionati nazionali (punto 103);

d) la Superlega riguarda soltanto un numero limitato di club che appartengono ad un numero ancor più limitato di Stati europei, e pertanto non è in grado di promuovere la dimensione europea del MSE come previsto dall'art. 165 TFUE (punto 104);

e) la Superlega, minacciando l'attrattività delle competizioni UEFA, incide negativamente sul principio della solidarietà finanziaria (punto 105);

f) la Superlega rappresenta una minaccia per le competizioni UEFA (e, in particolare) per la Champions League in quanto finirebbe per incidere sull'attrattività e sulla profittabilità delle competizioni UEFA (punto 107);

g) la pretesa dei club della Superlega di continuare a far parte dell'ecosistema UEFA rivela la natura opportunistica della nuova competizione (punto 108).

Sulla scorta di tali considerazioni, l'Avvocato generale ritiene superfluo interrogarsi sul carattere proporzionato del sistema di previa autorizzazione dell'UEFA in virtù dell'asserita contrarietà della Superlega al MSE. In altre parole, l'Avvocato generale sottolinea chiaramente che, anche qualora si accertasse che i criteri che stanno alla base del sistema di previa autorizzazione dell'UEFA non fossero chiari, trasparenti, conoscibili ex ante e non discriminatori, ciò non avrebbe alcuna influenza, posto che l'UEFA conserverebbe il diritto di vietare una competizione come la Superlega (punto 118). La sola concessione fatta dall'Avvocato generale sul tema della proporzionalità riguarda unicamente il sistema sanzionatorio che accompagna il meccanismo della previa autorizzazione. Secondo l'Avvocato generale, infatti, l'imposizione di sanzioni nei confronti dei singoli giocatori, in particolare il divieto di giocare per le rispettive squadre nazionali, risulta sproporzionato, tenuto conto del fatto che i singoli giocatori non hanno avuto alcun ruolo nel progetto della Superlega e che una simile sanzione finirebbe per danneggiare indirettamente le stesse squadre nazionali alle quali non può chiaramente essere mosso alcun addebito circa il rispetto delle regole UEFA (punto 121).

9. Considerazioni di sintesi.

Indubbiamente la vicenda della Superlega rappresenta il caso di maggior interesse sotto il profilo dei rapporti tra l'attività sportiva e le regole antitrust europee, anche in considerazione degli attori coinvolti. Peraltro, a conferma dell'attualità del tema affrontato in queste pagine, si segnalano tre ulteriori casi pendenti davanti alla Corte di giustizia da monitorare con particolare attenzione nei mesi a seguire.

Il primo riguarda il rinvio pregiudiziale disposto dal Tribunale di Mainz (Germania) nell'ambito della controversia tra un agente di calciatori ed una società che opera quale agente di calciatori, da un lato, e la FIFA, dall'altro lato, relativa, inter alia, alla presunta incompatibilità con gli artt. 101 e 102 TFUE delle norme del regolamento FIFA sulla disciplina dell'attività di intermediazione di giocatori che stabiliscono *a*) il divieto di concordare o corrispondere a favore degli agenti di calciatori compensi superiori ad una soglia massima calcolata in percentuale sul valore del trasferimento del calciatore o sul compenso annuale riconosciuto al calciatore; *b*) qualora un agente operi sia per conto del calciatore sia per conto del club acquirente, il divieto per quest'ultimo di versare più del 50% del compenso dovuto complessivamente dal giocatore e dal club; *c*) specifici requisiti per il rilascio della licenza come agente di giocatori (assenza di condanne in sede penale, interdizione di almeno due anni); *d*) l'obbligo per gli agenti di mettere a disposizione della FIFA e delle altre federazioni associate informazioni dettagliate sui nomi dei giocatori che rappresentano, sui servizi che erogano, sui compensi loro dovuti [9].

A sostegno della propria regolamentazione, la FIFA sostiene che tale disciplina è indispensabile per tutelare i seguenti obiettivi:

• garantire l'integrità del calcio, della competizione sportiva e del mercato dei trasferimenti messa a rischio da problemi e distorsioni sul mercato dei trasferimenti e dell'intermediazione di giocatori (in particolare, dal riconoscimento agli agenti di giocatori di onorari svincolati dalla qualità del servizio erogato, dall'evidente sproporzione di detti onorari rispetto alle indennità di formazione e ai contributi di solidarietà, dalla mancanza di trasparenza,

---

[9] Causa C-209/23, *FT e RRC Sports GmbH* c. *FIFA*.

dall'indebolimento della stabilità contrattuale, da condotte abusive, eccessive e contrarie all'etica e conflitti di interesse);

• tutelare la stabilità contrattuale;

• promuovere la solidarietà tra calcio di alto livello e calcio di base;

• garantire l'equilibrio sportivo;

• fissare e migliorare standard minimi professionali ed etici per l'attività degli agenti di giocatori;

• garantire la qualità delle prestazioni che gli agenti di giocatori erogano ai loro committenti;

• limitare i conflitti di interessi nell'ottica di tutelare i clienti da condotte contrarie all'etica;

• migliorare la trasparenza finanziaria e amministrativa;

• tutelare i giocatori che spesso mancano di esperienza o non dispongono di informazioni quanto ai meccanismi di trasferimento nel settore del calcio;

• eliminare prassi abusive, sproporzionate e speculative;

• garantire la regolarità delle competizioni sportive, in particolare, evitando che le squadre modifichino la propria composizione nel corso di una competizione.

Tale caso si segnala in quanto dall'ordinanza di rinvio emerge chiaramente che il giudice tedesco ritiene che solo alcuni di tali obiettivi «*concernono direttamente il funzionamento della competizione sportiva in quanto tale*»; con la conseguenza, pertanto, di risolvere «*la questione se obiettivi siffatti possano essere presi in considerazione nel quadro del test in tre fasi quali obiettivi legittimi per una disciplina di una federazione sportiva o se l'attuazione di questi obiettivi non debba invece essere riservata al legislatore nazionale. Nella causa Meca-Medina e Majcen la Corte di giustizia non ha espressamente chiarito la questione se, quali obiettivi legittimi nel quadro del test in tre fasi, rilevino solo quelli concernenti direttamente il funzionamento della competizione sportiva o se possano essere presi in considerazione anche altri obiettivi valutabili come legittimi. Inoltre, non è certo che le disposizioni controverse siano, di volta in volta, necessarie al conseguimento degli obiettivi concretamente indicati dalla convenuta, come esige il test in tre fasi. In tale contesto, si pone altresì la questione, anch'essa ad oggi non affrontata dalla Corte, della misura in cui la convenuta disponga, al riguardo, di un margine di valutazione e di un potere discrezionale*».

Il secondo caso riguarda la domanda pregiudiziale sollevata dalla Corte di appello di Mons (Belgio) nell'ambito della controversia tra la FIFA, da un lato, ed un calciatore ed il club di appartenenza, dall'altro, avente ad oggetto le disposizioni del regolamento FIFA sullo status e sul trasferimento dei calciatore che prevedono in caso di risoluzione senza giusta causa del contratto, *a*) la responsabilità solidale del calciatore e del nuovo club per il pagamento dell'indennità dovuta al club con il quale il giocatore era legato dal contratto risolto senza giusta causa; *b*) il divieto per il nuovo club di tesserare un giocatore che abbia risolto il proprio precedente contratto senza giusta causa, permettendo alla società di provenienza, in caso di controversia tra detta società ed il calciatore in merito alla risoluzione del contratto, di negare il rilascio del certificato internazionale di trasferimento necessario per tesserare il calciatore. Pur non chiarendo per quali motivi tali disposizioni sarebbero in contrasto con il diritto dell'Unione europea, l'ordinanza di rinvio chiede in sostanza alla Corte di giustizia di pronunciarsi sulla compatibilità di tali previsioni con gli artt. 45 e 101 TFUE [10].

Il terzo caso, infine, riguarda la causa tra la squadra di calcio belga dello SA Royal Antwerp Football Club, da un lato, e la federazione di calcio belga e l'UEFA, dall'altro lato, sulla compatibilità con il diritto europeo in materia di libera circolazione e di concorrenza della regola UEFA sui calciatori localmente formati. Questo caso si segnala, in particolare, in quanto nelle proprie Conclusioni del 9 marzo 2023, l'Avvocato generale Szpunar ha precisato che, su esplicita richiesta della Corte di giustizia, si sarebbe limitato ad affrontare il tema della libera circolazione delle persone, omettendo qualsiasi considerazione sulle norme a tutela della concorrenza, seppur espressamente richiamate nell'ordinanza di rinvio. Sarà, pertanto, interessante verificare se, nella propria sentenza, la Corte di giustizia chiarirà i motivi per cui ha invitato l'Avvocato generale a non affrontare la questione sotto il profilo del diritto antitrust [11].

Da ultimo, come già segnalato, il recente regolamento 2022/2560 relativo alle sovvenzioni estere distorsive del mercato interno è già al centro della denuncia alla Commissione europea presentata dalla squadra di calcio belga Royal Excelsior Virton ed avente ad oggetto i fondi che un altro club belga (Lommel SK), appartenente, al pari del Machester City e di altre squadre [12], al City Football Group di proprietà dello sceicco Mansur bin Zayed Al

---

[10] Causa C-650/22, *FIFA* c. *BZ e URBSFA e SA Sporting du pays de Charleroi*.

[11] Causa C-680/21, *SA Royal Antwerpen Footbal Club* c. *URBSFA e UEFA*, Conclusioni dell'Avvocato generale Zspunar del 9 marzo 2023.

[12] Si tratta, in particolare, delle seguenti squadre (tra parentesi le percentuali di partecipazione): Manchester City FC (100%); New York City FC (80%); Melbourne City FC (100%); Yokohama F-Marinos (20%); Montevideo City Torque (100%); Girona FC (47%); Sichuan Jiuniu FC (29,7%); Mumbai City FC (65%); Lommel SK (99%); Troyes AC (100%); Palermo (80%); Esporte Clube Bahia (90%).

Nahyan Mansour, ha ricevuto dagli Emirati Arabi Uniti e che hanno permesso al Lommel SK di ottenere dalla Federcalcio belga la licenza per disputare il campionato professionistico belga. Sebbene la lotta ai c.d. "club di Stato" non figuri certamente tra gli obiettivi e le finalità del regolamento 2022/2560, sarà interessante verificare se, e fino a che punto, la Commissione sarà disponibile ad utilizzare tale nuova normativa in ambito sportivo e, soprattutto, calcistico.

Dopo anni di assordante silenzio, il tema dei rapporti tra l'attività sportiva ed il diritto (della concorrenza) europeo sembra essere tornato al centro dell'attenzione dei soggetti che più di ogni altro sono chiamati a garantire il rispetto e la corretta applicazione della normativa europea. E questo, è già di per sé una bella notizia.

Antitrust e ambiente: dall'approccio economico a quello ecologico?

Luca Calzolari *

Sommario: 1. Introduzione. – 2. Il rapporto fra sostenibilità e politica di concorrenza. – 3. Valori extra-concorrenziali ed *enforcement* antitrust: il ruolo del principio di integrazione. – 4. Accordi ambientali e art. 101 TFUE: spunti dalla prassi applicativa. – 5. Le Linee guida sugli accordi orizzontali del 2023. – 6. Conclusioni.

1. Introduzione.

Il rapporto fra tutela dell'ambiente e politica di concorrenza, come anima del mercato interno, risale alle origini del processo di integrazione: il mercato interno poteva infatti essere realizzato solo accompagnando la spinta liberalizzatrice delle libertà economiche fondamentali a talune politiche ancillari, fra cui appunto l'adozione di regole ambientali comuni per evitare fenomeni di *regulatory competition* [1].

Se dapprima la tutela dell'ambiente è quindi stata oggetto di attenzione soprattutto per i suoi riflessi sul mercato interno, la situazione è presto mutata in modo radicale [2]: il miglioramento della qualità dell'ambiente e lo sviluppo sostenibile [3] sono infatti diventati valori fondamentali che guidano

---

* Professore associato di Diritto dell'Unione europea nell'Università di Torino.

[1] F. Munari, *Do Environmental Rules and Standards Affect Firms' Competitive Ability?*, in *European Papers*, 2019, p. 207.

[2] La «*tutela dell'ambiente* [...] *costituisce uno degli scopi essenziali della comunità*» (Corte giust. 7 febbraio 1985, C-240/83, *Oli usati*, ECLI:EU:C:1985:59, § 13).

[3] Così oggi l'art. 3(3) e (5) TUE, ma una generale competenza in materia ambientale è stata conferita all'Unione con il Trattato di Maastricht. L'elaborazione di tale nozione coincide con la stessa nascita del diritto internazionale dell'ambiente, che viene generalmente ricondotta alla Conferenza di Stoccolma del 1972 sull'ambiente umano. Sebbene nel corso

l'azione dell'Unione[4]. Da decenni, inoltre, l'Unione ha assunto un *leading role* a livello globale, anche a costo di subire qualche critica per via della pretesa di applicare in via extraterritoriale le proprie regole (non solo) ambientali[5].

Nell'ambito della politica di concorrenza, il rapporto si è *in primis* sviluppato con gli aiuti di Stato[6]: pur mantenendo il controllo della Commissione in materia[7], si è voluto evitare che gli artt. 107 ss. TFUE potessero ostacolare il supporto pubblico a iniziative ambientali. Il ruolo degli aiuti di Stato è ancora oggi centrale[8], anche per raggiungere gli ambiziosi obiettivi che l'Unione si è data anche a valle di obblighi assunti a livello internazionale[9]: si pensi al *Green Deal*[10] e al relativo obbligo di neutralità cli-

---

degli anni lo "sviluppo" abbia talvolta prevalso sulla "sostenibilità" (peraltro non più solo ambientale) è ormai accettato che tali nozioni siano espressione del principio di equità intergenerazionale (F. MUNARI-L. SCHIANO DI PEPE, *Tutela transnazionale dell'ambiente*, Bologna, 2012, p. 15): infatti, una misura è sostenibile se «*idone*[a] *a soddisfare le attuali esigenze dell'umanità senza pregiudicare la possibilità delle future generazioni di soddisfare le proprie*» (Brundtland Report, *Our Common Future*, documento A/42/427 dell'Assemblea generale delle Nazioni Unite), e «*il diritto allo sviluppo sostenibile deve essere perseguito in modo da soddisfare equamente i bisogni di sviluppo e ambientali delle generazioni presenti e future*» (art. 3 della Dichiarazione di Rio del 1992).

[4] E, nel caso della tutela dell'ambiente, tutte le azioni (artt. 11 TFUE e 37 CDFUE, su cui v. *infra*), ivi inclusa quella esterna (artt. 3(5) e 21 TUE).

[5] Per riferimenti v. L. CALZOLARI, *Il contributo della Corte di giustizia alla protezione e al miglioramento della qualità dell'aria*, in *Riv. giur. amb.*, 2021, pp. 803, 822. Per un esempio recente di tale propensione all'unilateralismo v. regolamento (UE) 2023/956 del Parlamento europeo e del Consiglio, del 10 maggio 2023, *che istituisce un meccanismo di adeguamento del carbonio alle frontiere*, in *GU* L n. 130 del 16 maggio 2023, p. 52.

[6] V. già S.C. BUDLONG, *Article 130r and the permissibility of state aids for environmental compliance in the EEC*, in *Col. J. Trans. Law*, 1992, p. 431.

[7] Considerazioni di carattere ecologico, infatti, non possono da sole escludere che una misura sia qualificabile come aiuto né, tantomeno, accertare che essa sia compatibile con il mercato interno.

[8] Comunicazione della Commissione, del 27 gennaio 2022, *Disciplina in materia di aiuti di Stato a favore del clima, dell'ambiente e dell'energia 2022*, C(2022)481 final, in *GU* C n. 80 del 18 febbraio 2022, p. 1.

[9] Si pensi all'Accordo di Parigi del 12 dicembre 2015 e alla Risoluzione A/RES/70/01 dell'Assemblea Generale delle Nazioni Unite, del 25 settembre 2015, *Trasformare il nostro mondo: l'Agenda 2030 per lo Sviluppo Sostenibile*.

[10] Comunicazione della Commissione al Parlamento europeo, al Consiglio, al Comitato Economico e Sociale Europeo e al Comitato delle Regioni dell'11 dicembre 2019, *Il Green Deal europeo*, C(2019)640 final.

matica entro il 2050 sancito nella legge sul clima del 2021 [11].

Tuttavia, la crescente consapevolezza circa l'emergenza ambientale e climatica ha evidenziato come il cambio di paradigma necessario a farvi fronte richieda l'impegno e il coinvolgimento dell'intera società civile: e, quindi, anche e soprattutto degli operatori economici privati [12]. Negli ultimi anni l'attenzione si è pertanto spostata verso il contributo che gli artt. 101 e 102 TFUE possono dare alla causa ambientale: o, viceversa, ci si è chiesti se tali norme, come attualmente applicate da Commissione e Autorità Nazionali della Concorrenza ("*ANC*"), possano limitare eventuali iniziative private volte a migliorare la sostenibilità di settori economici e filiere produttive [13]. Lungi dal rappresentare una questione accademica, il tema ha iniziato a trovare sempre maggiore diffusione nella prassi, specie a livello nazionale [14]: inoltre, numerosi documenti (non solo di diritto soffice [15]), tanto a livello nazionale [16] che sovranazionale, hanno iniziato (o ripreso) ad occuparsi del rapporto fra concorrenza e ambiente, ivi incluse le nuove Linee guida della Commissione sugli accordi orizzontali [17].

Se vista in questa prospettiva la questione riguarda in sostanza l'ingresso di un valore extra concorrenziale e non economico (la sostenibilità ambientale) nell'*enforcement* antitrust, ed è a questo tema che è dedicato il presente contributo.

---

[11] Regolamento (UE) 2021/1119 del Parlamento europeo e del Consiglio, del 30 giugno 2021, *che istituisce il quadro per il conseguimento della neutralità climatica e che modifica il regolamento (CE) n. 401/2009 e il regolamento (UE) 2018/1999 («Normativa europea sul clima»)*, in *GU* L n. 243 del 9 luglio 2021, p. 10.

[12] V. ad es. regolamento (UE) 2020/852 del Parlamento europeo e del Consiglio, del 18 giugno 2020, *relativo all'istituzione di un quadro che favorisce gli investimenti sostenibili e recante modifica del regolamento (UE) 2019/2088*, in *GU* L n. 198 del 22 giugno 2020, p. 13.

[13] OECD, *Environmental Considerations in Competition Enforcement*, AF/COMP(2021) 4, 1° dicembre 2021.

[14] Non solo in Europa: G. LAPENTA-M. GIANGASPERO, *Greening Antitrust: Lessons from the ACCC's Authorisation of a Recycling Co-Operation Agreement*, in *JECLAP*, 2021, p. 758.

[15] V. il nuovo § 2, par. 1 del Bundesgesetz gegen Kartelle und andere Wettbewerbsbeschränkungen (Kartellgesetz 2005 – KartG 2005), modificato dal legislatore austriaco nel 2021.

[16] Linee guida della Netherlands Authority for Consumers and Markets (ACM), del 26 gennaio 2021, *on Sustainability agreements – Opportunities within competition law*.

[17] Comunicazione della Commissione del 1° giugno 2023, *Approval of the content of a draft for a Communication from the Commission, Guidelines on the applicability of Article 101 of the Treaty on the Functioning of the European Union to horizontal co-operation agreements*, C(2023)3445 final, non disponibile in italiano.

2. Il rapporto fra sostenibilità e politica di concorrenza.

Se si esce dal settore degli aiuti di Stato, la relazione fra sostenibilità e concorrenza diviene materia dai confini piuttosto incerti. Come spesso accade quando si tratta di temi – più o meno – innovativi, le opinioni sono del resto piuttosto variegate: si passa dall'approccio "*business as usual*" ad appelli per iniziative fin troppo proattive [18]. Tale incertezza traspare anche da alcune dichiarazioni della Commissaria Vestager, la quale, nel 2019, affermava che «*sustainability is at the centre of our politics*» [19], ma già l'anno seguente ricalibrava il ruolo dell'antitrust osservando che «*competition policy is not, and cannot be, in the lead when it comes to making Europe green*» [20].

Non stupisce che la Commissione si sia pertanto attivata per capire se e come la politica di concorrenza potesse contribuire agli obiettivi del *Green Deal*, svolgendo consultazioni fra il 2020 e il 2021 [21]. Le consultazioni hanno confermato come l'opinione prevalente riconosca la possibilità di integrare la protezione dell'ambiente nell'*enforcement* antitrust. Se l'accordo, anche di Commissione e molte ANC, su tale minimo comune denominatore è ormai assodato, il discorso è diverso quando si passa a valutare le modalità e l'intensità di tale ingresso.

In questo senso, riprendendo una celebre distinzione tipica del mondo antitrust, il rapporto fra concorrenza e ambiente può essere declinato in una duplice prospettiva: tale finalità extra-concorrenziale si può infatti utilizzare

---

[18] A chi sostiene che sia il legislatore a dover perseguire obiettivi ambientali e non Commissione e ANC (es. E. LOOZEN, *EU antitrust in support of the Green Deal. Why better is not good enough*, in *J. Ant. Enf.*, 2023, p. 1; L. PEEPERKORN, *Competition Policy is not a Stopgap!*, in *JECLAP*, 2021, p. 415; E. LOOZEN, *Strict Competition Enforcement and Welfare: a Constitutional Perspective Based on Article 101 TFEU and Sustainability*, in *C.M.L.R.*, 2019, p. 1265), replica chi ritiene invece necessaria una svolta *green* della politica di concorrenza che ne "rivoluzioni" l'applicazione rispetto alla prospettiva economica (oltre a molti dei lavori citati nel testo v. S. HOLMES, *Climate change, sustainability, and competition law*, in *J. Ant. Enf.*, 2020, p. 354; M. CAMPO COMBA, *EU Competition Law and Sustainability*, in *Erasmus L. Rev.*, 2022, 1).

[19] M. VESTAGER, *Competition and sustainability*, GCLC Conference on Sustainability and Competition Policy, Brussels, 24 ottobre 2019.

[20] M. VESTAGER, *The Green Deal and competition policy*, Renew Webinar, 22 settembre 2020.

[21] Gli esiti delle consultazioni sono riassunti in Commissione – DG Concorrenza, *Competition Policy in Support of Europe's Green Ambition*, Competition policy brief. 2021-01 del settembre 2021.

come «spada» o come «scudo». Il primo è il caso più problematico e, in particolare con riguardo all'art. 102 TFUE, è stato suggerito dalla ANC greca [22], ed è ispirato alla decisione dell'ANC tedesca nel celebre caso *Facebook* [23]. Sebbene la legittimità di tale approccio sia stata confermata dalla Corte [24], la possibilità di qualificare come anticompetitive mere violazioni di specifiche regole positive (ivi incluse quelle ambientali) lascia qualche perplessità: alla luce delle limite risorse loro conferite [25], sarebbe forse preferibile che Commissione e ANC si concentrassero sulle condotte che, in quanto "solo" anticompetitive, non possono essere perseguite da altre autorità, piuttosto che su condotte che siano anticompetitive come "riflesso" di un diverso illecito [26]. È inoltre difficile stabilire quali regole positive (o valori sociali [27]) meritino questo livello aggiuntivo di protezione per il tramite delle autorità antitrust e quali no, con il rischio di aprire il proverbiale vaso di Pandora.

Anche prima dell'*endorsement* della Corte, si potevano in realtà già immaginare alcune ipotesi in cui parrebbe possibile usare la sostenibilità ambientale come «spada». Il riferimento è ad esempio al settore delle concentrazioni, in particolare quando l'operazione possa pregiudicare l'innovazione "*green*", riducendo la produzione di prodotti più sostenibili, e quindi i margini di scelta dei consumatori [28]. Il rilievo delle finalità extra concorrenziali in questo settore è del resto riconosciuta dal regolamento (CE) n. 139/2004 [29].

---

[22] OECD, *Sustainability and Competition* – Note by Greece del 1° dicembre 2020, §§ 40-45.

[23] Bundeskartellamt, 6 febbraio 2019, B6-22/16, *Facebook.*

[24] Corte giust., 4 luglio 2023, C-252/21, *Meta*, ECLI:EU:C:2023:537, § 48; v. anche le Conclusioni dell'Avvocato generale A. Rantos, del 20 settembre 2022, C-252/21, *Meta*, ECLI:EU:C:2022:704, §§ 41-42.

[25] Il problema è riconosciuto dall'art. 5 della direttiva (UE) 2019/1 del Parlamento europeo e del Consiglio, dell'11 dicembre 2018, *che conferisce alle autorità garanti della concorrenza degli Stati membri poteri di applicazione più efficace e che assicura il corretto funzionamento del mercato interno*, in *GU* L n. 11 del 14 gennaio 2019, p. 3.

[26] Per riferimenti, v. L. CALZOLARI, *International and EU Antitrust Enforcement in the Age Of Big Data*, in *Dir. comm. int.*, 2017, pp. 855, 864.

[27] A favore di un'apertura molto marcata v. A. KORNEZOV, *For a Socially Sensitive Competition Law Enforcement*, in *JECLAP*, 2020, p. 399.

[28] Nella prassi vi sono invece alcuni casi in cui la Commissione ha ritenuto che finalità ambientali non consentono, da sole, l'opposizione a concentrazioni che non ostacolino in modo significativo la concorrenza effettiva (v. Decisione della Commissione, del 21 marzo 2018, M.8084 – *Bayer/Monsanto*, (C(2018)1709), §§ 3020-3022).

[29] Art. 21 regolamento (CE) n. 139/2004 del Consiglio, del 20 gennaio 2004, *relativo al controllo delle concentrazioni tra imprese*, in *GU* L n. 24 del 29 gennaio 2004, p. 1. L'ap-

La fattispecie assomiglia inoltre ad un'ipotesi ben nota, e cioè quella delle *killer acquisition*[30], il cui contrasto ha di recente ispirato una lettura estensiva degli artt. 21 e 22 del regolamento (CE) n. 139/2004[31]. In questo caso, inoltre, non sussiste alcuna (lecita[32] ma inefficiente) sovrapposizione fra autorità pubbliche: tale analisi prognostica dell'impatto della concentrazione sulla futura qualità (ambientale) degli output di società acquirente e target può essere svolta solo da Commissione e ANC.

Passando al secondo scenario, l'uso della sostenibilità ambientale come «scudo» è stato esaminato soprattutto con riguardo all'art. 101 TFUE. Il timore principale, infatti, è che le imprese potrebbero essere disponibili ad assumere condotte più sostenibili rispetto a quelle imposte dal legislatore (interno o sovranazionale) ma che ciò possa essere ostacolato da un duplice ordine di ragioni. Da un lato, per via di una serie di fallimenti di mercato che caratterizzano la fattispecie in discussione[33], le iniziative unilaterali potrebbero essere frenate dalla paura dell'impresa di avvantaggiare i propri concorrenti meno "green" (*first-mover disadvantage*). Se è noto che il prezzo di rado include tutti i costi ambientali di un prodotto che pertanto non vengono sostenuti dai consumatori (esternalità negative), è altrettanto noto che tali costi rimangono nella sfera di conoscibilità dei produttori (asimmetria informativa), sicché i consumatori neppure percepiscono l'impatto ambientale dei diversi prodotti[34]. Inoltre, anche ove ne fossero a conoscenza, essi potrebbero ugualmente comportarsi come operatori (ir)razionali: aspirando a

---

proccio va tuttavia conciliato con quanto si dirà *infra* con riguardo al *first-mover disadvantage* che dovrebbe giustificare un rilassamento dell'art. 101 TFUE. Occorre cioè determinare, nel singolo caso, se la sostenibilità sia o meno un fattore di concorrenza in base alla preferenza dei consumatori per prodotti più sostenibili.

[30] Si tratta di quei casi in cui un *incumbent*, sentendosi minacciato da una nuova tecnologia sviluppata da una piccola o nuova impresa, decide di acquistare tale impresa non per investire nello sviluppo della nuova tecnologia ma piuttosto per eliminare la possibile pressione competitiva: l'acquisto del concorrente è quindi finalizzato a porre fine allo sviluppo della nuova tecnologia.

[31] Corte giust. 16 marzo 2023, C-449/21, *Towercast*, ECLI:EU:C:2023:207, § 53 e Trib. 13 luglio 2022, T-227/21, *Illumina*, ECLI:EU:T:2022:447, § 183.

[32] Corte giust., C-252/21, *Meta*, cit., § 44 ss.

[33] C. Muraca, *Tutela della concorrenza e sostenibilità ambientale: un dialogo difficile ma necessario*, in *Riv. reg. merc.*, 2021, pp. 70, 82 ss.; M. Gassler, *Sustainability, the Green Deal and Art. 101 TFEU: Where We Are and Where We Could Go*, in *JECLAP*, 2021, pp. 430, 431 ss.

[34] E cioè il giusto prezzo dei prodotti se tutti i costi ambientali fossero internalizzati nel prezzo.

massimizzare la propria utilità nel breve periodo [35], i consumatori potrebbero non "apprezzare" a sufficienza il minor impatto ambientale di un prodotto e preferire le alternative meno *green* ma più economiche [36].

Dall'altro lato, l'adozione di iniziative sostenibili collettive da parte di più imprese potrebbe essere frenata dal timore della loro successiva qualificazione come intese (orizzontali o verticali) con il rischio della loro nullità nonché dell'insorgere di una responsabilità antitrust pubblica e privata [37].

Per superare questa sorta di dilemma del prigioniero, dove la scelta razionale di ogni impresa è di non attivarsi (in via unilaterale o concordata) per ridurre il proprio impatto ambientale, si è ipotizzato di ricalibrare l'art. 101(1) e (3) TFUE rispetto agli accordi di sostenibilità [38], anche orizzontali. La questione è importante perché l'iniziativa dei privati può altresì sopperire all'inerzia, o comunque alle tempistiche, del legislatore. È chiaro, inoltre, che se si guarda all'impatto ambientale, lo scenario preferibile è proprio quello in cui l'iniziativa coinvolge il maggior numero di imprese possibili, poiché maggiore sarà anche l'impatto complessivo dei benefici ambientali. Ma è altrettanto chiaro che questo è anche il caso che solleva le maggiori preoccupazioni antitrust, sicché sul punto si tornerà *infra*.

Prima, tuttavia, va precisato che l'esame dei benefici ambientali può assumere analoga rilevanza anche con riguardo alle altre fattispecie antitrust, come il divieto di condotte abusive unilaterali ovvero il controllo di concentrazioni e aiuti di Stato [39]. Sebbene non esista un art. 102(3) TFUE, la giurisprudenza ha consentito alle imprese dominanti di invocare le *efficiency defences* per giustificare condotte altrimenti abusive [40]. Quanto verrà discusso

---

[35] V. già G. HARDIN, *The Tragedy of the Commons*, in *Science*, 1968, vol. 162, p. 1243.

[36] La domanda, infatti, non pare essere ancora particolarmente elastica con riguardo agli aumenti dovuti al minore impatto ambientale di un prodotto, e il prezzo rimane il parametro più importante per le scelte dei consumatori (M. SNOEP, *What is fair and efficient in the face of climate change?*, in *J. Ant. Enf.*, 2023, pp. 1, 2).

[37] A. GERBRANDY, *Solving a Sustainability-Deficit in European Competition Law*, in *World Comp.*, 2017, pp. 539, 543.

[38] È questo il termine utilizzato nelle Linee guida 2023, cit., su cui v. *infra*.

[39] Tuttavia, la rilevanza dei benefici ambientali come «scudo» per ottenere l'approvazione di concentrazioni altrimenti di dubbia compatibilità rappresenta un tema non introdotto dalla Commissione nelle consultazioni sopra ricordate (v. nota 21), sicché iniziative in questo ambito appaiono improbabili. In argomento, v. E. DEUTSCHER-S. MAKRIS, *Sustainability concerns in EU merger control: from output-maximising to polycentric innovation competition*, in *J. Ant. Enf.*, 2022, p. 1.

[40] E. ROUSSEVA, *Reflections on the relevance and proof of efficiency defences in modern*

circa la possibile rilevanza di interessi extra-concorrenziali ai fini dell'art. 101(3) TFUE può pertanto essere traslato, *mutatis mutandis*, anche per verificare se, e con quali limiti, la speciale responsabilità [41] delle imprese dominanti possa "tingersi di verde" [42].

3. Valori extra-concorrenziali ed *enforcement* antitrust: il ruolo del principio di integrazione.

L'intero dibattito circa la possibilità, modalità e limiti dell'ingresso nell'analisi antitrust di un valore extra-concorrenziale e non economico, come la sostenibilità ambientale, rivela come il tema affondi le radici nella più ampia questione, mai sopita [43], degli obiettivi della politica di concorrenza.

Non è questa la sede per approfondire le molteplici teorie, legali, sociali ed economiche, che si sono sviluppate attorno all'individuazione delle finalità del diritto antitrust [44]. È invece sufficiente ricordare che, a partire dagli anni '00, vi è stata una forte pressione per sostituire l'approccio strutturale tipico dell'ordinamento antitrust dell'Unione [45] con l'approccio *welfarista* di origine statunitense, basato sulla sola analisi economica [46]. Sebbene tale

---

EU antitrust law, in J. BOURGEOIS-D. WAELBROECK (eds.), *Ten Years of effects-based approach in EU competition law*, Bruxelles, 2012, pp. 242, 271.

[41] Corte giust. 9 novembre 1983, 322/81, *Michelin*, ECLI:EU:C:1983:313, § 57.

[42] Ci si può chiedere, ad esempio, se l'impresa dominante possa *i*) limitare la produzione ai soli prodotti più ecologi eliminando quelli più inquinanti, che siano tuttavia anche i più economici per i consumatori; *ii*) imporre condizioni diverse ai propri clienti o fornitori in base al loro livello di sostenibilità ambientale, o persino *iii*) rifiutarsi di vendere a (o comprare forniture da) soggetti che non rispettino determinati standard ambientali.

[43] Da ultimo, S.W. WALLER, *Lasting change in competition law and policy*, in *J. Ant. Enf.*, 2023, p. 1; J. POLAŃSKI, *A Positive Program for Antitrust? Enforcement in Times of Political Tides*, in *World. Comp.*, 2022, p. 237.

[44] Anche per i riferimenti v. L. CALZOLARI, *Il sistema di enforcement delle regole di concorrenza dell'Unione europea*, Torino, 2019, p. 11 ss.

[45] La politica di concorrenza dell'Unione è sempre stata funzionale alla tutela della struttura aperta del mercato. In Europa, quindi, la concorrenzialità non è (solo) un fine ma rappresenta anche un mezzo per perseguire (anche) obiettivi ulteriori spesso di natura non (solo) economica, come la protezione delle libertà individuali (economiche e politiche) nonché la creazione del mercato interno.

[46] In seguito al successo della Scuola di Chicago, il diritto antitrust statunitense è stato rigidamente orientato alla promozione del *consumer welfare*, e cioè un concetto che, come si trattasse di una ben riuscita antifrasi, viene usato non per indicare le condotte di cui be-

«modernizzazione» sostanziale [47] del diritto antitrust sia stata frenata dalla Corte [48], l'approccio (più) economico agli artt. 101 e 102 TFUE ha avuto, proprio negli anni '00, un discreto successo culminato con l'adozione da parte della Commissione di diversi atti in cui è stata recepita la (temporanea) centralità del *consumer welfare* [49].

Il punto è d'interesse perché vi è un parallelismo fra la (mutevole) influenza esercitata in Europa dalle teorie economiche sopra menzionate e la (altrettanto mutevole) rilevanza riconosciuta (o meno), nell'*assessment* antitrust, agli effetti ambientali delle condotte [50]. Prima che l'incanto per il *consumer welfare* si diffondesse anche in Europa, l'esame degli effetti ambientali era già stato ammesso, tanto nella prassi, quanto in alcuni atti di *soft law*. Sul punto si tornerà nel prossimo paragrafo, ma un esempio paradigmatico del rapporto altalenante fra antitrust e sostenibilità ambientale emerge dalle diverse versioni delle Linee guida sugli accordi orizzontali susseguitesi nell'ultimo ventennio.

Nelle Linee guida del 2001 [51] vi era infatti un'intera sezione dedicata agli accordi ambientali. Vi erano descritte una serie di ipotesi in cui l'ottenimento di benefici ambientali poteva condurre taluni accordi fra concorrenti fuori dal perimetro dell'art. 101 TFUE [52] o, quantomeno, renderne possibile l'esenzione *ex* art. 101(3) TFUE [53]. Pur nei limiti che si vedranno, si riconosceva pertanto la possibilità di bilanciare gli effetti anticompetitivi di un ac-

---

neficiano i consumatori ma piuttosto quelle che permettono di ottenere l'efficienza allocativa.

[47] Per distinguerla dalla modernizzazione procedurale realizzata dal regolamento (CE) n. 1/2003 del Consiglio, del 16 dicembre 2002, *concernente l'applicazione delle regole di concorrenza di cui agli articoli 81 e 82 del Trattato*, in *GU* L n. 1 del 4 gennaio 2003, p. 1.

[48] Pur con qualche oscillazione (Trib. 27 settembre 2006, T-168/01, *GlaxoSmithKline*, ECLI:EU:T:2006:265, § 147) la Corte ha sì riconosciuto l'opportunità di una maggiore attenzione all'analisi economica (Corte giust. 6 settembre 2017, C-413/14 P, *Intel*, ECLI:EU:C:2017:632, §§ 137-138), ma ha sempre ribadito che gli artt. 101 e 102 TFUE non perseguono il *consumer welfare* ma tutelano «*la struttura del mercato, e in tal modo, la concorrenza in quanto tale*» (da ultimo Corte giust. 12 gennaio 2023, C-883/19 P, *HSBC*, ECLI:EU:C:2023:11, § 121).

[49] V. *infra* le note 54 e 55.

[50] Più in generale A. GERBRANDY, *Solving a Sustainability-Deficit.*, cit., p. 547.

[51] Comunicazione della Commissione, *Linee direttrici sull'applicabilità dell'articolo 81 del trattato CE agli accordi di cooperazione orizzontale*, in *GU* C n. 3 del 6 gennaio 2001, p. 2.

[52] Linee guida 2001, cit., §§ 184-187.

[53] Linee guida 2001, cit., §§ 192-197.

cordo con quelli ambientali, e dunque con un parametro difficilmente valutabile in termini (solo) economici.

Sulla scorta dell'adozione di alcuni atti in cui la centralità del *consumer welfare* si manifestava con particolare forza [54], e portando a compimento la parabola dell'approccio economico in Europa, le Linee guida del 2011 non includevano più alcun riferimento agli accordi ambientali [55]. La Commissione ha sempre negato che si trattasse di una riforma sfavorevole per gli accordi ambientali ai quali rimanevano infatti applicabili altre sezioni favorevoli delle Linee guida [56].

Tuttavia, la scelta della Commissione appare tutt'altro che neutra sotto il profilo della *policy*, corrispondendo piuttosto a una chiara indicazione strategica [57]: gli accordi ambientali comportano, per definizione, benefici di portata generale, spesso realizzati fuori dal "mercato", e che mal si conciliano con l'efficienza allocativa. Se l'*enforcement* dell'art. 101 TFUE si fonda sull'analisi economica di breve periodo, e cioè in sostanza sugli effetti sui prezzi delle condotte esaminate, lo spazio per finalità (in tutto o in parte) extraeconomiche si riduce [58].

In definitiva, chiusa la parentesi *welfarista*, l'ordinamento antitrust dell'Unione appare – di nuovo – pronto e "meglio posizionato" rispetto ad al-

---

[54] Nelle Linee guida sull'art. 101(3) TFUE si afferma che l'obiettivo di tale norma «*è tutelare la concorrenza sul mercato come strumento per incrementare il benessere dei consumatori e per assicurare un'allocazione efficiente delle risorse*» (Comunicazione della Commissione, *Linee direttrici sull'applicazione dell'articolo 81, paragrafo 3, del trattato*, in *GU* C n. 101 del 27 aprile 2004, p. 97, § 13). Nella riforma della disciplina delle concentrazioni, viene riservata una maggiore attenzione agli effetti in termini di efficienza (cfr. regolamento (CE) n. 139/2004, cit.).

[55] Comunicazione della Commissione, *Linee direttrici sull'applicabilità dell'articolo 101 del trattato sul funzionamento dell'Unione europea agli accordi di cooperazione orizzontale*, in *GU* C n. 11 del 14 gennaio 2011, p. 1.

[56] Come le sezioni sugli accordi R&D e sugli accordi di normazione (Linee guida 2011, cit., rispettivamente §§ 111-149 e 257-335).

[57] Come resto dimostrato dalla "codificazione" del caso *CECED*, di cui si dirà *infra* (v. il testo attorno alle note 105-108).

[58] Se non interpretando la nozione di *consumer welfare* in modo ampio (e diverso dall'efficienza allocativa) e ritenere che esso «*inherently encompasses sustainability goals since it is the welfare of consumers that is ultimately at stake*» (D. WOUTERS, *Which Sustainability Agreements Are Not Caught by Article 101 (1) TFEU?*, in *JECLAP*, 2021, pp. 257, 260). *Amplius* R. INDERST-S. THOMAS, *The Scope and Limitations of Incorporating Externalities in Competition Analysis Within a Consumer Welfare Approach*, in *World Comp.*, 2022, p. 351.

tri[59] per recepire il valore extra-economico della sostenibilità ambientale nella politica di concorrenza[60]. Fin dal Trattato di Roma, infatti, essa è stata sempre aperta alla valorizzazione di istanze non (solo) economiche affianco a quelle tipiche dell'antitrust. Il passaggio all'"approccio ecologico" da quello economico rappresenta, pertanto, una sorta di "ritorno alle origini", in cui gli artt. 101 e 102 TFUE sono di nuovo applicati in vista di esigenze più ampie rispetto alla sola efficienza allocativa[61].

Anche (e soprattutto) grazie ai già citati artt. 11 TFUE e 37 CDFUE[62], tutela e sostenibilità ambientale non possono che assumere un ruolo prioritario fra tali finalità extra-economiche: il principio di integrazione marca, infatti, una netta differenza fra esse e tutte le altre esigenze politico-sociali. Il tema è rilevante anche perché, di recente, diverse politiche materiali sono entrate "prepotentemente" all'interno dell'*assessment* antitrust. Oltre al già

---

[59] In sintesi, «*se per molto tempo l'esigenza di favorire l'integrazione tra Stati Membri ha influito sull'interpretazione e applicazione delle norme antitrust, oggi un ruolo simile potrebbe spettare alle nuove priorità dell'Unione, tra le quali indubbiamente troviamo la tutela ambientale e la lotta ai cambiamenti climatici*» (C. MURACA, *Tutela della concorrenza*, cit., p. 81). Per contro, se l'antitrust è orientato al *consumer welfare*, i parametri rilevanti per valutare una condotta sono gli effetti a breve termine su prezzi e produzione: si tratta di un quadro di riferimento meno adatto ad esaminare gli accordi di sostenibilità (A. GERBRANDY, *Solving a Sustainability-Deficit.*, cit., p. 560; in generale v. J. BLOCKX, *The Limits of the 'More Economic' Approach to Antitrust*, in *World Comp.*, 2019, p. 475).

[60] V. già M.W. GEHRING, *Competition for Sustainability: Sustainable Development Concerns in National and EC Competition Law*, in *Rev. Eur. Comp. & Int'l Envtl. L.*, 2006, p. 172.

[61] Si tratta di uno scenario da più parti auspicato, laddove «*being a political creation, competition law is inherently susceptive to a wide range of domestic societal variants*» (A. EZRACHI, *Sponge*, in *J. Ant. Enf.*, 2017, pp. 49, 51). Ciò non significa che possibili contrasti non si possano realizzare anche fra finalità ambientali e finalità tipiche dell'ordinamento antitrust dell'Unione. Si pensi alle esternalità negative causate dagli "eroi del mercato interno", e cioè gli importatori paralleli, per via del moltiplicarsi dei trasporti.

[62] Secondo l'art. 11 TFUE «[l]*e esigenze connesse con la tutela dell'ambiente devono essere integrate nella definizione e nell'attuazione delle politiche e azioni dell'Unione, in particolare nella prospettiva di promuovere lo sviluppo sostenibile*». La formulazione dell'art. 37 CDFUE è più incisiva, giacché esso sancisce che ciò che deve essere oggetto di integrazione non sono (solo) le «*esigenze connesse con la tutela dell'ambiente*», ma «[u]*n livello elevato di tutela dell'ambiente e il miglioramento della sua qualità*», che infatti «*devono essere integrati nelle politiche dell'Unione e garantiti conformemente al principio dello sviluppo sostenibile*».

citato caso *Meta* in tema di dati personali [63], si pensi al risalto dato alla politica culturale [64] e sportiva [65].

Se l'attrazione di tali – pur importanti – finalità sociali nell'analisi antitrust può suscitare qualche perplessità [66], la questione si pone diversamente per la tutela dell'ambiente proprio in virtù del principio di integrazione. Si tratta di un *unicum* nel diritto primario dell'Unione che assicura, il più possibile, il coordinamento fra azione ambientale e tutte le altre politiche dell'Unione (nessuna esclusa, e quindi compresa la concorrenza) che possano interferire con la tutela ambientale [67]. Pur non comportando il primato della prima sulle seconde [68], il principio di integrazione contraddistingue la politica ambientale da tutte le altre azioni dell'Unione: una (più o meno marcata) svolta *green* della politica di concorrenza troverebbe quindi nel Trattato una giustificazione giuridica più forte rispetto alle altre esigenze sociali.

4. Accordi ambientali e art. 101 TFUE: spunti dalla prassi applicativa.

L'analisi della prassi è utile non solo per delineare l'approccio fino ad ora seguito dalle principali autorità antitrust [69], ma anche per evidenziare alcuni dei principali profili problematici in seguito affrontati anche nelle nuove Linee guida sugli accordi orizzontali del 2023 e in alcuni analoghi documenti

---

[63] Corte giust., C-252/21, *Meta*, cit.

[64] Secondo il Tribunale, l'art. 167(4) TFUE fa sì che «*in the application of Article 81 EC, the Commission is required to take into consideration the objective of respecting and promoting cultural diversity, in particular where the application of that article concerns an activity linked to culture*» (Trib. 12 aprile 2013, T-451/08, *Stim*, ECLI:EU:T:2013:189, § 73, non disponibile in italiano).

[65] Infatti, «*le caratteristiche specifiche dello sport figuranti all'articolo 165 TFUE*» potrebbero «*risultare pertinenti, segnatamente ai fini della valutazione di eventuali giustificazioni delle restrizioni della concorrenza*» causate dalle federazioni sportive (Conclusioni dell'Avvocato generale A. Rantos del 15 dicembre 2022, C-124/21 P, *International Skating Union*, ECLI:EU:C:2022:988 § 38.

[66] V. il testo attorno alla nota 26.

[67] F. MUNARI-L. SCHIANO DI PEPE, *Tutela transnazionale dell'ambiente*, cit., p. 82.

[68] In senso in parte contrario O. ANDRIYCHUK, *The Concept of Sustainability in EU Competition Law: A Legal Realist Perspective*, in *YARS*, 2021, pp. 11, 15.

[69] Per una panoramica v. J. MALINAUSKAITE, *Competition Law and Sustainability: EU and National Perspectives*, in *JECLAP*, 2022, p. 336.

adottati a livello nazionale. L'obiettivo di questo paragrafo è, in sostanza, quello di rispondere a due domande e cioè se, in determinate circostanze, un accordo che abbia effetti ambientali positivi possa non rientrare nel divieto posto dall'art. 101 TFEU [70], ovvero in alternativa essere giustificato *ex* art. 101(3) TFEU.

La prima questione è quella che pone i pericoli maggiori sotto il profilo antitrust. In un mondo in cui la prospettiva è quella dei profitti trimestrali e gli amministratori devono perseguire lo *shareholder value*, sarebbe (purtroppo) *naïve* ritenere che, da ora in avanti, le imprese mettano l'ambiente al centro dei propri interessi. Il diffondersi dell'approccio "più ecologico" al diritto antitrust potrebbe allora presentare più rischi che benefici: come dimostrato dai primi casi di *greenwashing* [71], le imprese tendono infatti a esagerare le proprie performance ambientale. Traslando quanto sopra nel settore antitrust, vi è il rischio che un approccio troppo rilassato al divieto di cartelli – purché *green* [72] – sia visto dalle imprese come un'occasione per aumentare i profitti [73], piuttosto che la sostenibilità [74].

Tale rischio si è peraltro concretizzato nel caso dei *Detersivi per i consumatori* [75], molto citato da chi sottolinea le difficoltà di "credere" agli impegni *green* delle imprese [76]. Nel 1998, la principale associazione europea di produttori di detergenti elaborava un codice di condotta mediante cui tali imprese si

---

[70] In argomento D. WOUTERS, *Which Sustainability*, cit., p. 257.

[71] A livello interno v. Trib. Gorizia, ord. 26 novembre 2021, in *Giur. comm.*, 2022, p. 1262.

[72] N.J. PHILIPSEN, *Exempting Green Cartels from Competition Law? Competition versus Regulation in Times of Sustainability*, in P. MELIN-S. SCHOENMAEKERS-S. CARRERA-Y. MICHIELSEN, *The Art of Moving Borders. Liber Amicorum Hildegard Schneider*, The Hague, 2022, p. 309.

[73] C. MURACA, *Tutela della concorrenza*, cit., p. 75.

[74] L'approccio più ecologico al diritto antitrust comporterebbe pertanto "*minimum sustainability benefits for maximum prices*" (M. SCHINKEL-L. TREUREN, *Green Antitrust: Friendly Fire in the Fight against Climate Change*, Amsterdam Law School Legal Studies Research Paper, 2020, pp. 1-25).

[75] Sintesi della decisione della Commissione, del 13 aprile 2011, COMP/39.579 – *Detersivi per i consumatori*, C(2011) 2528 def., in *GU* C n. 193 del 2 luglio 2011, p. 14.

[76] Per un'altra ipotesi di "cartello ambientale" v. la sintesi della decisione della Commissione, dell'8 luglio 2021, AT.40178 – *Emissioni delle autovetture*, C(2021)4955 def., in *GU* C n. 458 del 12 novembre 2021, p. 16, dove la Commissione ha sanzionato cinque case automobilistiche che, pur possedendo la tecnologia necessaria a ridurre le emissioni nocive oltre quanto richiesto dalla normativa sulle emissioni, hanno attuato un'intesa per ritardare l'adozione di tali tecnologie.

impegnavano ad adottare una serie di buone pratiche per ridurre l'impatto ambientale dei detersivi (es. riducendo dosaggio ed imballaggio), andando oltre quanto richiesto dalla normativa vigente [77]. Ovviamente l'iniziativa non prevedeva (né permetteva) che le imprese discutessero aspetti rilevanti sotto il profilo della concorrenza, come i prezzi. Grazie a una richiesta di immunità presentata nel 2008 da una delle imprese coinvolte, tuttavia, la Commissione apprendeva che l'iniziativa *green* era stata sfruttata dai partecipanti come volano per la creazione di un cartello: le imprese si erano infatti accordate affinché nessuna utilizzasse l'iniziativa per acquisire un vantaggio competitivo sulle altre cosicché le posizioni sul mercato rimanessero invariate [78].

Sebbene il vero insegnamento di questa decisione sia stato ben sottolineato in letteratura [79], il caso evidenzia i rischi operativi, specie quando ci si muova all'interno dell'art. 101(1) TFUE. Gli spazi entro cui un'iniziativa ecocompatibile può esulare dal divieto di intese sono, e devono restare, piuttosto ridotti.

Le citate Linee guida sugli accordi orizzontali del 2001 ipotizzavano tre fattispecie. Il minimo comune denominatore era l'inidoneità di tali accordi ad incidere sui parametri di concorrenza (prezzo, quantità, qualità, ecc.). Si trattava in particolare degli accordi *i*) con impegni generici a contribuire a un obiettivo ambientale senza vincoli (tecnici ed economici) sulle modalità per raggiungerlo così riducendo i rischi collusivi su tali aspetti della produzione [80], *ii*) volti a stabilire le prestazioni ambientali di prodotti, purché non idonei ad incidere in modo significativo sulla loro diversità o aventi un impatto marginale sulle scelte dei consumatori [81], nonché *iii*) volti a creare un nuovo mercato (es. quello del riciclo) [82].

---

[77] V. la Raccomandazione della Commissione n. 98/480/CE, del 22 luglio 1998, *sulla buona pratica ambientale relativa ai detersivi da bucato per uso domestico*, C(1998) 2163, in *GU* L n. 215 del 1° agosto 1998, p. 73.

[78] Decisione, C(2011) 2528, cit.

[79] G. MONTI, *Four Options for a Greener Competition Law*, in *JECLAP*, 2020, pp. 124, 127.

[80] Linee guida 2001, cit., § 185. Si tratta della codificazione dei casi *ACEA*, *JAMA* e *KAMA* di poco precedenti, dove la Commissione aveva escluso l'applicazione dell'art. 101 TFUE agli impegni di riduzione delle emissioni di CO_2 proposte da diverse associazioni di case automobilistiche poiché si trattava di impegni collettivi e non delle singole case, le quali rimanevano inoltre libere di sviluppare in modo indipendente le tecnologie necessarie a rispettarli (v. Commissione Europea, *XXIX Relazione sulla politica di concorrenza 1999*, Bruxelles-Lussemburgo, 2000, p. 174).

[81] Linee guida 2001, cit., § 186.

[82] Linee guida 2001, cit., § 187.

Un caso diverso, e anche per questo interessante, è quello del *Garden Retail Sector* deciso dall'ACM [83] nel 2022 [84]. I principali rivenditori nel settore del giardinaggio si accordavano per "boicottare" i produttori di piante coltivate con pesticidi illegali. Ogni rivenditore si impegnava a effettuare controlli a campione sulle piante acquistate e, in caso di positività ai pesticidi illegali, a rifiutare i prodotti e informare gli altri rivenditori. Il produttore scoperto a fornire piante coltivate con prodotti illegali poteva riprendere le forniture solo dichiarando di aver cessato tale pratica e dimostrando le azioni intraprese per evitare nuovi illeciti. Oltre a riconoscere il contributo dell'accordo alla sostenibilità [85], l'ACM ha ritenuto che esso esulasse dall'art. 101(1) TFUE: poiché la concorrenza dei produttori che subiscono il "boicottaggio" non si basa sul merito ma sulla violazione di regole ambientali, essa non è protetta dalle regole antitrust [86].

Basandosi sull'applicazione analogica agli accordi ambientali di alcuni principi sanciti dalla Corte di giustizia, in letteratura si sono immaginate alcune ulteriori soluzioni ancora più favorevoli. Le ipotesi spaziano da una sorta di esclusione totale dall'art. 101(1) TFUE sulla falsariga del caso *Albany* [87] alla possibilità di ritenere compatibili, in virtù di un test interno all'art. 101(1) TFUE come in *Wouters* [88] e *Meca Medina* [89], le restrizioni proporzionali a raggiungere un obiettivo ambientale. Se la prima soluzione è forse esagerata, la seconda è d'interesse poiché renderebbe applicabile un test di compatibilità simile a quello utilizzato per le restrizioni alle libertà economiche fondamentali, e dunque meno formalistico (e più morbido) rispetto a quello *ex* art. 101(3) TFUE [90], sul quale è ora opportuno soffermarsi.

Introducendo una sorta di *rule of reason* nell'art. 101 TFUE, tale norma

---

[83] V. nota 16.

[84] Comunicato stampa ACM, del 2 settembre 2022, *ACM agrees to arrangements of garden centers to curtail use of illegal pesticides*.

[85] Lettera ACM, del 2 settembre 2022, *in response to sustainability initiative about reduction of illegal pesticides in garden retail sector*.

[86] Pur condivisibile, l'approccio della ANC olandese non è allineato alla giurisprudenza della Corte secondo cui è illecito anche il cartello che esclude dal mercato un'impresa che vi opera illegalmente (Corte giust. 7 febbraio 2013, C-68/12, *Slovenská sporiteľňa*, ECLI:EU:C:2013:71, §§ 18-21).

[87] Corte giust. 21 settembre 1999, C-67/96, *Albany*, ECLI:EU:C:1999:430, §§ 59-60.

[88] Corte giust. 19 febbraio 2002, C-309/99, *Wouters.*, ECLI:EU:C:2002:98, § 110.

[89] Corte giust. 18 luglio 2006, C-519/04 P, *Meca-Medina*, ECLI:EU:C:2006:492, § 45.

[90] *Inter alia* E. VAN DER ZEE, *Quantifying Benefits of Sustainability Agreements Under Article 101 TFEU*, in *World Comp.*, 2020, pp. 189, 195 ss.

esenta dal divieto di intese gli accordi che, pur distorsivi della concorrenza, creino benefici oggettivi che ne compensino gli effetti anticompetitivi, purché siano rispettate due condizioni positive e due negative. Da un lato, oltre a migliorare la produzione o la distribuzione dei prodotti o a promuovere il progresso tecnico o economico, l'accordo deve riservare agli utilizzatori una congrua parte dell'utile creato. Dall'altro lato, la restrizione deve essere indispensabile per raggiungere tali obiettivi e, in ogni caso, la concorrenza non deve essere eliminata. Con riguardo agli accordi ambientali le difficoltà sorgono soprattutto con riguardo alla seconda condizione positiva: tutto ruota, infatti, attorno alla difficoltà di adattare le nozioni di «*utilizzatori*», «*utile*» e «*congrua parte*» a uno scenario in cui i vantaggi dell'accordo sono difficilmente misurabili in termini economici [91] e, soprattutto, non limitati a un singolo mercato, beneficiando l'intera collettività e persino le generazioni future.

Il problema, beninteso, non riguarda la possibilità di includere nella nozione di «*utile*» anche i benefici ambientali. La prassi, anche risalente, è infatti ricca di esempi in cui tali benefici extra-economici sono stati valorizzati dalla Commissione per corroborare, assieme ad altri profili più tipici dell'analisi antitrust, la compatibilità di un accordo *ex* art. 101(3) TFUE. Ad esempio, nei casi *Carbon Gas Technologie*, *Exxon* c. *Shell* e *Philips* c. *Osram*, tutti relativi ad accordi di *joint-venture* [92], la Commissione ha valutato profili quali il minor impatto ambientale del gas rispetto al carbone [93], la riduzione nell'uso di materie prime e dei residui di materie plastiche [94], nonché il minor inquinamento atmosferico derivante dall'impiego di impianti produttivi più puliti [95].

---

[91] Per un'analisi, A. GERBRANDY, *Solving a Sustainability-Deficit.*, cit., p. 546 ss. In generale, v. A. CLAICI-J. LUTZ, *Beyond the Policy Debate: How to Quantify Sustainability Benefits in Competition Cases: Lessons Learned from Environmental Economics*, in *Eur. Comp. & Reg. L. Rev.*, 2021, p. 200; R. INDERST-S. THOMAS, *Integrating Benefits from Sustainability into the Competitive Assessment–How Can We Measure Them?*, in *JECLAP*, 2002, p. 705.

[92] L'ordinamento dell'Unione non era dotato di un sistema di controllo sulle concentrazioni, realizzato con il regolamento (CEE) n. 4064/89 del Consiglio, del 21 dicembre 1989, *relativo al controllo delle operazioni di concentrazione tra imprese*, in *GU* L n. 395 del 30 dicembre 1989, p. 1.

[93] Decisione n. 83/669/CEE della Commissione, dell'8 dicembre 1983, IV/29.955 – *Carbon Gas Technologie*, in *GU* L n. 376 del 31 dicembre 1983, p. 17, § B.1.

[94] Decisione n. 94/322/CE della Commissione, del 18 maggio 1994, IV/33.640 – *Exxon/Shell)*, in *GU* L n. 144 del 9 giugno 1994, p. 20, §§ 67-68.

[95] Decisione n. 94/986/CE della Commissione, del 21 dicembre 1994, IV/34.252 – *Philips-Osram)*, in *GU* L n. 378 del 31 dicembre 1994, p. 37, § 27.

La questione, tuttavia, si complica quando si valuti se le finalità ambientali possano rappresentare la *ratio decidendi* di una decisione *ex* art. 101(3) TFUE, e non solo un argomento *ad abundantiam*. Anche ammesso che i benefici ambientali possano rappresentare l'«*utile*», resta da valutare chi, e in che modo, ne debba beneficiare, e dunque quali soggetti si possano includere nella nozione di «*utilizzatori*» e come si misuri la «*congrua parte*» dell'utile che deve essere loro riservato, anche al fine del suo bilanciamento con l'effetto distorsivo. Si tratta di questioni su cui la Corte di giustizia non si è ancora pronunciata, e che per il momento nella (limitata) prassi applicativa hanno trovato soluzioni almeno in parte divergenti.

Un esempio significativo è rappresentato dal noto caso *CECED*[96]. La fattispecie riguardava la conclusione, fra i principali produttori di elettrodomestici, di un accordo di *phase-out* per la vendita e l'importazione delle lavatrici in classi energetiche meno efficienti. L'accordo avrebbe ridotto il consumo di energia[97] e le emissioni di CO_2, SO_2 e N_2O[98]. Pur qualificando l'accordo come una restrizione per oggetto dell'art. 101 TFUE per via del suo effetto sui prezzi[99], la Commissione ne analizzava i benefici, sia dal punto di vista individuale degli acquirenti di lavatrici, sia – ed è ciò che interessa – nella prospettiva della società nel suo complesso. Sotto quest'ultimo profilo, la Commissione precisava che i costi del (mancato) inquinamento potevano essere valutati ai sensi dell'art. 101(3) TFUE[100]. Quantificati in precisi termini economici i mancati danni che le emissioni di CO_2, SO_2 e N_2O avrebbero causato[101], la Commissione concludeva che i benefici per la società fossero sette volte superiori ai maggiori costi per l'acquisto delle nuove lavatrici[102].

Il punto più interessante è che la Commissione sembrava riconoscere che i benefici collettivi potessero essere sufficienti per la compatibilità dell'accordo, senza bisogno di esaminarne gli effetti sulla posizione degli utilizzatori diretti, e cioè gli acquirenti di lavatrici[103]. Un esame più approfondito

---

[96] Decisione n. 2000/475/CE della Commissione, del 24 gennaio 1999, IV.F.1/36.718 – *CECED*, in *GU* L n. 187 del 26 luglio 2000, p. 47.

[97] In misura non inferiore al 15-20% (Decisione n. 2000/475/CE, cit., § 47).

[98] Rispettivamente per 3,5 milioni di tonnellate di CO_2, 17.000 tonnellate di SO_2 e 6.000 tonnellate di N_2O (Decisione n. 2000/475/CE, cit., § 51).

[99] Decisione n. 2000/475/CE, cit., § 34.

[100] Decisione n. 2000/475/CE, cit., § 55.

[101] Decisione n. 2000/475/CE, cit., § 56.

[102] Decisione n. 2000/475/CE, cit., § 56.

[103] Infatti, «[q[*uesti risultati ambientali derivanti alla società garantirebbero a tutti i*

della decisione, tuttavia, rivela che l'apertura era solo un *obiter dictum*: l'accordo, infatti, è dichiarato compatibile perché anche gli acquirenti diretti ne avrebbero beneficiato, rientrando del sovrapprezzo grazie ai minori consumi energetici [104].

Come anticipato, tale caso è stato "codificato" nelle varie edizioni delle Linee guida sugli accordi orizzontali. Se la versione del 2001 andava persino oltre la *ratio decidendi* del caso *CECED* quasi eliminando la priorità dei vantaggi individuali su quelli ambientali e collettivi [105], la situazione cambia in modo radicale nel 2011. Nonostante l'eliminazione della sezione sugli accordi ambientali, un esempio calibrato sul caso *CECED* è incluso nella sezione sugli accordi di normazione [106]. Pur ammettendo la possibilità di valutare benefici collettivi realizzati su mercati diversi da quello oggetto dell'accordo (purché a questo collegati), le Linee guida del 2011 "dimenticano" di inserirvi i benefici ambientali [107]. In altri termini, vengono ampliate le tipologie di risparmio economico dei consumatori che possono essere valutate *ex* art. 101(3) TFUE, ma vengono ignorati i benefici ambientali collettivi che erano invece stati bene evidenziati in *CECED* [108].

Se, pur con riguardo a fattispecie diverse da quelle di cui si discute, la Corte di giustizia ha nel frattempo chiarito che la compatibilità di un accordo *ex* art. 101(3) TFUE richiede la prova di un qualche vantaggio per tutti gli utilizzatori diretti [109], l'individuazione e la quantificazione dei benefici

---

consumatori una congrua parte dei benefici, anche se non creerebbero benefici per l'acquirente individuale delle lavatrici» (Decisione n. 2000/475/CE, cit., § 56).

[104] Decisione n. 2000/475/CE, cit., § 52.

[105] Le Linee guida del 2001 sembravano infatti attribuire la stessa rilevanza ai benefici economici «*a livello individuale o aggregato*», purché nel complesso l'accordo determinasse «*benefici netti, in termini di riduzione della pressione sull'ambiente, rispetto ad una situazione di base in cui non viene adottata alcuna iniziativa*» (Linee guida 2001, § 193). L'esame dei benefici veniva divisa in due fasi, prevedendo che, ove non vi fosse un vantaggio per gli utenti diretti, «*si rende necessaria un'analisi costi-benefici al fine di valutare se, date determinate ipotesi realistiche, è ragionevole supporre che si otterrà un beneficio netto per i consumatori in generale*» (Linee guida 2001, § 194).

[106] Linee guida 2011, §§ 257-335.

[107] I vantaggi del *phase-out* delle lavatrici più obsolete sono individuati nella disponibilità di più programmi di lavaggio e nei minori consumi (di acqua, detersivi ed elettricità) per gli utenti che acquisteranno una lavatrice (cfr. Linee guida 2011, § 329).

[108] G. MONTI, *Four Options*, cit., p. 126.

[109] Nei mercati a più versanti, infatti, una parte di utile (ma non necessariamente in misura paritaria, Corte giust. 11 settembre 2014, C-382/12 P, *MasterCard*, ECLI:EU:C:2014:2201, § 248) deve essere condiviso almeno con tutte le categorie di utilizzatori diretti attive

ambientali sono state oggetto di alcuni casi a livello nazionale. Fra i più celebri, ci sono le decisioni rese, ancora una volta dall'ACM, nei casi *SER Energieakkoord*[110] e *Chicken of Tomorrow*[111].

Il primo caso riguardava l'accordo fra quattro produttori di energia elettrica per la chiusura di alcune centrali a carbone. Pur garantendo una riduzione annua delle emissioni di CO_2, SO_2 e NO_x, l'accordo avrebbe portato a una diminuzione di circa il 10% della produzione di energia e, quindi, all'aumento dei prezzi dell'elettricità. L'ACM concludeva pertanto che i benefici ambientali non fossero sufficienti a compensare gli aumenti di prezzo. Il punto cruciale dell'analisi è in realtà legato al regime ETS[112]: solo le riduzioni di SO_2 e NO_x rappresentavano infatti un beneficio netto per l'ambiente; grazie alla commerciabilità delle relative quote, le minori emissioni di CO_2 potevano invece essere utilizzate altrove, dando luogo a un trasferimento più che a una riduzione di emissioni[113].

Il secondo caso riguardava un accordo fra allevatori, imprese di trasformazione agroalimentare e supermercati per migliorare – in modo piuttosto modesto – le condizioni di vita dei polli. L'accordo prevedeva che i supermercati non potessero più vendere i polli allevati secondo standard – leciti ma – meno protettivi per il benessere animale. L'accordo avrebbe quindi determinato l'aumento dei prezzi, impedendo la vendita dei polli allevati in modo (ancora) più intensivo, e quindi più economici. Riconosciuta la natura *prima facie* restrittiva dell'accordo, l'ACM ammetteva la rilevanza del benessere animale come beneficio extra-economico e procedeva alla sua quantificazione in base alla disponibilità a pagare dei consumatori per tale miglioramento. Dall'indagine emergeva che i consumatori erano disponibili a pagare un sovrapprezzo, che tuttavia era inferiore all'aumento che avrebbe subito la carne di pollo[114]. Con-

---

su tali versanti (Trib. 24 maggio 2012, T-111/08, *MasterCard*, ECLI:EU:T:2012:260, § 228).

[110] Comunicato stampa ACM, del 26 settembre 2013, *ACM: deal over closing down coal power plants harms consumers*.

[111] Comunicato stampa ACM, del 26 gennaio 2015, *Industry-wide arrangements for the so-called Chicken of Tomorrow restrict competition*.

[112] Direttiva n. 2003/87/CE del Parlamento europeo e del Consiglio, del 13 ottobre 2003, *che istituisce un sistema per lo scambio di quote di emissioni dei gas a effetto serra nella Comunità e che modifica la direttiva 96/61/CE del Consiglio*, in *GU* L n. 275 del 25 ottobre 2003, p. 32.

[113] Consultation document ACM, del 26 settembre 2013, *ACM analysis of closing down 5 coal power plants as part of SER Energieakkoord*.

[114] Consultation document ACM, del 26 gennaio 2015, *ACM's analysis of the sustainability arrangements concerning the 'Chicken of Tomorrow'*.

cludendo pertanto che i benefici extra-economici non fossero sufficienti a compensare la distorsione competitiva, l'ACM vietava l'accordo.

Il caso è interessante (almeno) per due ordini di ragione. Da un lato, la decisione rivela come l'approccio a livello nazionale sia talvolta più "coraggioso" rispetto a quello della Commissione: non sembra, infatti, che l'ACM ritenesse necessario alcun beneficio economico diretto per gli acquirenti di carne di pollo; se i consumatori avessero dimostrato di apprezzare sufficientemente il prodotto più sostenibile, l'effetto sul benessere animale sarebbe stato sufficiente per la compatibilità dell'accordo. Dall'altro lato, tuttavia, ciò dimostra in modo lapalissiano l'erroneità del modello utilizzato per tentare di quantificare in termini economici il beneficio rappresentato dal maggiore benessere animale, e cioè chiedere ai consumatori. Se i consumatori fossero disponibili a pagare il sovrapprezzo per la sostenibilità, non ci sarebbe alcun fallimento di mercato e le dinamiche competitive avrebbero già portato a risultati probabilmente migliori di quelli oggetto dell'accordo.

5. Le Linee guida sugli accordi orizzontali del 2023.

L'affiorare nella prassi dei primi casi in cui la sostenibilità ambientale, in particolare di accordi fra concorrenti, è stata oggetto di analisi delle autorità antitrust è solo uno dei riflessi mediante cui, nell'ultimo periodo, si è iniziata concretizzare l'attenzione per questa problematica. L'esito negativo di molti di questi casi ha peraltro rafforzato la preoccupazione che le regole di concorrenza potessero in effetti ostacolare le iniziative private per la sostenibilità ambientale, così pregiudicando il raggiungimento degli obiettivi del *Green Deal*.

La seconda linea di sviluppo è quindi stata quella dell'azione "regolatoria" da parte di molte ANC, le quali hanno cominciato ad adottare documenti di *policy* e linee guida, non solo per stimolare il dibattito ma anche per cercare di fornire agli operatori dei primi chiarimenti in materia. Forse anche per via dei casi sopra discussi, una delle ANC più attive è stata l'ACM, la quale ha adottato delle Linee guida piuttosto favorevoli all'ingresso delle finalità ambientali nell'*assessment* antitrust[115]. Sebbene tali Linee guida lascino un certo margine anche per l'inapplicabilità *tout court* del divieto di

[115] Linee guida ACM *on Sustainability*, cit. Cfr. A. MOLITERNI, *Antitrust e ambiente ai tempi del Green Deal: il caso dei "sustainability agreements"*, in *Giorn. dir. amm.*, 2021, p. 354.

intese [116], l'aspetto più rilevante riguarda l'equivalente interno dell'art. 101(3) TFUE: non solo viene ammessa la rilevanza dei vantaggi collettivi per la società [117], ma si osserva altresì che la piena compensazione degli utenti diretti non sempre è necessaria e, talvolta, persino ingiusta [118].

Un'esperienza altrettanto interessante è quella austriaca. Cogliendo l'occasione del recepimento della citata direttiva (UE) n. 1/2019, il legislatore nazionale ha infatti intrapreso una più ampia e "coraggiosa" revisione della legge antitrust. All'equivalente interno dell'art. 101(3) TFUE è stata aggiunta una sorta di "interpretazione autentica" delle due condizioni positive per l'esenzione di un'intesa, e cioè la creazione e condivisione dell'utile con gli utilizzatori. La novella sancisce che tali condizioni sono rispettate anche se il miglioramento (produttivo, distributivo, tecnico o economico) contribuisce in modo sostanziale a un'economia ecologicamente sostenibile o climaticamente neutra [119]. L'esenzione ha quindi portata più ampia rispetto all'ordinamento dell'Unione [120]: non richiedendo la compensazione degli utilizzatori diretti, l'approccio austriaco supera sia il caso *CECED* [121] sia, come si vedrà, le nuove Linee Guida sugli accordi orizzontali.

La volontà di supportare il *Green Deal*, ma forse anche la necessità di confrontarsi con tali spinte eterogenee [122], specie in un ordinamento in cui le regole di concorrenza vengono applicate in modo decentrato, e in cui il diritto dell'Unione gode di primato su quello nazionale [123], non potevano che

---

[116] Linee guida ACM *on Sustainability*, cit., §§ 16-29.

[117] Linee guida ACM *on Sustainability*, cit., § 36 («*Benefits can follow from sustainability agreements for both the users as well as for society, in the broader sense of the word*»).

[118] Linee guida ACM *on Sustainability*, cit., § 48 («*it can be fair not to compensate users fully for the harm that the agreement causes because their demand for the products in question essentially creates the problem for which society needs to find solutions*»).

[119] V. il nuovo § 2, para. 1 del Kartellgesetz 2005, cit., su cui v. V.H.S.E. ROBERTSON, *Sustainability: A World-First Green Exemption in Austrian Competition Law*, in *JECLAP*, 2022, p. 426.

[120] V.H.S.E. ROBERTSON, *Sustainability*, cit., p. 430.

[121] Decisione n. 2000/475/CE, cit.

[122] La Commissione, tuttavia, non si è opposta (almeno in modo pubblico) alla modifica del Kartellgesetz 2005, cit., come invece aveva fatto nel 2016 quando un'analoga iniziativa era stata discussa in Olanda (v. V. H.S.E. ROBERTSON, *Sustainability*, cit., p. 427). Sulle diversità di approccio all'art. 101(3) TFUE v. O. BROOK, *Struggling with Article 101(3) TFEU: Diverging Approaches of the Commission, EU Courts, and Five Competition Authorities*, in *C.M.L.R.*, 2019, p. 121.

[123] Oltre ad applicarsi in quanto principio fondante i rapporti fra Unione e Stati membri, una sorta di "primato" del diritto antitrust unionale deriva altresì dall'art. 3 del regolamento

portare la Commissione a prendere posizione in questa materia. Completando il processo avviato dalle consultazioni sopra ricordate [124], la Commissione ha di recente adottato – oltre ad alcune iniziative settoriali [125] – una nuova versione delle Linee guida sugli accordi orizzontali, ove ha reinserito un intero capitolo, il nono, sugli accordi di sostenibilità [126]. Il capitolo è molto ampio e contiene altresì i consueti esempi conclusivi circa la valutazione di taluni accordi di sostenibilità [127]. È quindi necessario soffermarsi sugli aspetti più importanti.

Il capitolo si caratterizza innanzitutto per un approccio tanto ampio alla nozione di sostenibilità quanto cauto alla sua rilevanza pratica. La definizione di sostenibilità, peraltro accompagnata da una lista non esaustiva, comprende fattispecie economico-sociali slegate dalla prospettiva ambientale. Sebbene tale soluzione possa apparire positiva, vi è in realtà il rischio che l'inclusione di parametri come il supporto dei diritti umani, delle infrastrut-

---

(CE) n. 1/2003, cit. Tale disposizione, tuttavia, sembra altresì offrire una base giuridica per la compatibilità delle discipline interne più permissive in termini di sostenibilità, laddove consente «*l'applicazione di norme nazionali che perseguono principalmente un obiettivo differente rispetto a quello degli* [artt. 101 e 102 TFUE]» (v. V.H.S.E. ROBERTSON, *Sustainability*, cit., p. 433).

[124] V. la nota 21. E così chiudendo il cerchio rispetto alle modifiche dovuto alla mutevole identificazione delle finalità del diritto antitrust (v. il testo attorno alle note 51-56).

[125] Il riferimento è all'inserimento dell'art. 210 *bis* in materia di iniziative verticali e orizzontali per la sostenibilità nel regolamento (UE) n. 1308/2013 del Parlamento europeo e del Consiglio, del 17 dicembre 2013, *recante organizzazione comune dei mercati dei prodotti agricoli e che abroga i regolamenti (CEE) n. 922/72, (CEE) n. 234/79, (CE) n. 1037/2001 e (CE) n. 1234/2007 del Consiglio*, in *GU* L n. 347 del 20 dicembre 2013, p. 671, avvenuto ad opera del regolamento (UE) 2021/2117 del Parlamento europeo e del Consiglio, del 2 dicembre 2021, *che modifica i regolamenti (UE) n. 1308/2013 recante organizzazione comune dei mercati dei prodotti agricoli, (UE) n. 1151/2012 sui regimi di qualità dei prodotti agricoli e alimentari, (UE) n. 251/2014 concernente la definizione, la designazione, la presentazione, l'etichettatura e la protezione delle indicazioni geografiche dei prodotti vitivinicoli aromatizzati e (UE) n. 228/2013 recante misure specifiche nel settore dell'agricoltura a favore delle regioni ultraperiferiche dell'Unione*, in *GU* L n. 435 del 6 dicembre 2021, p. 262. Contrariamente all'art. 101(3) TFUE, l'art. 210 *bis* non include il requisito secondo cui, per essere esentati, gli accordi devono riservare agli utilizzatori una congrua parte del beneficio. In argomento v. anche il Progetto di Comunicazione della Commissione, del 10 gennaio 2023, *Orientamenti della Commissione sull'applicazione della deroga all'articolo 101 TFUE per gli accordi di sostenibilità dei produttori agricoli a norma dell'articolo 210, lettera a), del regolamento (UE) 1308/2013.*

[126] Per un commento v. R. INDERST-S. THOMAS, *Sustainability Agreements in the European Commission's Draft Horizontal Guidelines*, in *JECLAP*, 2022, p. 571.

[127] Linee guida 2023, cit., §§ 599-603.

ture resilienti o degli alimenti sani e nutrienti [128] possa frenare l'elaborazione di soluzioni innovative, che – forse – avrebbero invece potuto svilupparsi più facilmente se la sostenibilità fosse rimasta più vicina al suo nocciolo duro. E ciò, quantomeno, perché la lotta ai cambiamenti climatici e all'inquinamento, la riduzione dell'uso di risorse naturali e il benessere animale, obiettivi anch'essi menzionati nella definizione di sostenibilità [129], beneficiano della copertura *ex* artt. 11 TFUE e 37 CDFUE sopra ricordata. Il contributo del diritto antitrust allo sviluppo sostenibile, invece, viene individuato nel – e limitato al – fatto che la concorrenza effettiva stimola l'innovazione, aumenta la qualità e la scelta dei prodotti, garantisce un'allocazione efficiente delle risorse, riduce i costi di produzione, così contribuendo al benessere dei consumatori [130].

In linea con la tradizione, le Linee guida creano un regime di c.d. *safe harbour* per alcuni accordi che di regola non suscitano preoccupazioni antitrust, non riguardando alcun parametro di concorrenza. Sebbene la *ratio* sia dunque rimasta inalterata [131], i casi elencati – in modo non tassativo – differiscono da quelli delle Linee guida del 2001 [132]. Vi rientrano gli accordi *i*) volti al rispetto di accordi internazionali che, pur vincolanti, non siano implementati o applicati a livello interno, *ii*) che non riguardano l'attività sul mercato ma le *policy* interne delle imprese (es. ridurre l'uso della plastica), *iii*) per creare banche dati sulla sostenibilità dei fornitori, e *iv*) per sensibilizzare i consumatori sulla propria impronta ambientale [133].

Al di fuori di questi casi è necessario valutare gli effetti degli accordi di sostenibilità. Tale analisi è molto spesso obbligatoria anche se un accordo sembri restringere per oggetto il divieto di intese: è infatti sufficiente che la finalità ambientale causi un «*ragionevole dubbio*» sulla natura oggettiva della restrizione [134].

Al di là di queste indicazioni generali, le Linee guida si soffermano soprattutto sugli accordi di normazione in materia di sostenibilità [135]. Eviden-

---

[128] Linee guida 2023, cit., § 517.

[129] Linee guida 2023, cit., § 517.

[130] Linee guida 2023, cit., § 518. Il riferimento al *consumer welfare* pare peraltro inappropriato.

[131] V. il testo attorno alla nota 80.

[132] Linee guida 2001, cit., §§ 185-187.

[133] Linee guida 2023, cit., §§ 527-531.

[134] Linee guida 2023, cit., § 534.

[135] Si tratta di accordi con cui le imprese possono concordare di ritirare o sostituire pro-

ziate differenze e similitudini [136] con gli ordinari accordi di normazione di cui al settimo capitolo, le Linee guida ne dettagliano l'analisi antitrust. Dopo aver precisato che, in alcuni casi, tali accordi possono restringere per oggetto l'art. 101 TFUE [137], viene istituito in loro favore un *soft safe harbour* [138]. Si riconosce cioè l'improbabilità che essi possano avere effetti negativi sensibili sulla concorrenza purché siano rispettate cinque condizioni fisse e una ulteriore a scelta fra due.

Molte di tali condizioni non sono problematiche, come i requisiti di trasparenza e apertura della procedura per l'adozione dello standard o la natura volontaria della partecipazione. Altre, invece, denotano una certa tensione fra sostenibilità e concorrenza: ad esempio, la condizione alternativa richiede che l'accordo non aumenti significativamente i prezzi oppure, se ciò accade, che la quota complessiva di mercato dei partecipanti sia inferiore al 20%; tale dimensione tranquillizza sotto il profilo antitrust ma limita l'effetto ambientale. Il *favor* della Commissione per gli accordi di normazione, dimostrato dalla creazione della zona di sicurezza agevolata, è quindi tutt'altro che illimitato. Peraltro, il mancato rispetto delle condizioni non fa presumere l'incompatibilità dell'accordo, rendendo solo necessaria la sua analisi individuale [139], che potrà portare alla sua "compatibilità" *ex* art. 101(1) o (3) TFUE.

L'applicazione dell'art. 101(3) TFUE, a cui è dedicata una parte molo ampia delle Linee guida, è forse quella meno "coraggiosa". L'analisi ripercorre i requisiti applicativi di tale disposizione, ribadendo che l'accordo deve originare dei benefici oggettivi, concreti, verificabili e dimostrati in termini di efficienza [140] e che la restrizione deve essere indispensabile per il loro raggiungimento. L'indispensabilità è valutata alla luce della necessità di risolvere i fallimenti di mercato sopra ricordati e, salvo casi eccezionali,

---

dotti non sostenibili (es. plastica o combustibili fossili), di armonizzare gli imballaggi per facilitare il riciclo, di acquistare soltanto fattori produttivi fabbricati in modo sostenibile o prendere altre iniziative a favore della sostenibilità (Linee guida 2023, cit., § 538).

[136] Linee guida 2023, cit., §§ 540-544.

[137] Es. quando le imprese si accordano per trasferire ai consumatori l'aumento dei costi dovuto allo standard ambientale, oppure facciano pressione su terzi affinché non vendano prodotti non conformi alla norma di sostenibilità, oppure ancora si accordino per "adagiarsi" sugli standard minimi richiesti dalla legge, evitando di cooperare (o farsi concorrenza) per raggiungere obiettivi ambientali più ambiziosi (Linee guida 2023, cit., § 548).

[138] Linee guida 2023, cit., §§ 549-555.

[139] Linee guida 2023, cit., § 552.

[140] Linee guida 2023, cit., § 557.

esclude la compatibilità di accordi fra concorrenti quando vi siano già norme vincolanti unionali o nazionali [141].

I profili più interessanti e problematici sono ad ogni modo rappresentati dalla disciplina relativa al trasferimento ai consumatori di una congrua parte dei benefici in termini di sostenibilità. L'approccio della Commissione è infatti molto conservativo e non deroga alla concezione per cui i benefici collettivi hanno un'importanza marginale [142]. È vero che vengono riconosciute diverse categorie di benefici: ai tradizionali vantaggi individuali diretti (o d'uso) legati alla migliore qualità (anche) ambientale del prodotto [143], si affiancano infatti i vantaggi individuali indiretti (o non d'uso) e quelli non individuali. Nella prima categoria rientra il valore attribuito dai consumatori all'impatto del proprio consumo sull'ambiente (o su terzi), e quindi all'uso di un prodotto più sostenibile a prescindere dalla sua *performance* [144]. La seconda categoria, invece, riguarda i veri e propri vantaggi collettivi, inclusi quelli ambientali, che beneficiano una parte più ampia della società rispetto ai soli utilizzatori diretti [145].

Ma è altrettanto vero che la rilevanza dei benefici collettivi è assoggettata a condizioni molto rigorose: occorre dimostrare non solo che gli utilizzatori diretti fanno parte o si sovrappongano in modo sostanziale ai beneficiari, ma anche che la quota di vantaggi collettivi loro riservata (eventualmente assieme ai benefici individuali d'uso e non d'uso) è superiore al danno da essi subito [146]. La posizione degli utilizzatori diretti rimane quindi la pietra angolare anche per l'esame degli accordi di sostenibilità: il trasferimento in loro favore di una congrua parte dell'utile si verifica solo se il saldo fra benefici e danni è per loro quanto meno neutro [147].

È chiaro che l'obbligo di assicurare la piena compensazione degli utilizzatori diretti rende (quasi) impossibile applicare l'art. 101(3) TFUE in tutti i casi i cui vi sia un aumento di prezzo non marginale, i benefici collettivi siano diffusi tra un'ampia parte della società oppure si verifichino in tutto o in

[141] Linee guida 2023, cit., § 564.

[142] M. GASSLER, *New Sustainability Chapter in the Horizontal Guidelines: Changes in the Final Version Compared to the Draft Version of March 2022*, 7 giugno 2023.

[143] Linee guida 2023, cit., §§ 571-574.

[144] Linee guida 2023, cit., §§ 575-581.

[145] Linee guida 2023, cit., §§ 582-589.

[146] Linee guida 2023, cit., § 587.

[147] Linee guida 2023, cit., § 569.

parte al di fuori dell'Unione, *rectius* del mercato interno [148]. Tale scelta della Commissione dimostra, più di qualsiasi altro elemento, come il bilanciamento fra sostenibilità ambientale e concorrenzialità dei mercati penda ancora verso quest'ultimo obiettivo.

L'approccio delle Linee guida appare ancora meno condivisibile ove si consideri che la piena compensazione degli utilizzatori diretti appare criterio applicativo persino più rigido rispetto alle indicazioni della giurisprudenza [149]. Ma non solo: dal punto di vista sostanziale, viene da chiedersi se sia giusto compensare sempre gli utilizzatori diretti per i costi aggiuntivi derivanti dall'accordo di sostenibilità, tenuto conto che è proprio la loro domanda a creare il problema ambientale che deve essere risolto [150]. In questa prospettiva, non pare insostenibile che gli utilizzatori si possano "accontentare" di una compensazione solo parziale, purché vi siano benefici collettivi rilevanti. Nel regime predisposto dalle Linee guida, invece, il beneficio sociale rischia di non avere alcun impatto effettivo sull'analisi antitrust.

6. Conclusioni.

Rafforzando un *trend* già in essere specie a livello nazionale, l'adozione del *Green Deal* ha portato la questione ambientale al centro del dibattito sulla politica di concorrenza. L'attenzione si è concentrata soprattutto sul contributo che le regole antitrust possono dare per migliorare il livello di tutela della qualità dell'ambiente, nella prospettiva di uno sviluppo marcatamente più sostenibile.

Senza sminuire la centralità degli aiuti di Stato, l'ottica è soprattutto quella degli artt. 101 e 102 TFUE, poiché l'esigenza è quella di favorire (anche) le iniziative private volte a migliorare la sostenibilità delle imprese. L'analisi della prassi, finora sviluppatasi soprattutto a livello interno, ha tuttavia evidenziato come, in realtà, le regole di concorrenza spesso finiscano per osta-

---

[148] Ciò, peraltro, con chiari effetti discriminatori J. BLOCKX, *Should European competition law only care about clean air for Europeans?*, in *Kluwer Competition Law Blog*, 1° aprile 2022.

[149] Corte giust., C-382/12 P, *MasterCard*, cit. e Trib., T-111/08, *MasterCard*, cit.

[150] Infatti, «[i]*n the case of agreements that aim to redress negative externalities like climate change, there is no sensible justification for requiring that the consumers need to be compensated in full for, in essence, not contributing to this disaster*» (M. SNOEP, *What is fair*, cit., p. 4; v. anche Linee guida ACM *on Sustainability*, cit., § 48).

colare tali iniziative, che – specie quando realizzate tramite accordi fra concorrenti – sono sovente qualificate come anticompetitive. Tale scenario sembra essere dovuto, in particolare, alle "difficoltà" incontrate dalle ANC – soggette alla "guida" della Commissione, *prima inter pares* nel sistema di applicazione decentrata di cui al regolamento (CE) n. 1/2003 – nel calibrare i requisiti applicativi dell'art. 101(3) TFUE agli accordi di sostenibilità. L'approccio incentrato sulla sola efficienza economica che la Commissione ha applicato, negli ultimi decenni, anche alle nozioni di «*utilizzatori*», «*utile*» e «*congrua parte*», infatti, mal si adatta a uno scenario in cui i vantaggi sono difficilmente misurabili in termini economici e, soprattutto, non sono limitati a un singolo mercato, beneficiando l'intera collettività e persino le generazioni future.

Sebbene – dopo l'eliminazione nella versione del 2011 – un capitolo sugli accordi di sostenibilità sia stato reinserito nelle Linee guida sugli accordi orizzontali adottate nel 2023, il *favor* della Commissione per l'approccio economico al diritto della concorrenza continua a farsi sentire. Pur riconoscendo la rilevanza dei benefici non d'uso e collettivi, le Linee guida assoggettano la compatibilità degli accordi ambientali, fra l'altro, al fatto che gli utenti diretti siano pienamente compensati degli effetti distorsivi: ciò limita l'applicabilità dell'esenzione in tutti i casi i cui vi sia un aumento di prezzo non marginale, i benefici collettivi siano diffusi tra un'ampia parte della società oppure si verifichino in tutto o in parte al di fuori dell'Unione.

Se la scelta di compensare per intero i consumatori non pare imprescindibile (e corretta) quando gli accordi abbiano significativi effetti benefici per l'ambiente e quindi per la collettività, la "buona notizia" è che vi sono margini per sviluppi più "coraggiosi". L'art. 101 TFUE non contiene infatti alcun riferimento né allo standard del *consumer welfare* né al fatto che le nozioni sopra ricordate di «*utilizzatori*», «*utile*» e «*congrua parte*» debbano necessariamente essere interpretate secondo i canoni dell'analisi microeconomica di breve periodo.

La Corte, inoltre, non solo non si è mai pronunciata su questi profili, e quindi non ha mai avallato l'interpretazione della Commissione, ma quando ha potuto ha sempre ricordato che, nell'ordinamento dell'Unione, la concorrenza persegue finalità più ampie rispetto alla sola efficienza allocativa [151]. Anche grazie al principio di integrazione, è quindi possibile (e auspicabile)

---

[151] V. *sopra* la nota 48.

che la Corte si esprima in modo più netto a favore della sostenibilità, in linea con il ruolo centrale che essa ha sempre avuto nella promozione della tutela dell'ambiente [152], e che solo in rare occasioni è stato "dimenticato" [153].

---

[152] A. SIKORA, *Constitutionalisation of Environmental Protection in EU Law*, Zutphen, 2020, p. 202; F. JACOBS, *The Role of the European Court of Justice in the Protection of the Environment*, in *J. Env. L.*, 2006, p. 185.

[153] Corte giust. 22 dicembre 2022, C-61/21, *Ministre de la Transition écologique e Premier ministre*, ECLI:EU:C:2022:1015, ove si è sorprendentemente escluso che la Dir. 2008/50/CE del Parlamento europeo e del Consiglio, del 21 maggio 2008, *relativa alla qualità dell'aria ambiente e per un'aria più pulita in Europa*, in *GU* L n. 152 dell'11 giugno 2008, p. 1, conferisca diritti ai singoli e che, quindi, la sua violazione possa dare luogo a responsabilità civile degli Stati membri.

Antitrust e farmaci: le esigenze di qualità e sicurezza dei medicinali

Diletta Danieli *

Sommario: 1. Considerazioni introduttive e delimitazione dell'ambito di indagine. – 2. Il commercio parallelo di farmaci come prima casistica di applicazione degli artt. 101-102 TFUE. – 3. L'interferenza con i diritti di proprietà intellettuale nelle successive casistiche di applicazione degli artt. 101-102 TFUE: le strategie brevettuali e gli accordi c.d. *pay-for-delay*. – 4. Gli abusi di prezzi iniqui ed eccessivi come più recente casistica di applicazione dell'art. 102 TFUE. – 5. L'impatto dell'emergenza pandemica da Covid-19 e alcune riflessioni prospettiche anche alla luce delle priorità dell'Unione europea della salute.

1. Considerazioni introduttive e delimitazione dell'ambito di indagine.

Nel più ampio quadro della tutela della sanità pubblica, cui l'art. 168 del Trattato sul funzionamento dell'Unione europea (TFUE) dedica un'articolata base giuridica [1] per l'adozione, tra l'altro, di «misure che fissino parametri

---

* Ricercatore a tempo determinato di Diritto dell'Unione europea, Università degli Studi di Verona.

[1] Per un inquadramento della competenza detenuta dall'UE in materia sanitaria, v. *amplius* T.K. HERVEY-J.V. MCHALE, *European Union Health Law. Themes and Implications*, Cambridge, 2015, pp. 30-70; F. BESTAGNO, *La tutela della salute tra competenze dell'Unione europea e degli Stati membri*, in *Studi sull'integrazione europea*, 2017, pp. 317-342; M. GUY-W. SAUTER, *The history and scope of EU health law and policy*, in T.K. HERVEY-C.A. YOUNG-L.E. BISHOP (eds.), *Research Handbook on EU Health Law and Policy*, Cheltenham-Northampton, 2017, pp. 17-35; V. HATZOPOULOS, *Healthcare in the internal market*, in P. KOUTRAKOS-J. SNELL (eds.), *Research Handbook of the Law of the EU's Internal Market*, Cheltenham-Northampton, 2017, pp. 139-170; C. PESCE, *Sanità*, in P. DE PASQUALE-F. FERRARO (a cura di), *Manuale di diritto dell'Unione europea di Giuseppe Tesauro*, vol. II, Napoli, 2021, pp. 469-491.

elevati di qualità e sicurezza dei medicinali», il mercato farmaceutico nell'Unione europea (UE) costituisce un contesto economico-giuridico peculiare in cui interagiscono diversi ambiti di competenza dell'Unione stessa e dei suoi Stati membri. Ad accomunarli vi sono gli obiettivi di garantire la disponibilità di medicinali innovativi, sicuri e a prezzi contenuti, a beneficio dei pazienti e dei sistemi di assistenza sanitaria, nonché, allo stesso tempo, di sostenere le strategie di ricerca e sviluppo delle imprese operanti nel settore. Le politiche sostanziali primariamente interessate sono il mercato interno, con particolare riferimento alla libera circolazione delle merci, e il diritto della concorrenza, cui si aggiunge una pervasiva disciplina regolatoria, di origine multilivello (non solo di diritto UE, ma anche internazionale e nazionale) e di applicazione sia generale sia speciale, che segue l'intero ciclo di vita dei farmaci e trova giustificazione nella necessità di realizzare le finalità di pubblico interesse consistenti nella sicurezza di tali prodotti e nell'accesso universale agli stessi.

Richiamando i profili essenziali del contesto normativo rilevante [2], è noto come l'industria in esame rientri tra i *patent-intensive sectors*, in considerazione del massiccio ricorso alla protezione brevettuale con riferimento tanto a nuovi principi attivi sviluppati dalle imprese farmaceutiche c.d. *originators*, quanto a processi produttivi e successive riformulazioni relative a nuovi usi terapeutici, dosaggi e modalità di somministrazione. La disciplina applicabile è regolata a livello internazionale (sia globale [3] sia regionale europeo [4]) e nazionale, nonché, solo recentemente, dell'UE [5], a seconda del-

[2] In via preliminare, si precisa che l'analisi condotta nel presente contributo si limita a considerare la normativa applicabile ai farmaci per uso umano, con esclusione di quelli veterinari e dei prodotti fitosanitari, che siano prodotti tramite sintesi chimica (e non farmaci biologici).

[3] Il trattato di cooperazione in materia di brevetti, amministrato dalla *World Intellectual Property Organisation* (Wipo), è stato firmato nel 1970 ed è entrato in vigore nel 2002. Attualmente conta 157 Stati contraenti, tra cui tutti i 27 Stati membri UE e il Regno Unito. L'elenco completo degli Stati contraenti e il testo ufficiale dell'accordo sono reperibili al sito www.wipo.int/pct/en.

[4] La convenzione sul brevetto europeo, entrata in vigore nel 1978, stabilisce le regole sostanziali per la concessione di un titolo con validità in tutti gli Stati contraenti, attualmente 39 (tra cui tutti i 27 Stati membri UE e il Regno Unito). L'elenco completo degli Stati contraenti e il testo ufficiale della convenzione sono reperibili al sito www.epo.org.

[5] Il riferimento è al sistema del brevetto europeo con effetto unitario, in vigore dal 1° giugno 2023, disciplinato a livello sostanziale dai regolamenti (UE) n. 1257/2012 (in *GUUE* L 361 del 31 dicembre 2012, pp. 1-8) e n. 1260/2012 (in *GUUE* L 361 del 31 dicembre 2012, pp. 89-92). Esso viene rilasciato dall'Ufficio europeo dei brevetti e consente di ottene-

l'estensione territoriale dei diritti di privativa, cui si aggiunge un ulteriore diritto di proprietà intellettuale regolato solamente in ambito UE [6], costituito dal certificato protettivo complementare che consente di prolungare la durata della protezione su un medicinale già brevettato nel territorio di uno Stato membro e immesso in commercio, al fine di recuperare il tempo intercorso tra il deposito della domanda di brevetto e il successivo rilascio dell'autorizzazione alla commercializzazione.

Per quanto riguarda la dimensione più strettamente settoriale del quadro regolatorio, nel contesto dell'UE si è reso necessario un bilanciamento tra le esigenze di circolazione dei prodotti medicinali secondo i principi propri del mercato interno, da un lato, e di protezione della salute umana, dall'altro, che richiede il previo rilascio di un'autorizzazione all'immissione in commercio (Aic), della durata di cinque anni rinnovabili e, in seguito, senza limiti di tempo subordinatamente al rispetto degli obblighi di farmacovigilanza, a condizione che sia positivamente compiuta una valutazione scientifica in merito alla qualità, sicurezza ed efficacia del farmaco in questione [7]. La relativa procedura è, alternativamente, centralizzata laddove gestita dall'Agenzia europea per i medicinali (Ema, dalla denominazione in inglese *European Medicines Agency*), che permette l'ottenimento di un'Aic valida in tutto il territorio dello Spazio economico europeo [8], o nazionale se condotta dalle autorità competenti a livello interno, con possibilità di estensione della validità dell'Aic tramite un successivo mutuo riconoscimento anche in altri Stati membri. Ancora in un'ottica di recupero del significativo lasso di tempo per la conduzione dei test clinici necessari per la presentazione di una domanda di Aic, sono previste delle forme di protezione dei dati utilizzati a

---

re protezione brevettuale nei 17 Stati membri che hanno ratificato l'accordo internazionale sul Tribunale unificato dei brevetti.

[6] Cfr. il regolamento (CE) n. 469/2009 del Parlamento europeo e del Consiglio, del 6 maggio 2009, *sul certificato protettivo complementare per i medicinali* (in *GUUE* L 152 del 16 giugno 2009, pp. 1-10, e successivamente modificato).

[7] In proposito, rileva la direttiva 2001/83/CE del Parlamento europeo e del Consiglio, del 6 novembre 2001, *recante un codice comunitario relativo ai medicinali per uso umano* (in *GUCE* L 311 del 28 novembre 2001, pp. 67-128, e successivamente modificata).

[8] Tale procedura, più compiutamente disciplinata dal regolamento (CE) n. 726/2004 del Parlamento europeo e del Consiglio, del 31 marzo 2004, *che istituisce procedure comunitarie per l'autorizzazione e la sorveglianza dei medicinali per uso umano e veterinario, e che istituisce l'agenzia europea per i medicinali* (in *GUUE* L 136 del 30 aprile 2004, pp. 1-33, e successivamente modificato), è obbligatoria per talune tipologie di farmaci, tra cui quelli impiegati nella cura di malattie come l'HIV, il cancro, il diabete, nelle terapie avanzate e i farmaci detti "orfani", utilizzati per le malattie rare (su cui v. *infra*, nota 15).

tali fini, che creano un regime di esclusiva durante il quale non sono ammesse richieste di Aic per medicinali generici essenzialmente simili al farmaco già autorizzato [9].

Diversamente dall'ambito dell'immissione in commercio, ampiamente regolato da strumenti di diritto UE, le politiche dei prezzi e del rimborso dei farmaci rimangono, in via generale, di competenza degli Stati membri e oggetto di una parziale armonizzazione tramite una direttiva volta a garantire trasparenza nelle procedure a livello nazionale, tuttavia ormai risalente e non dotata di particolare efficacia. In tempi più recenti, invece, l'Unione è intervenuta in materia di valutazione delle tecnologie sanitarie [10], con un regolamento [11] che istituisce un meccanismo di coordinamento su base permanente tra gli Stati membri per la conduzione di analisi cliniche congiunte, il quale, pur inserendosi complessivamente nei limiti della base giuridica definita dall'art. 168 TFUE, appare in grado di incidere indirettamente su diversi ambiti di competenza degli ordinamenti nazionali, non ultimo quello della determinazione dei prezzi e del rimborso delle tecnologie sanitarie [12].

È altresì opportuno menzionare che il regime di regolazione di settore appena delineato, e attualmente vigente, è interessato da un'ampia riforma promossa nel contesto della Strategia farmaceutica per l'Europa [13], quale pilastro dell'Unione europea della salute, che mira a rinnovare la legislazione sia di applicazione generale ai farmaci per uso umano [14], sia nelle materie specifiche dei medicinali c.d. orfani [15] e dei medicinali per uso pe-

---

[9] Cfr. art. 10, par. 1, della direttiva 2001/83, cit., e art. 14, par. 11, del regolamento n. 726/2004, cit.

[10] Tale terminologia è da interpretarsi estensivamente includendo, per quanto qui rileva, anche i medicinali.

[11] Regolamento (UE) 2021/2282 del Parlamento europeo e del Consiglio, del 15 dicembre 2021, *relativo alla valutazione delle tecnologie sanitarie* e che modifica la direttiva 2011/24/UE (in *GUUE* L 458 del 22 dicembre 2021, pp. 1-32).

[12] Per ulteriori osservazioni sul regolamento in questione, sia consentito il rinvio a D. Danieli, *Il nuovo regolamento UE sulla valutazione delle tecnologie sanitarie: dal rafforzamento della cooperazione tra Stati membri al possibile impatto sul riparto delle competenze*, in V. Salvatore (a cura di), *Digitalizzazione, intelligenza artificiale e tutela della salute nell'Unione europea*, Torino, 2023, pp. 111-122.

[13] Comunicazione della Commissione, *Strategia farmaceutica per l'Europa*, COM(2020) 761 final del 25 novembre 2020.

[14] La citata direttiva 2001/83 e il citato regolamento n. 726/2004.

[15] Regolamento (CE) n. 141/2000 del Parlamento europeo e del Consiglio, del 16 dicembre 1999, *concernente i medicinali orfani* (in *GUCE* L 18 del 22 gennaio 2001, pp. 1-5, e successivamente modificato).

diatrico [16], tramite due proposte presentate dalla Commissione europea ad aprile 2023 [17] e in corso di negoziazione [18].

Il mercato farmaceutico si presenta, quindi, come strutturalmente differente da altri settori industriali in considerazione dell'ampio margine di intervento di autorità pubbliche (potenzialmente anche in contrasto con gli interessi delle imprese private) e della conseguente incidenza di obiettivi di natura non economica, che valgono a distinguere tale settore anche rispetto ad altre industrie regolamentate [19], ad esempio, quelle delle telecomunicazioni, dei trasporti o delle risorse energetiche, caratterizzate invece da infrastrutture di rete necessarie alla fornitura del prodotto ai consumatori finali.

Rispetto al quadro tratteggiato, il presente lavoro intende focalizzarsi sull'applicazione, nel mercato in esame, del diritto europeo della concorrenza (limitatamente alle norme antitrust in senso stretto) [20], analizzando i principali casi trattati nella prassi della Commissione europea e nella giurisprudenza della Corte di giustizia UE [21], al fine di valutare se, e in quale misura,

---

[16] Regolamento (CE) n. 1901/2006 del Parlamento europeo e del Consiglio, del 12 dicembre 2006, *relativo ai medicinali per uso pediatrico* (in *GUUE* L 378 del 27 dicembre 2006, pp. 1-19, e successivamente modificato).

[17] Proposta di direttiva del Parlamento europeo e del Consiglio *recante un codice dell'Unione relativo ai medicinali per uso umano e che abroga le direttive 2001/83/CE e 2009/35/CE*, COM(2023) 192 final del 26 aprile 2023, e proposta di regolamento del Parlamento europeo e del Consiglio *che stabilisce le procedure dell'Unione per l'autorizzazione e la sorveglianza dei medicinali per uso umano, definisce le norme che disciplinano l'Agenzia europea per i medicinali, modifica i regolamenti (CE) n. 1394/2007 e (UE) n. 536/2014 e abroga i regolamenti (CE) n. 726/2004, (CE) n. 141/2000 e (CE) n. 1901/2006*, COM(2023) 193 final del 26 aprile 2023.

[18] Su cui si tornerà anche *infra*, par. 5.

[19] Per approfondimenti sulle dinamiche di applicazione del diritto europeo della concorrenza nei settori regolamentati, compreso quello farmaceutico, si veda, recentemente, P.L. PARCU-G. MONTI-M. BOTTA (eds.), *The Interaction of Competition Law and Sector Regulation. Emerging Trends at the National and EU Level*, Cheltenham-Northampton, 2022.

[20] Non è, invece, oggetto di analisi l'ambito delle concentrazioni, che presenta altrettanti profili di specificità e interesse nel settore farmaceutico, in merito al quale si rinvia, *ex multis*, a P. FIGUEROA-A. GUERRERO, *Mergers in the pharmaceutical sector*, in P. FIGUEROA-A. GUERRERO (eds.), *EU Law of Competition and Trade in the Pharmaceutical Sector*, Cheltenham-Northampton, 2019, pp. 247-268; J. TRUIJENS MARTINEZ, *EU merger control in the pharmaceutical sector: an overview*, in W. SAUTER-M. CANOY-J. MULDER (eds.), *EU Competition Law and Pharmaceuticals*, Cheltenham-Northampton, 2022, pp. 211-226.

[21] In considerazione della prospettiva scelta, focalizzata sull'*enforcement* a livello UE, si effettueranno solo limitati cenni a casi originati dalla prassi e dalla giurisprudenza di appli-

questa disciplina di carattere generale sia influenzata dagli elementi di specialità del settore in modo da essere spinta "ai confini" della propria configurazione come strumento di intervento *ex post*. Inoltre, alcune riflessioni saranno dedicate anche all'inevitabile incidenza che l'emergenza pandemica da Covid-19 ha rivestito nella gestione della politica sanitaria nell'UE, determinandone, almeno in parte, le prospettive di evoluzione nel prossimo futuro.

2. Il commercio parallelo di farmaci come prima casistica di applicazione degli artt. 101-102 TFUE.

L'*enforcement* del diritto antitrust UE nel settore farmaceutico si è inizialmente orientato verso pratiche anticoncorrenziali che presentavano significativi punti di contatto con i principi regolatori della libera circolazione delle merci nel mercato interno, muovendosi, in questo senso, lungo direttrici che possono ritenersi consolidate per la politica della concorrenza.

Il fenomeno del commercio parallelo, quale conseguenza inevitabile dei differenti approcci adottati dagli Stati membri in materia di fissazione dei prezzi dei medicinali che rendono possibile l'arbitraggio da parte dei rivenditori, è in grado di esercitare un'influenza significativa sulle dinamiche concorrenziali del settore farmaceutico [22]. In un'ottica di breve periodo, può infatti prodursi un abbassamento dei prezzi di vendita nei paesi di importazione a seguito dell'incremento della concorrenza *intra-brand* tra i prodotti già distribuiti e quelli importati, a beneficio dei pazienti-consumatori e, ancor di più, degli stessi operatori del commercio parallelo che trattengono una larga parte del profitto ottenuto dai differenziali dei prezzi di acquisto e di vendita tra i paesi membri. Nel lungo periodo, potrebbero tuttavia verificarsi ripercussioni negative sulla negoziazione dei prezzi dei farmaci a livello na-

---

cazione del diritto della concorrenza da parte delle autorità degli Stati membri, laddove rilevanti per la casistica qui esaminata.

[22] Per ulteriori approfondimenti sui profili economici del commercio parallelo di farmaci, qui solo accennati, v., tra gli altri, P.M. DANZON, *The Economics of Parallel Trade*, in *Pharmacoeconomics*, 1998, pp. 293-304; P. KANAVOS-J. COSTA-FONT, *Pharmaceutical parallel trade in Europe: stakeholders and competition effects*, in *Economic Policy*, 2005, pp. 753-798; F. MÜLLER-LANGER, *Parallel Trade and its Ambiguous Effects on Global Welfare*, in *Review of International Economics*, 2012, pp. 177-185; B. DURAND, *Competition law and pharma: an economic perspective*, in P. FIGUEROA-A. GUERRERO (eds.), *op. cit.*, pp. 1-34, a pp. 22-27.

zionale, determinate da una progressiva convergenza al rialzo, nonché, secondo la prospettiva delle imprese produttrici, sulle potenzialità di innovazione del settore disincentivando gli investimenti nei progetti di ricerca e sviluppo di nuove terapie. Ampliando queste considerazioni nel quadro normativo UE, il commercio parallelo trova innanzitutto fondamento nel divieto di restrizioni quantitative all'importazione e di misure di effetto equivalente sancito dall'art. 34 TFUE, e nelle eventuali giustificazioni ammissibili ai sensi dell'art. 36 TFUE, tra cui rilevano le ragioni attinenti alla «tutela della salute e della vita delle persone», nonché alla «tutela della proprietà industriale e commerciale» secondo la regola dell'esaurimento dei diritti esclusivi a livello regionale dell'Unione. A tali principi si aggiungono i profili propri della regolazione di settore, dati dalla già richiamata competenza esclusiva degli Stati membri in materia di determinazione dei prezzi dei farmaci sancita dall'art. 168, par. 7, TFUE, e dai requisiti relativi all'immissione in commercio, in quanto il farmaco oggetto di importazione parallela deve possedere un'autorizzazione nello Stato membro di destinazione, rilasciata all'esito di una procedura semplificata qualora esso sia essenzialmente analogo, quanto agli effetti terapeutici e alla sicurezza d'uso, ad un medicinale già autorizzato in tale paese.

Già da queste premesse si evince come dal commercio parallelo di farmaci emergano interessi confliggenti, non solo in capo ai soggetti direttamente coinvolti (rivenditori paralleli, imprese farmaceutiche, autorità di settore, pazienti), ma più ampiamente sottesi agli stessi obiettivi del diritto UE, primario e derivato, rilevante in materia, che hanno condotto la Corte di giustizia UE a pronunciarsi in più occasioni in merito alla compatibilità, rispetto ai divieti stabiliti dagli artt. 101-102 TFUE, di normative nazionali aventi un impatto restrittivo sul commercio parallelo di farmaci nel mercato interno[23].

La prassi sinora di maggiore rilievo ha riguardato due distinti casi: uno, sviluppatosi in Grecia, riguardante la decisione del produttore GlaxoSmith-

[23] Più ampiamente sul commercio parallelo di farmaci, v., tra gli altri, M. NEGRINOTTI, *The single market imperative and consumer welfare: irreconcilable goals? Exploring the tension amongst the objectives of European competition law through the lens of parallel trade in pharmaceuticals*, in D. ZIMMER (ed.), *The Goals of Competition Law*, Cheltenham-Northampton, 2012, pp. 295-337; E. NAVARRO VARONA-C. CABALLERO CANDELARIO, *The pharmaceutical sector and parallel trade*, e P. CARO DE SOUSA, *Free movement and competition in the European market for pharmaceuticals*, entrambi in P. FIGUEROA-A. GUERRERO (eds), *op. cit.*, rispettivamente pp. 405-430 e pp. 431-458; J. MULDER, *Taking stock of the single market imperative in the Court's case law on parallel trade in pharmaceuticals: are matters as settled as they seem?*, in W. SAUTER-M. CANOY-J. MULDER (eds.), *op. cit.*, pp. 227-244.

Kline di interrompere la fornitura di farmaci a taluni distributori di quel paese al fine di impedire le esportazioni parallele, che la Corte di giustizia ha valutato alla luce dell'art. 102 TFUE nelle sentenze *Syfait I*[24] del 2005 e, soprattutto, *Syfait II*[25] del 2008; l'altro, sviluppatosi in Spagna, con riferimento ad un sistema di doppi prezzi, elaborato sempre dalla menzionata impresa, a seconda che venissero applicati a farmaci destinati all'utilizzo all'interno al paese o a quelli forniti ai distributori per l'esportazione, sui quale è dapprima intervenuta la Commissione europea con una decisione di applicazione dell'art. 101 TFUE[26], poi non confermata in sede giurisdizionale dalla Corte UE nella sentenza *GlaxoSmithKline* del 2009[27]. L'analisi antitrust condotta in queste casistiche si è concentrata in gran parte sulle argomentazioni relative alla presunta specificità del mercato farmaceutico tra i settori industriali (in particolare, a causa della regolamentazione legale dei prezzi dei farmaci) e alla difesa degli interessi commerciali dei produttori (in specie, i loro incentivi all'innovazione). Le diverse condotte messe in atto in questi casi, seppure costituenti, separatamente, fattispecie abusive e collusive, possono tuttavia essere considerate congiuntamente ai fini del necessario esercizio di bilanciamento tra le restrizioni al commercio parallelo e gli invocati incrementi di efficienza, che rappresenta la pietra angolare di questa giurisprudenza. A questo proposito, è noto che i requisiti cumulativi per fondare un'esenzione dal divieto di intese restrittive sono sanciti direttamente dall'art. 101, par. 3, TFUE, mentre per quanto riguarda l'art. 102 TFUE, il quale non prevedrebbe, almeno testualmente, eccezioni, la tradizionale impostazione formalistica è stata sostituita dall'approccio derivante dalla c.d. modernizzazione della politica europea della concorrenza che, in via di interpretazione, progressivamente recepita negli atti di *soft law* della Commissione, valorizza considerazioni di efficienza come possibili giustificazioni dei comportamenti delle imprese dominanti.

Nei casi in questione, come anticipato, la difesa delle imprese farmaceu-

---

[24] Corte giust. 31 maggio 2005, causa C-53/03, *Syfait e a.*, ECLI:EU:C:2005:333.

[25] Corte giust. 16 settembre 2008, cause riunite da C-468 a 478/06, *Sot. Lélos kai Sia*, ECLI:EU:C:2008:504.

[26] Decisione della Commissione, dell'8 maggio 2001, relativa ad un procedimento a norma dell'art. 81 del Trattato CE casi: IV/36.957/F3 *Glaxo Wellcome* (notifica), IV/36.997/F3 *Aseprofar e Fedifar* (denuncia), IV/37.121/F3 *Spain Pharma* (denuncia), IV/37.138/F3 *BAI* (denuncia) e IV/37.380/F3 *EAEPC* (denuncia) (in *GUCE* L 302 del 17 novembre 2001, pp. 1-43).

[27] Corte giust. 6 ottobre 2009, cause riunite C-501 P, 513 P, 515 P and 519/06 P, *GlaxoSmithKline Services e a.* c. *Commissione e a.*, ECLI:EU:C:2009:610.

tiche coinvolte si è imperniata sulla tesi degli incrementi di efficienza e della tutela dell'innovazione, sostenendo la necessità di impedire il commercio parallelo al fine di massimizzare i loro profitti e destinarne una parte al finanziamento di ulteriori attività di ricerca e sviluppo, anche a vantaggio dei consumatori. Tuttavia, come spesso accade laddove entrino in gioco argomentazioni fondate sull'innovazione, le valutazioni prospettiche che esse richiedono comportano difficoltà nella dimostrazione di un nesso causale diretto tra la pratica contestata e l'incremento effettivo della capacità di innovare (nonché di una stima effettiva del guadagno da essa derivante). A questo proposito, l'attività di innovazione nel settore farmaceutico non fa eccezione: la redditività degli investimenti in ricerca e sviluppo dipende in larga misura da una serie di fattori – tra cui la regolamentazione dei prezzi e l'attività promozionale – e può variare tra un'impresa e l'altra in misura significativa. Da ciò deriva che una simile difesa fondata sull'elemento dell'efficienza debba essere suffragata da prove sufficienti che dimostrino un impatto economico negativo per il produttore di farmaci, e di conseguenza sui suoi sforzi di innovazione, come risultato dell'attività dei rivenditori paralleli. Nella prospettiva di modellare l'applicazione dell'art. 102 TFUE sull'esempio dell'esenzione di cui all'art. 101, par. 3, dovrà essere provato un rapporto causale tra il comportamento abusivo e gli incrementi di efficienza, l'indispensabilità di tale comportamento per generare tali incrementi e il conseguente effetto netto positivo basato sulla loro entità effettiva rispetto al pregiudizio causato dalla condotta preclusiva. Nella giurisprudenza *Syfait*, tuttavia, solo le conclusioni dell'avvocato generale Ruiz-Jarabo Colomer[28] hanno esaminato, in questi termini, la difesa dell'efficienza invocata dall'impresa dominante GlaxoSmithKline, poi comunque rigettata alla luce della mancanza di qualsiasi trasferimento dell'utile ai consumatori. Diversamente, né l'avvocato generale Jacobs in *Syfait I*[29] né, soprattutto, la Corte di giustizia in *Syfait II*[30] hanno seguito tale approccio, limitandosi a valutare giustificazioni oggettive che non rientrano in considerazioni basate sugli effetti. In particolare la Corte, nel richiedere una valutazione empirica del fatto che gli ordini dei grossisti eccedessero i «limiti ordinari», non ha svolto alcuna indagine sull'effettività degli incrementi di efficienza dichiarati dall'impresa

---

[28] Conclusioni dell'avvocato generale Ruiz-Jarabo Colomer, 1° aprile 2008, cause riunite da C-468 a 478/06, *Sot. Lélos kai Sia*, ECLI:EU:C:2008:180.

[29] Conclusioni dell'avvocato generale Jacobs, 28 ottobre 2004, causa C-53/03, *Syfait e a.*, ECLI:EU:C:2004:673.

[30] Corte giust. 16 settembre 2008, cit.

produttrice di farmaci, preferendo seguire un'impostazione ancora eccessivamente formalistica. Non è infatti stata ritenuta configurabile alcuna eccezione all'applicazione del divieto di cui all'art. 102 TFUE rispetto a pratiche poste in essere da un'impresa in posizione dominante e volte a impedire il ricorso alle esportazioni parallele tra uno Stato membro e l'altro, provocando un'illegittima ripartizione del mercato interno.

La casistica in materia di commercio parallelo di farmaci, soprattutto nel filone *GlaxoSmithKline* originato in Spagna, ha altresì consentito alla Corte di giustizia UE di chiarire un altro aspetto rilevante nel funzionamento della difesa fondata sull'elemento dell'efficienza, vale a dire la ripartizione dell'onere della prova e il relativo standard probatorio. Sul punto, pur non essendo possibile, secondo il giudice dell'Unione, ricavare un regime di esenzione generale dall'applicazione delle norme sulla concorrenza in considerazione delle specificità del mercato farmaceutico, l'esistenza di un quadro normativo settoriale esercitava in ogni caso un'influenza determinante nella valutazione della tesi in questione. Pertanto, in linea di continuità con quanto già ritenuto in primo grado dal Tribunale UE, la Corte di giustizia nel successivo giudizio di appello ha delineato chiaramente l'analisi composita da svolgere per verificare se la Commissione europea avesse correttamente ritenuto insussistenti i requisiti per l'esenzione ai sensi dell'art. 101, par. 3, TFUE. In particolare, la valutazione in quattro fasi proposta dalla Corte appare meno rigorosa del tradizionale test sostanziale che richiede l'esistenza di un vantaggio oggettivo apprezzabile, essendo sufficiente «un alto grado di probabilità» al riguardo.

In questi termini, sembra quindi possibile delineare i confini di un'eccezione basata su argomenti legati all'innovazione con riguardo alle violazioni che si sostanziano in restrizioni al commercio parallelo, ciò tanto nel contesto dell'art. 101 TFUE quanto dell'art. 102. Tuttavia, la prova, da parte delle imprese farmaceutiche, degli effettivi incrementi di efficienza e la sua eventuale confutazione da parte della Commissione sulla base di elementi contrari appaiono ancora caratterizzate da profili di incertezza, richiedendo, come detto, un complesso bilanciamento tra interessi contrapposti da svolgere necessariamente nel singolo caso concreto, sulla base della giurisprudenza della Corte di giustizia UE che, però, ha offerto sinora un'interpretazione non del tutto esaustiva, in particolare nell'ambito di applicazione dell'art. 102 TFUE.

3. L'interferenza con i diritti di proprietà intellettuale nelle successive casistiche di applicazione degli artt. 101-102 TFUE: le strategie brevettuali e gli accordi c.d. *pay-for-delay*.

L'attenzione, a livello UE, per l'*enforcement* del diritto antitrust nell'industria farmaceutica non si è arrestata a seguito dei primi approcci elaborati con riferimento a pratiche restrittive del commercio parallelo dei medicinali, anzi si è ampliata e consolidata nel corso degli anni anche grazie all'importante spinta derivante dall'indagine di settore che la Commissione europea ha pubblicato nel luglio 2009 [31], allo scopo di valutare lo stato della concorrenza in questo ambito, in risposta ai frequenti casi di ritardi nell'ingresso dei farmaci generici sul mercato e all'apparente trend negativo nella produzione di nuovi farmaci da parte delle imprese *originator*. Con specifico riferimento ai rapporti concorrenziali tra produttori di farmaci innovativi e generici [32], l'indagine si è concentrata sulle dinamiche che si verificano nella fase finale del ciclo di vita di un farmaco brevettato, al momento dell'approssimarsi del termine di scadenza dei diritti di privativa e del conseguente ingresso nel mercato dei concorrenti genericisti. A tal fine, è stato raccolto un elenco di comportamenti messi in atto dalle imprese *originator* per estendere l'ampiezza e la durata dei loro brevetti, consistenti ad esempio in stra-

---

[31] *Communication from the Commission, Executive summary of the Pharmaceutical Sector Inquiry Report*, COM(2009) 351 final dell'8 luglio 2009, che unitamente agli allegati tecnici forma il *Final Report* dell'indagine di settore.

[32] Nell'indagine di settore sono state altresì esaminate le pratiche anticoncorrenziali che si possono verificare nei rapporti orizzontali tra imprese farmaceutiche *originator*, le quali tuttavia non sono oggetto di approfondimento nel presente lavoro dal momento che la Commissione non ha ancora adottato decisioni di infrazione in questo ambito (pur essendo pendente un procedimento avviato nei confronti di Teva Pharmaceuticals per un presunto abuso di posizione dominante consistente, tra l'altro, in attività denigratorie rispetto a prodotti medicinali concorrenti al proprio: cfr. caso AT.40588, *Teva Copaxone*, il cui aggiornamento è reperibile al sito https://competition-cases.ec.europa.eu/cases/AT.40588) e la Corte di giustizia se ne è occupata solo in sede di rinvio pregiudiziale nel caso noto come *Avastin* c. *Lucentis*, in particolare nella sentenza 23 gennaio 2018, causa C-179/16, *F. Hoffmann-La Roche e a.*, ECLI:EU:C:2018:25, e, successivamente sotto un diverso profilo, nella sentenza 7 luglio 2022, causa C-261/21, *F. Hoffmann-La Roche e a.*, ECLI:EU:C:2022:534. Per considerazioni complessive su quest'ultimo caso, v., recentemente, F. ROSSI DAL POZZO (a cura di), *I confini del sindacato giurisdizionale sulle decisioni dell'AGCM alla luce del diritto dell'Unione europea. Riflessioni a margine della sentenza Hoffmann-La Roche*, in *Eurojus*, numero speciale, 2023, reperibile al sito https://rivista.eurojus.it; sia altresì consentito il rinvio a D. DANIELI, *The EU pharmaceutical market: crossing paths between regulation, competition law and free movement*, Napoli, 2020, pp. 125-143.

tegie brevettuali, contenzioso in materia di brevetti spesso concluso tramite transazioni e altri tipi di accordi, controversie in procedimenti amministrativi per il rilascio di Aic o per la fissazione dei prezzi e del rimborso dei farmaci, strategie per la transizione verso farmaci di seconda generazione rispetto a quello oggetto del brevetto prossimo alla scadenza. Sulla base della valutazione svolta, la Commissione ha proposto una serie di iniziative da intraprendere nel settore con l'obiettivo di creare un ambiente più competitivo, sottolineando la necessaria coesistenza dei regimi normativi in materia di proprietà intellettuale e di concorrenza, entrambi promuovendo nuovi sviluppi e investimenti nella ricerca, ma allo stesso tempo ricordando che l'esercizio dei diritti di brevetto non possa ritenersi sottratto all'intervento del diritto antitrust.

In questo contesto, la successiva casistica di applicazione degli artt. 101-102 TFUE si è orientata sull'esame dei diversi profili di interferenza che possono emergere con riferimento alla materia brevettuale, anche sulla scia di indagini e controversie giudiziarie che, negli anni immediatamente precedenti, si stavano sviluppando nell'ordinamento statunitense.

Per quanto riguarda le pratiche poste in essere da imprese farmaceutiche in posizione dominante, il punto di svolta è rappresentato dal caso *AstraZeneca*, iniziato nel 2005 con la decisione di infrazione adottata dalla Commissione europea [33] e poi definitivamente deciso dal giudice dell'Unione [34], che ha riguardato una fattispecie di abuso del sistema brevettuale e delle procedure di *marketing* finalizzato ad impedire l'ingresso nel mercato di medicinali concorrenti al farmaco "*blockbuster*" Losec commercializzato dall'impresa in questione. Seppure la prospettiva dell'applicazione congiunta del diritto della concorrenza e della proprietà intellettuale non potesse dirsi nuova, i temi che per la prima volta venivano in gioco nel caso di specie hanno oltrepassato la tradizionale distinzione fondata sulle fattispecie di esistenza ed esercizio del diritto al brevetto, in quanto le condotte unilaterali esaminate hanno riguardato direttamente il diritto alla protezione brevettuale, soprattutto per quanto riguarda il farmaco di seconda generazione dell'impresa *originator* (che, rispetto al farmaco precedente, è solitamente dato da una riformulazione o una differente modalità di somministrazione). Si tratta di una

[33] Decisione della Commissione, del 15 giugno 2005, *relativa ad un procedimento a norma dell'articolo 82 del trattato CE e dell'articolo 54 dell'accordo SEE* (caso COMP/A.37.507/F3 – *AstraZeneca*) (in *GUUE* L 332 del 30 novembre 2006, pp. 24-25).

[34] Trib. UE 1° luglio 2010, causa T-321/05, *AstraZeneca* c. *Commissione*, ECLI:EU:T:2010:266; Corte giust. 6 dicembre 2012, causa C-457/10 P, *AstraZeneca* c. *Commissione*, ECLI:EU:C:2012:770.

questione cruciale nel quadro dell'industria farmaceutica: le dinamiche competitive tra i farmaci brevettati e i loro concorrenti generici dopo il momento di scadenza dei diritti di privativa (c.d. *patent cliff*), a seguito del quale i primi subiscono un notevole calo dei prezzi, rendono infatti evidente come lo sviluppo dei medicinali di seconda generazione costituisca un elemento chiave nelle strategie di "*evergreening*" dei brevetti farmaceutici. Sebbene l'attività di deposito di brevetti successivi per tali prodotti possa rientrare nell'ambito della protezione conferita dai diritti di proprietà intellettuale, il caso *AstraZeneca* ha aperto la strada all'esame di questa condotta in base allo standard dell'abuso di posizione dominante ai sensi dell'art. 102 TFUE. In sintesi, la valutazione, in ultima analisi confermata anche dalla Corte di giustizia, ha richiesto un accertamento di un *quid pluris* che risulta dirimente per distinguere tra la legittima titolarità di un diritto di brevetto e il suo abuso, valendo a dimostrare che le strategie brevettuali poste in essere da AstraZeneca non perseguivano lo scopo di proteggere un investimento e non potevano essere considerate come forme di concorrenza basata sui meriti [35]. Più precisamente, la "deviazione" dall'ordinaria modalità di esercizio dei diritti derivanti dal perimetro di protezione brevettuale, perseguita attraverso la revoca dell'Aic del farmaco Losec di prima generazione non motivata da ragioni di farmacovigilanza o altre ragioni economiche, non poteva trovare alcuna valida giustificazione se non quella di estendere i diritti di privativa a danno dei concorrenti genericisti.

Tuttavia, non si può non notare come la necessaria sussistenza di un simile elemento soggettivo, sebbene abbia condotto ad affermare ragionevolmente la violazione dell'art. 102 TFUE da parte di imprese farmaceutiche *originator* che detenevano una posizione dominante, possa comunque com-

---

[35] Nell'ampia letteratura in argomento, si vedano, anche per ulteriori approfondimenti e riferimenti, H. ULLRICH, *Strategic patenting by the pharmaceutical industry: towards a concept of abusive practices of protection*, in J. DREXL-N. LEE (eds.), *Pharmaceutical Innovation, Competition and Patent Law. A Trilateral Perspective*, Cheltenham-Northampton, 2013, pp. 241-272; M. COLANGELO, *Concorrenza sui meriti, regolazione di settore e condotte abusive nel mercato farmaceutico*, in *Foro it.*, 2014, III, cc. 514-518; G. PITRUZZELLA, *Life-Cycle Management Strategies in the Pharmaceutical Patent Sector*, in G. PITRUZZELLA-G. MUSCOLO (eds.), *Competition and Patent Law in the Pharmaceutical Sector: An International Perspective*, Alphen aan den Rijn, 2016, pp. 74-84; E. AREZZO, *Sulla valenza anticompetitiva della brevettazione a scopi strategici, seguita dal non-uso del brevetto*, in G. COLANGELO-V. FALCE (a cura di), *Concorrenza e comportamenti escludenti nei mercati dell'innovazione*, Bologna, 2017, pp. 139-168; M. MINN, *Patenting practices in the competitive European pharmaceutical market: a thin line between patents, innovation and strategy*, in *European Intellectual Property Review*, 2018, pp. 16-20.

portare difficoltà applicative alla luce del suo carattere "artificiale" che non garantisce un parametro di valutazione del tutto efficace anche in circostanze fattuali diverse. Diversamente, il ricorso a standard che, sebbene legati all'ampia nozione di concorrenza basata sui meriti, possiedano anche un'ulteriore specificità settoriale, sembra maggiormente conferente all'applicazione del diritto antitrust in relazione a pratiche che possono essere ritenute lecite in base ad altre branche del diritto, in specie quello della proprietà intellettuale, potendo tenere adeguatamente conto delle condizioni di un mercato regolamentato che non è pienamente competitivo, come nel caso dell'industria farmaceutica. Ad esempio, considerando se una determinata strategia brevettuale persegua l'obiettivo di preservare la capacità di innovare esclusivamente a favore dell'impresa dominante, una valutazione più stringente ai sensi del diritto antitrust sembrerebbe giustificata per garantire condizioni di mercato sufficientemente aperte a nuove fonti di concorrenza. Come è stato sottolineato[36], è l'interoperabilità normativa creata dall'impresa *originator* ad impedire ai produttori di farmaci generici di entrare nel mercato, non permettendo quindi ai pazienti di poter beneficiare di un medicinale concorrente. Questo diverso approccio sarebbe fondato su un concetto di restrizione della concorrenza che considera il danno per i consumatori da una prospettiva dinamica, vale a dire la diminuzione dell'innovazione, piuttosto che il profilo statico dell'aumento del prezzo. Inoltre, i menzionati standard di carattere settoriale contribuiscono a confutare l'argomentazione secondo cui il progresso tecnologico nel mercato rilevante può comunque essere garantito dall'impresa dominante. È precisamente la pluralità di fonti di concorrenza derivante dalla coesistenza di *originator* e genericisti a consentire di superare i fallimenti di mercato che caratterizzano l'industria farmaceutica, dove la concorrenza fondata sull'innovazione non si sviluppa con le stesse potenzialità di altri settori non regolamentati. Di conseguenza, quando il diritto al brevetto e il suo esercizio vengono utilizzati come strumento per ostacolare (o eliminare) potenziali fonti di innovazione, in modo da limitare la concorrenza dinamica, un controllo più intenso ai sensi del diritto della concorrenza diventa non solo giustificato, ma anche necessario per compensare le carenze insite ai sistemi brevettuali.

Proseguendo con l'analisi dell'applicazione dell'art. 101 TFUE, la casistica di riferimento è rappresentata dagli accordi transattivi tra imprese far-

---

[36] Così C. DESOGUS, *Nuove frontiere tra regolazione, proprietà intellettuale e tutela della concorrenza nel settore farmaceutico: le pratiche di brevettazione strategica*, in *Rivista della regolazione dei mercati*, 2015, n. 1, reperibile al sito https://www.rivistadellaregolazionedeimercati.it, pp. 59-96, a p. 93.

maceutiche *originator* e concorrenti genericisti nel contesto di controversie brevettuali (definiti, nella terminologia inglese comunemente invalsa, come *reverse payment patent settlement agreements*), noti nella prassi anche come accordi "*pay-for-delay*" in considerazione dell'elemento ricorrente di queste fattispecie consistente nell'effetto di ritardare l'ingresso nel mercato dei farmaci generici. Al riguardo, la Commissione europea ha elaborato un orientamento che può dirsi ormai consolidato, tramite l'avvio di diverse indagini (la prima delle quali, nel caso *Lundbeck*[37], iniziata già nel 2003) e l'adozione delle conseguenti decisioni di infrazione[38], che sono state poi confermate nel merito, nella maggior parte dei casi, dalla Corte di giustizia UE[39]. Senza ripercorrere, per ragioni di sintesi, i dettagli dei singoli procedimenti, è sufficiente considerare che le condotte in esame, pur con talune differenze, si costruiscono essenzialmente secondo uno schema divenuto ricorrente. Anche in questi casi, al momento dell'approssimarsi della scadenza del brevetto su un farmaco, di solito particolarmente redditizio, l'impresa farmaceutica

[37] Commission decision C(2013) 3803 final of 19 June 2013, Case AT.39926 – *Lundbeck*, reperibile al sito https://competition-cases.ec.europa.eu/cases/AT.39226.

[38] Oltre al citato caso *Lundbeck*, si tratta di: Commission decision C(2014) 4955 final of 9 July 2014, Case AT.39612 – *Perindopril (Servier)*, reperibile al sito https://competition-cases.ec.europa.eu/cases/AT.39612; Commission decision C(2020) 8153 final of 26 November 2020, Case AT.39686 – *Cephalon*, reperibile al sito https://competition-cases.ec.europa.eu/cases/AT.39686.

[39] Trib. UE 8 settembre 2016, causa T-472/13, *Lundbeck* c. *Commissione*, ECLI:EU:T:2016:449, e Corte giust. 25 marzo 2021, causa C-591/16 P, *Lundbeck* c. *Commissione*, ECLI:EU:T:2021:243; Trib. UE 12 dicembre 2018, causa T-691/14, *Servier e a.* c. *Commissione*, ECLI:EU:T:2018:922, oggetto di due separate impugnazioni alla Corte di giustizia attualmente pendenti (causa C-176/19 P, *Commissione* c. *Servier e a.*, e causa C-201/19 P, *Servier e a.* c. *Commissione*; in entrambi i procedimenti sono state rese le conclusioni da parte dell'avvocato generale Kokott, in data 14 luglio 2022, rispettivamente ECLI:EU:C:2022:576 e ECLI:EU:C:2022:577). A queste decisioni si aggiunge Corte giust. 30 gennaio 2020, causa C-307/18, *Generics (UK) e a.*, ECLI:EU:C:2020:52, resa invece come pronuncia pregiudiziale a seguito di rinvio da parte dell'autorità antitrust inglese nel caso noto come *Paroxetine*, anch'esso riguardante una fattispecie di *reverse payment patent settlement agreements*. Per ulteriori commenti su queste casistiche, cfr., tra gli altri, C. DESOGUS, *Manovre di avvicinamento tra l'Europa e gli Stati Uniti: il caso* Servier *sui* patent settlements, in *Mercato concorrenza regole*, 2016, pp. 249-278; M. D'ERRICO-P.F. PISERÀ, *La valutazione concorrenziale dei patent settlement agreements nell'esperienza europea: i casi* Lundbeck *e* Servier (perindopril), in *Concorrenza e mercato*, 2016, pp. 559-593; P. IBAÑEZ COLOMO, *Pay-For-Delay and the Structure of Article 101(1) TFEU: Points of Law Raised in* Lundbeck *and* Paroxetine, in *Journal of European Competition Law & Practice*, 2019, pp. 591-608; J. MULDER-W. SAUTER, *Anticompetitive pharmaceutical patent settlements: the EU cases on pay-for-delay*, in W. SAUTER-M. CANOY-J. MULDER (eds.), *op. cit.*, pp. 79-96.

titolare dei diritti di privativa addiviene alla conclusione di un accordo con i concorrenti genericisti che, considerando lo stato di avanzamento delle loro attività preliminari, appaiono maggiormente preparati a commercializzare con successo il proprio farmaco equivalente una volta terminata la protezione brevettuale, ai quali viene corrisposta un'ingente somma di denaro per porre fine, in prima battuta, ad una controversia tra le parti sorta con riferimento al brevetto detenuto dall'*originator*, ma avente in realtà lo scopo di ritardare (nei casi estremi, a tempo indefinito) l'ingresso nel mercato dei genericisti e permettere, nel frattempo, all'impresa *originator* di introdurre il proprio farmaco di seconda generazione rispetto a quello il cui brevetto è giunto a scadenza.

Un elemento che accomuna tutte le decisioni della Commissione adottate con riferimento agli accordi "*pay-for-delay*" (*Lundbeck*, *Servier* e *Cephalon*) e condivisa anche dalla Corte di giustizia nelle pronunce sinora rese in materia (nel caso *Lundbeck*, concluso definitivamente nel 2021, e tramite rinvio pregiudiziale nel caso *Generics (UK)* del 2020) è l'applicazione del parametro più rigoroso di restrizione della concorrenza per oggetto per configurare la violazione dell'art. 101, par. 1, TFUE. Come è noto, la più ampia questione della distinzione tra le nozioni di restrizione per oggetto e per effetto contemplate dalla suddetta disposizione rappresenta uno dei fondamentali snodi applicativi del diritto europeo della concorrenza, più volte affrontata, anche in tempi recenti, nella giurisprudenza del giudice dell'Unione che, al riguardo, ha assunto posizioni oscillanti e talora non scevre di profili di incertezza. Da ultimo, la Corte di giustizia sembra aver definito il proprio orientamento [40] nel senso di affermare, pur non escludendo l'ipotesi di alcune "evidenti" restrizioni per oggetto, che violazioni di questo tipo possano essere accertate, senza la necessità di un'analisi degli effetti, a condizione che sia condotta una valutazione specifica del contesto in cui l'accordo si è formato e di consolidati precedenti riferibili ad intese analoghe. In proposito, la Corte ha ritenuto che l'esame controfattuale possa rilevare anche nella fase dell'analisi per oggetto e le prove in questo senso possano riguardare l'oggetto anticoncorrenziale di un accordo, in assenza del quale sarebbe necessario effettuare una valutazione dettagliata dei suoi effetti. Per quanto riguarda il valore da attribuirsi al precedente relativo a casi simili, la Corte sembra inquadrare tale elemento come requisito prescrittivo, e non meramente suppletivo.

---

[40] Il riferimento è a Corte giust. 2 aprile 2020, causa C-228/18, *Budapest Bank e a.*, ECLI:EU:C:2020:265. Nell'ampia bibliografia in argomento, v., per tutti e recentemente, S. ENCHELMAIER, *Restrictions 'by object' after* Generics, Lundbeck, *and* Budapest Bank*: are we any wiser now?*, in *Journal of Antitrust Enforcement*, 2023, pp. i72-i101.

Applicando i principi illustrati nello specifico contesto degli accordi transattivi in esame, il profilo determinante attiene alla loro capacità di raggiungere il livello particolarmente grave di danno anticoncorrenziale per essere considerati restrizioni fondamentali, essendo pertanto sufficiente un'analisi limitata del loro contenuto e del contesto giuridico ed economico per configurare una restrizione per oggetto. Diversi elementi sono stati richiamati nelle pronunce del giudice UE per confermare l'impostazione della Commissione. In sostanza, la Corte di giustizia in *Lundbeck* e (per ora) il Tribunale UE in *Servier* hanno confermato che i *reverse payments* corrisposti delle imprese farmaceutiche *originator* ai produttori di farmaci generici comportavano una limitazione degli incentivi all'ingresso nel mercato, con la conseguenza che gli accordi non riflettevano la percezione delle parti della forza o della debolezza del brevetto, né erano finalizzati a trovare una legittima risoluzione transattiva delle controversie brevettuali. Invece, tali pagamenti avevano, di fatto, sostituito l'incertezza sulla possibilità di ingresso dei concorrenti genericisti senza essere soggetti a ingiunzioni o azioni di contraffazione, o di contestare con successo la validità dei brevetti dell'impresa *originator*, con la certezza che i produttori di farmaci generici non sarebbero entrati nel mercato durante la vigenza degli accordi [41], essendo quindi la collusione – e non il riconoscimento della validità del brevetto – la «vera e propria causa delle restrizioni alla concorrenza» [42] derivanti dagli accordi. Questa valutazione è stata confermata anche nella pronuncia pregiudiziale resa nella causa *Generics (UK)*, in cui la Corte di giustizia ha fatto riferimento all'assenza di giustificazioni alternative per i trasferimenti di denaro se non consistenti nell'interesse delle parti a non confrontarsi in un mercato aperto alla concorrenza basata sui meriti. Per quanto riguarda la classificazione delle intese in questione nella più ampia nozione di restrizione per oggetto, il giudice UE ha confermato la loro configurabilità come «accordi di esclusione del mercato», comportando un'esclusione dei concorrenti genericisti come forma estrema di ripartizione del mercato e di limitazione della produzione. Inoltre, la suddetta qualificazione è stata ritenuta fondata anche se la Commissione non aveva già esaminato, in passato, fattispecie di accordi analoghi.

Quanto all'ulteriore aspetto del rapporto di concorrenza potenziale tra le imprese coinvolte negli accordi "*pay-for-delay*", che costituisce il primo passaggio del test elaborato dalla Commissione e confermato dalla Corte di giustizia UE per la loro valutazione in ambito antitrust, l'esistenza di «pos-

[41] In questo senso, Trib. UE 8 settembre 2016, cit., punto 369.

[42] Trib. UE 12 dicembre 2018, cit., punto 270.

sibilità reali e concrete» di effettuare l'ingresso nel mercato con un prodotto generico equivalente a quello brevettato rappresenta la soglia necessaria ai fini di tale accertamento. In merito, tuttavia, l'aspetto più controverso riguarda il ruolo del brevetto di cui è titolare l'impresa *originator*, che nei casi esaminati dalla Commissione erano solamente brevetti di processo o secondari, mentre i diritti di privativa sul principio attivo del farmaco erano già giunti a scadenza. Tale aspetto è stato invece esaminato nella pronuncia pregiudiziale in *Generics (UK)* [43], in cui la Corte di giustizia ha ritenuto che la questione della sussistenza di una barriera all'ingresso di natura insormontabile per i concorrenti genericisti, data dall'esistenza del brevetto dell'*originator*, non dovesse essere risolta alla luce del diritto brevettuale (pertanto, in forza di una sentenza definitiva che ne stabilisca la violazione), quanto in una prospettiva antitrust, basata sull'effettiva possibilità di accedere al mercato nonostante il brevetto stesso. Di conseguenza, la titolarità in capo all'impresa *originator* di un diritto di proprietà intellettuale sul farmaco rientra nel più ampio contesto giuridico ed economico che rileva ai fini della sussistenza di una restrizione della concorrenza, ma la presunzione della sua validità non può essere equiparata a una presunzione di illegittimità dell'ingresso nel mercato "a rischio" (con la possibilità, cioè, di affrontare un contenzioso brevettuale) di un concorrente genericista.

Infine, appare interessante porre attenzione su un tema che, per il momento, è stato affrontato solo tangenzialmente nella giurisprudenza UE, ancora una volta nel caso *Generics (UK)* [44], ma la cui importanza non può essere sottovalutata ai fini di un'efficace applicazione del diritto della concorrenza nel settore farmaceutico [45]. Si tratta della questione per cui la conclu-

---

[43] Corte giust. 30 gennaio 2020, cit., punto 50. A questo proposito, la Corte sembra aver rivisto l'approccio adottato dalla Commissione nella decisione *Lundbeck*: in quel caso, particolare rilevanza era stata attribuita all'elevata probabilità di invalidità del brevetto dell'impresa *originator* per determinare la configurabilità di una situazione di concorrenza potenziale (Commission decision C(2013) 3803 final, cit., parr. 627-628). In dottrina, questo punto di vista è stato criticato perché sembra equiparare i brevetti a diritti probabilistici, risultando inconciliabile con la giurisprudenza consolidata della Corte di giustizia UE in merito alla distinzione tra l'esistenza e l'esercizio dei diritti di proprietà intellettuale ai fini del diritto della concorrenza: n questo senso, P. IBAÑEZ COLOMO, *op. cit.*, p. 606.

[44] Tale aspetto, in realtà, veniva in gioco anche nel citato caso *Servier*, nel cui contesto tuttavia non è stato oggetto di valutazione da parte del giudice dell'Unione in quanto la sentenza del Trib. UE 12 dicembre 2018, cit., ha annullato la decisione della Commissione in punto di determinazione del mercato rilevante quale profilo preliminare dell'accertamento della violazione dell'art. 102 TFUE, che non è pertanto stato esaminato nel merito.

[45] Per ulteriori approfondimenti in dottrina, che pure non ha sinora dedicato particolare

sione di un accordo di composizione di una controversia brevettuale tra un'impresa *originator* in posizione dominante e un concorrente genericista che si astiene dall'ingresso nel mercato con il suo medicinale equivalente possa altresì costituire un comportamento abusivo e, in caso affermativo, a quali condizioni la condotta sia tale da violare congiuntamente gli artt. 101 e 102 TFUE. Sul punto, la Corte di giustizia ha argomentato nel senso di considerare, quale specifico elemento rilevante ai fini dell'abusività della condotta, «l'eventuale ulteriore pregiudizio arrecato (...) alla struttura concorrenziale di un mercato nel quale, a causa della posizione dominante che [il] produttore di farmaci originari vi occupa, il grado di concorrenza è già sminuito» [46], ritenendo che una strategia complessiva di accordi transattivi consecutivi aventi come oggetto (o almeno come effetto) il ritardo dell'ingresso indipendente sul mercato da parte dei produttori di farmaci generici fosse in grado di produrre effetti preclusivi significativi «[superiori a]gli effetti anticoncorrenziali inerenti alla conclusione di ciascuno degli accordi» [47]. Un altro aspetto qualificante della giurisprudenza in esame rispetto alla casistica precedente risiede nell'accertamento di un intento anticoncorrenziale dell'impresa dominante che, sebbene di regola non sia un requisito per la constatazione di un abuso, in questo contesto deve essere preso in considerazione in ragione del fatto che gli accordi transattivi facevano parte di una strategia complessiva volta a mantenere una posizione di monopolio nel mercato di riferimento.

4. Gli abusi di prezzi iniqui ed eccessivi come più recente casistica di applicazione dell'art. 102 TFUE.

Negli ultimi anni, si sono registrati alcuni trend di aumento significativo dei prezzi dei farmaci in contesti di concorrenza *inter-brand* che si verificano quando la protezione brevettuale su un medicinale giunge a scadenza e le imprese genericiste sono in grado di entrare nel mercato di riferimento. Più precisamente, a causa della progressiva diminuzione del numero di produtto-

---

attenzione al tema, v. M.A. Carrier, *A Real-World Analysis of Pharmaceutical Settlements: The Missing Dimension of Product Hopping*, in *Florida Law Review*, 2010, pp. 1009-1036; S. Gallasch, *Adding a New Dimension to EU Pharmaceutical Antitrust – Pay for Delay Settlement as Part of a Unilateral Strategy such as Product Hopping*, in *CCP Working Papers*, 2015, n. 2.

[46] Corte giust. 30 gennaio 2020, cit., punto 147.

[47] *Ivi*, punto 157.

ri di farmaci generici dovuta agli esigui margini di profitto che determinano un generalizzato consolidamento del mercato, l'utilizzo continuato di medicinali equivalenti su determinate categorie di pazienti, per i quali spesso si tratta di terapie salvavita, può effettivamente creare "nicchie" di mercato in cui i prezzi di tali farmaci possono essere aumentati considerevolmente e imposti dalle imprese genericiste, in forza della loro posizione di dominanza in questi micro-monopoli, nell'ambito della negoziazione con le autorità regolatorie di settore. Nei casi in questione, l'applicazione del diritto della concorrenza, e in particolare dell'art. 102 TFUE, può rappresentare uno strumento aggiuntivo per contrastare gli aumenti di prezzo anticoncorrenziali di farmaci non più coperti da diritti di privativa. Tale ulteriore profilo di interferenza del diritto antitrust nelle dinamiche dell'industria farmaceutica sembra tuttavia riportare al centro del dibattito la problematica dei confini sempre più sfumati tra la regolazione del mercato, considerata come attività *ex ante* che ne stabilisce le norme di funzionamento, e la concorrenza, intesa come applicazione *ex post* di tali regole.

A ciò si aggiunge il ricorso tradizionalmente limitato al divieto di pratiche di prezzi iniqui ed eccessivi pur esplicitamente sancito dall'art. 102, lett. a), TFUE, che trova fondamento nella nota tesi basata sulla capacità di autocorrezione dei mercati, nella misura in cui prezzi particolarmente elevati possono indicare la redditività di un determinato mercato, stimolando l'ingresso di nuovi operatori economici che ridurranno il potere di mercato dell'impresa dominante e, di conseguenza, i prezzi da essa praticati [48]. All'opposto, la posizione a favore dell'intervento del diritto antitrust fa generalmente riferimento alla protezione del benessere dei consumatori come obiettivo principale della politica europea di concorrenza, che richiederebbe di considerare il carattere anticoncorrenziale delle pratiche in esame, anziché limitarsi a perseguire solamente gli abusi escludenti per preservare il processo competitivo [49]. Di conseguenza, soprattutto quando le possibilità di auto-

---

[48] In questo senso, D.S. EVANS-A.J. PADILLA, *Excessive Prices: Using Economics to Define Administrable Legal Rules*, in *Journal of Competition Law and. Economics*, 2005, pp. 97-122; M. MOTTA-A. DE STREEL, *Excessive Pricing in Competition Law: Never Say Never?*, in AA.VV., *The Pros and Cons of High Prices*, Swedish Competition Authority, Kalmar, 2007, pp. 14-46.

[49] A sostegno di questa tesi, ad esempio, L. PEEPERKORN, *Price Discrimination and Exploitation*, in B.E. HAWK (ed.), *Annual Proceedings of the Fordham Competition Law Institute. International Antitrust Law & Policy*, Huntington, NY, 2009, pp. 611-634; F. JENNY, *Abuse of Dominance by Firms Charging Excessive or Unfair Prices: An Assessment*, in Y. KATSOULACOS-F. JENNY (eds.), *Excessive Pricing and Competition Law Enforcement*, Cham, 2018, pp. 5-70.

correzione del mercato non appaiano fondate, o quantomeno non in tempi ragionevoli, le autorità di *enforcement* del diritto della concorrenza potrebbero farsi carico, in ultima istanza, di un intervento di carattere regolatorio. A tal fine, sono state proposte una serie di condizioni rigorose per lo svolgimento di un procedimento antitrust in casi di imposizione di prezzi eccessivi che, nel loro insieme, valgono a giustificare l'intervento su base eccezionale. In particolare, l'Organizzazione per la cooperazione e lo sviluppo economico (Ocse) ha elaborato delle linee-guida [50] che individuano in proposito i seguenti elementi comuni: un significativo potere di mercato dell'impresa che pratica le condizioni di prezzo inique ed eccessive, l'esistenza di barriere all'ingresso che impediscono al mercato di autocorreggersi, l'assenza di effetti negativi sulle potenzialità di innovazione del settore considerato, l'irragionevolezza (o addirittura la materiale impossibilità) di un intervento normativo alternativo.

Non sorprende, quindi, che in questo contesto sia la Commissione europea sia la Corte di giustizia UE abbiano seguito un approccio cauto nell'applicazione dell'art. 102 TFUE a casistiche di prezzi eccessivi, concentrandosi piuttosto in larga misura su fattispecie di abusi di esclusione. Il punto di riferimento che, seppur risalente, ancora oggi fornisce lo standard di valutazione della suddetta condotta anticoncorrenziale è dato dalla sentenza della Corte di giustizia nel caso *United Brands* del 1978 [51]. In sintesi, è stata delineata una verifica fondata su due livelli, sulla base della quale occorre innanzitutto stabilire «se vi sia un'eccessiva sproporzione tra il costo effettivamente sostenuto ed il prezzo effettivamente richiesto» e, in caso positivo, si deve successivamente determinare se tale prezzo risulti iniquo «sia in assoluto sia rispetto ai prodotti concorrenti» [52]. Sul punto, la Commissione ha in seguito elaborato ulteriori chiarimenti specificando, per quanto riguarda il primo passaggio del test, che il calcolo del margine di profitto dovrebbe tenere conto «dei rischi di investimento connessi all'industria in questione» e, per quanto riguarda il secondo passaggio, che un elevato margine di profitto anticoncorrenziale abbia origine nell'assenza di concorrenza effettiva dovuta all'esercizio del potere di mercato [53].

---

[50] Organisation for Economic Co-operation and Development (Oecd), *Excessive Prices in Pharmaceutical Markets. Background Note by the Secretariat*, DAF/COMP(2018)12, reperibile al sito www.oecd.org.

[51] Corte giust. 14 febbraio 1978, causa 27/76, *United Brands*, ECLI:EU:C:1978:22.

[52] Corte giust. 14 febbraio 1978, cit., punto 252.

[53] Oecd, *Excessive Prices*, cit., e in particolare la posizione espresso dall'UE, *Article 102 and excessive prices*, par. 318.

Alla luce delle illustrate difficoltà nell'adattamento del diritto antitrust rispetto alle casistiche in esame, la Commissione europea è intervenuta in un unico precedente, *Aspen*, concluso con impegni tramite una decisione adottata nel 2021 [54], preferendo lasciare la conduzione di numerosi altri procedimenti alle autorità di concorrenza a livello nazionale, che hanno portato all'individuazione di alcuni principi ricorrenti nell'applicazione dell'art. 102, lett. a), TFUE secondo il menzionato test *United Brands*, successivamente ripresi dalla stessa Commissione. Concentrando quindi l'attenzione sul caso esaminato a livello UE, è opportuno precisare che l'indagine condotta dalla Commissione è stata preceduta da una decisione dell'Autorità garante per la concorrenza e il mercato (Agcm) del 2016 [55], con cui l'impresa produttrice di farmaci generici Aspen è stata ritenuta responsabile di una violazione dell'art. 102, lett. a), TFUE in relazione agli aumenti di prezzo praticati su una serie di farmaci antitumorali complessivamente noti come «Cosmos», privi di protezione brevettuale e il cui rimborso era a carico del sistema sanitario nazionale, che erano stati ottenuti attraverso un utilizzo abusivo della procedura di negoziazione con l'Agenzia italiana del farmaco minacciando interruzioni nella fornitura e una riclassificazione dei farmaci come non rimborsabili. La condotta di Aspen è stata replicata anche in altri Stati membri, con la conseguenza che le ulteriori indagini antitrust promosse dalle autorità nazionali sono confluite nel procedimento avviato d'ufficio dalla Commissione nel 2017, avente estensione territoriale a tutto lo Spazio economico europeo ad esclusione dell'Italia.

Gli elementi qualificanti su cui si è fondata la decisione dell'istituzione

---

[54] Commission decision C(2021) 724 final of 10 February 2021, Case AT.40394 – *Aspen*, reperibile al sito https://competition-cases.ec.europa.eu/cases/AT.40394. In dottrina, cfr. H. MISCHE, *The EU Aspen decision: the European Commission's first excessive pricing decision in the paharmaceutical market*, in W. SAUTER-M. CANOY-J. MULDER (eds.), *op. cit.*, pp. 149-171.

[55] Agcm 29 settembre 2016, n. 26185, A480 – *Incremento prezzi farmaci Aspen*, in *Bollettino AGCM*, n. 36 del 17 ottobre 2016, pp. 5-99, confermata definitivamente da Cons. Stato, sez. IV, 13 marzo 2020, n. 1832. In argomento, L. ARNAUDO-R. PARDOLESI, *Sul giusto prezzo, tra Aquino e Aspen*, in *Mercato concorrenza regole*, 2016, pp. 479-498; M. COLANGELO, *Farmaci, prezzi iniqui, concorrenza: il caso* Aspen, in *Mercato concorrenza regole*, 2016, pp. 539-547; E.M. LANZA-R. SFASCIOTTI, *Excessive Price Abuses: The Italian* Aspen *Case*, in *Journal of European Competition Law & Practice*, 2017, pp. 382-388; P. ACTIS PERINETTO, *The Italian pharmaceutical antitrust (r)evolution and its most recent example: the* Aspen *case*, in *European Competition Journal*, 2017, pp. 93-116; C. DESOGUS, *The* Aspen *case of the Italian Competition Authority*, in W. SAUTER-M. CANOY-J. MULDER (eds.), *op. cit.*, pp. 98-112.

UE hanno riguardato, come anticipato, l'analisi quantitativa e qualitativa imposta dalla giurisprudenza *United Brands*. Quanto al primo aspetto, relativo al grado di eccessività dei profitti, sono stati posti a confronto i costi necessari per la produzione dei farmaci e i ricavi netti ottenuti dalla loro commercializzazione, determinando così la rispettiva redditività. Successivamente, tramite il ricorso a parametri di comparazione dati da imprese farmaceutiche con caratteristiche simili ad Aspen, è stato accertato che il livello dei profitti del genericista superavano in misura significativa quelli medi dei comparatori (determinati, in particolare, al livello c.d. *cost-plus* come margine di profitto ragionevole in condizioni concorrenziali). Rispetto al secondo profilo, inerente all'iniquità in senso assoluto dei prezzi praticati, è stata accertata l'inesistenza di ragioni legittime (in particolare, possibili fattori non legati ai costi) che li potessero giustificare, considerando altresì la scadenza ormai risalente della protezione brevettuale sui farmaci in questione e l'entità della sproporzione degli aumenti imposti. Pertanto, la complessa strategia anticoncorrenziale di Aspen è stata essenzialmente resa possibile grazie al proprio potere di mercato, senza che potesse trovare accoglimento la difesa fondata su giustificazioni obiettive proposta dall'impresa genericista. L'ulteriore particolarità del caso in esame consiste, come anticipato, nella conclusione del procedimento senza accertamento definitivo dell'infrazione contestata, ma con l'accettazione degli impegni proposti da Aspen, resi vincolanti dalla Commissione ai sensi dell'art. 9 del regolamento n. 1/2003 [56].

Seppure questo precedente rimanga al momento isolato nel panorama dell'*enforcement* a livello UE, e considerando comunque la consistente prassi che si sta consolidando in ambito nazionale, è possibile ricavare che l'analisi qualitativa dell'iniquità dei prezzi tenda a sostanziarsi come un accertamento *prima facie*, anch'esso fondato sostanzialmente sul parametro del rapporto tra costi e ricavi, potendosi così avvicinare alla valutazione dell'esistenza di una restrizione della concorrenza per oggetto nel diverso contesto dell'art. 101, par. 1, TFUE. Una pratica abusiva di sfruttamento dei prezzi potrebbe quindi violare l'art. 102, lett. a), TFUE ogniqualvolta il loro aumento risulti chiaramente ingiustificato in considerazione della natura dei prodotti interessati e delle condizioni strutturali del mercato rilevante. Ciò si verificherebbe, in particolare, in fattispecie in cui la concorrenza *inter-brand* risulti pressoché assente, specie in mercati di portata estremamente ridotta

---

[56] Regolamento (CE) n. 1/2003 del Consiglio, del 16 dicembre 2002, *concernente l'applicazione delle regole di concorrenza di cui agli articoli 81 e 82 del Trattato* (in *GUCE* L 1 del 4 gennaio 2003, pp. 1-25, e successivamente modificato).

nei quali si possono creare i presupposti per consistenti aumenti di prezzo di farmaci non protetti da brevetto, con conseguenze dannose per le spese dei sistemi sanitari nazionali e, in ultima analisi, per i pazienti. Inoltre, questi aumenti di prezzo sono spesso resi possibili da strategie che le aziende farmaceutiche attuano per aggirare le procedure di negoziazione dei prezzi, rispetto alle quali le competenti autorità di regolazione settoriali potrebbero non disporre di strumenti di intervento per adottare le misure adeguate. In casi diversi, invece, gli esiti ottenuti dal confronto tra costi e ricavi dovrebbero forse essere sottoposti ad ulteriore verifica, anche unitamente al ricorso ad altre metodologie di comparazione, poiché la nozione di iniquità dei prezzi in assoluto potrebbe risultare sfuggente e non trovare fondamento soltanto su elementi puramente concorrenziali, con la conseguenza che non sembrano potersi escludere, anche in questo ambito, casistiche necessariamente evolutive di applicazione del diritto antitrust.

5. L'impatto dell'emergenza pandemica da Covid-19 e alcune riflessioni prospettiche anche alla luce delle priorità dell'Unione europea della salute.

Il settore farmaceutico non poteva, evidentemente, non subire importanti conseguenze derivanti dalla crisi sanitaria creatasi a seguito dello scoppio della pandemia da Covid-19 all'inizio del 2020, i cui effetti sono destinati a ripercuotersi anche nei prossimi anni, pur essendo rientrata la fase emergenziale più acuta di questo evento di portata globale. Per quanto qui interessa, la stessa applicazione del diritto della concorrenza nell'industria in esame, di cui può ritenersi ormai una componente strutturale sulla base degli orientamenti sopra descritti, ha affrontato un necessario adattamento alle condizioni di mercato venutesi a creare durante la pandemia. In particolare, è stata limitata, secondo la nota metafora, la sua funzione quale "spada" e privilegiando quella di "scudo" per assicurare che le norme antitrust non creassero ostacoli giuridici all'instaurazione di forme di cooperazione tra le imprese che potessero apprestare soluzioni immediatamente applicabili per contrastare gli effetti dell'emergenza sanitaria ma, al contempo, evitando che le stesse non degenerassero, nel lungo periodo, in fattispecie marcatamente collusive. Come anche in altri settori e altri ambiti della politica di concorrenza, la Commissione europea è quindi intervenuta, nelle prime fasi della pandemia, con alcune comunicazioni volte a istituire un quadro temporaneo per la valutazione di progetti collaborativi finalizzati a porre rimedio alla carenza di prodotti e servizi essenziali [57] e ad orientare l'approvvigionamento di farmaci in modo razionale [58]. In seguito, è stato inoltre fatto ricorso ad un peculiare strumento che di rado è stato utilizzato dopo la modernizzazione della politica della concorrenza, vale a dire l'invio alle imprese di assicurazioni di conformità (c.d. *comfort letters*), in un primo caso destinata all'associazione di produttori di farmaci «*Medicines for Europe*», relativamente ad un progetto di cooperazione volontaria per fronteggiare il rischio di carenze di medicinali fondamentali ai fini del trattamento di pazienti affetti da Covid-19 [59], e in un secondo caso riguardante l'organizzazione di un evento di *networking* nel marzo 2021 con l'obiettivo di facilitare l'individuazione di modalità di collaborazione tra imprese farmaceutiche impegnate nella produzione dei vaccini e altre imprese di servizi per aumentare la capacità di produzione ed evitare carenze nella catena di approvvigionamento [60].

Se, quindi, il periodo di crisi determinato dalla pandemia ha imposto alla Commissione europea di diversificare il proprio approccio di *enforcement* del diritto antitrust in ragione dell'eccezionalità delle circostanze del momento storico, va altrettanto considerato che l'applicazione degli artt. 101-102 TFUE nel settore farmaceutico rappresenta un punto fermo anche nell'ampio quadro di riforma delle politiche sanitarie a livello UE, compendiato nella proposta di costruzione di un'Unione europea della salute che costituisce una delle priorità politiche del mandato dell'attuale Commissione presieduta da Ursula von der Leyen. In particolare, la già richiamata Strategia farmaceutica per l'Europa [61] riconosce e conferma il ruolo complementare delle norme in materia antitrust rispetto alla legislazione di settore, la quale sarà interessata da una sostanziale revisione allo scopo di tenere conto delle particolari condizioni di concorrenza nel mercato di rife-

---

[57] Comunicazione della Commissione, *Quadro temporaneo per la valutazione delle questioni in materia di antitrust relative alla cooperazione tra imprese volta a rispondere alle situazioni di emergenza causate dall'attuale pandemia di Covid-19* (in *GUUE* C 116 I dell'8 aprile 2020, pp. 7-10).

[58] Comunicazione della Commissione, *Orientamenti sull'approvvigionamento ottimale e razionale di farmaci per evitare carenze durante la pandemia di Covid-19* (in *GUUE* C 116 I dell'8 aprile 2020, pp. 1-6).

[59] European Commission, DG Competition, *Comfort letter: cooperation at a Matchmaking Event – Towards COVID-19 vaccines upscale production*, 25 March 2021.

[60] European Commission, DG Competition, *Comfort letter: coordination in the pharmaceutical industry to increase production and to improve supply of urgently needed critical hospital medicines to treat COVID-19 patients*, 8 April 2020.

[61] COM(2020) 761 final, cit.

rimento e di migliorare le condizioni di accesso ai farmaci, specie se generici [62].

Rispetto alle considerazioni sin qui svolte, che dimostrano come l'applicazione delle regole di concorrenza nel settore farmaceutico, secondo gli orientamenti individuati nella prassi della Commissione e della giurisprudenza della Corte di giustizia UE, si muova lungo binari progressivamente consolidati che permettono di modulare le forme di intervento anche in collaborazione con le autorità nazionali, è utile aggiungere alcune riflessioni conclusive, sebbene non definitive, sulla portata dello scrutinio antitrust nel mercato considerato. Appare infatti possibile ritenere che i principi derivanti dal c.d. approccio economico, maggiormente incentrato sull'impatto delle condotte sul mercato, siano stati solo parzialmente applicati nei casi esaminati, ciò potendo trovare una spiegazione nel fatto che l'industria farmaceutica è più ampiamente permeata da interessi pubblici che il solo criterio del benessere dei consumatori come obiettivo della politica di concorrenza non sarebbe in grado di includere. Ad esempio, le conseguenze negative provocate dalle condotte anticoncorrenziali dalle imprese farmaceutiche sui bilanci dei sistemi sanitari nazionali hanno fornito il fondamento per molte delle violazioni riscontrate nelle decisioni precedentemente citate, soprattutto laddove l'*enforcement* delle norme antitrust ha adottato una sorta di approccio "regolatorio" nella valutazione dei comportamenti contestati, come l'imposizione di prezzi eccessivi ed iniqui.

Un ulteriore elemento di carattere non economico a sostegno dell'intervento del diritto della concorrenza nel settore farmaceutico può risiedere nell'indebolimento strutturale del sistema brevettuale, a seguito del quale i diritti di privativa "forti" sui principi attivi dei farmaci stanno gradualmente perdendo importanza tra i fattori trainanti dell'innovazione. La frequente prassi di deposito di brevetti secondari per varianti chimiche, formulazioni alternative e dosaggi diversi, i quali creano una rete di rivendicazioni che si sovrappongono ai brevetti sui principi attivi, spesso sfocia in controversie giudiziarie tra le imprese *originator* e i produttori di farmaci generici che, nel lungo periodo, provoca un costante rallentamento nelle attività di ricerca e sviluppo. Simili fattispecie richiederebbero, quindi, un esercizio più intenso di controllo da parte delle autorità antitrust, in una sorta di rapporto inversamente proporzionale tra il diritto brevettuale e il diritto della concorrenza. In particolare, ciò sarebbe giustificato al fine di valutare come i titolari dei brevetti "deboli" esercitino il potere di mercato derivante da tali diritti, cer-

[62] *Ivi*, pp. 7-8.

cando così di individuare eventuali condotte anticoncorrenziali volte ad impedire che i diritti di privativa, sebbene possano essere legalmente conferiti in forza del sistema brevettuale applicabile, siano in realtà in grado di pregiudicare non solo i consumatori, ma più in generale la stessa concorrenza dinamica nel settore.

Infine, in un ordinamento integrato come quello UE, fondato sul principio della libera circolazione, è necessario considerare come l'obiettivo di realizzazione del mercato interno non possa essere posto in secondo piano rispetto ad altre finalità di carattere puramente economico e di benessere del consumatore. Queste ultime, infatti, potrebbero non fornire giustificazioni sufficienti per sottoporre alla valutazione antitrust alcune pratiche, come le restrizioni al commercio parallelo, che possono avere effetti ambivalenti sui consumatori finali stante la diversificazione dei prezzi dei farmaci nei singoli Stati membri, ma che producono conseguenze fortemente negative sulla compartimentazione del mercato interno. Inoltre, il perseguimento dell'obiettivo "mercantilistico" nel contesto del diritto della concorrenza è spesso valutato congiuntamente alla finalità di tutela della concorrenza in quanto tale, poiché entrambi hanno lo scopo di eliminare gli ostacoli al commercio e di produrre incrementi di efficienza anche da un punto di vista economico.

Appare pertanto possibile ritenere che il diritto europeo della concorrenza applicato al settore farmaceutico sia caratterizzato da una natura sfaccettata, che mantiene i diversi obiettivi di questa politica su un piano di parità, facendo proprio anche un approccio meno formalistico nella valutazione delle pratiche anticoncorrenziali in considerazione dei loro effetti reali sul piano dell'innovazione. A ciò si aggiunge una tendenza "interventista" che può essere giustificata, almeno in una certa misura, sulla base della necessità di apprestare possibili rimedi alle lacune normative della disciplina di settore e ai fallimenti di mercato dell'industria farmaceutica, che possono favorire condotte strategiche in violazione degli artt. 101-102 TFUE, tuttavia tracciando chiare linee di demarcazione con le altre branche del diritto che disciplinano il settore in questione, in particolare la regolazione e i principi di libera circolazione nel mercato interno.

Antitrust e rapporti di lavoro: un'economia sociale di mercato fortemente competitiva

Marco Inglese [*]

Sommario: 1. Introduzione: le piattaforme digitali in «un'economia sociale di mercato fortemente competitiva». – 2. Il regolamento sui mercati digitali. – 3. Il coordinamento dei diritti sociali dei lavoratori digitali. – 3.1. La proposta di direttiva sui lavoratori digitali. – 3.2. La direttiva sul salario minimo. – 3.3. La direttiva sull'equilibrio tra attività professionale e vita familiare. – 4. Il diritto antitrust e gli accordi collettivi dei lavoratori autonomi individuali. – 5. Conclusioni: preservare la competitività dei mercati digitali attraverso la tutela dei diritti sociali.

1. Introduzione: le piattaforme digitali in «un'economia sociale di mercato fortemente competitiva».

L'art. 3, par. 3, del Trattato sull'Unione europea (TUE), in seguito alla modifica operata dal Trattato di Lisbona, è una norma particolarmente evocativa. Nell'indicare gli obiettivi che l'Unione è chiamata a perseguire, sono elencati l'instaurazione del mercato interno e l'adoperarsi per lo sviluppo sostenibile che sia basato su «un'economia sociale di mercato fortemente competitiva che mira alla piena occupazione e al progresso sociale» [1]. È noto

---

[*] Ricercatore di Diritto dell'Unione europea, Università degli Studi di Parma, email: marco.inglese@unipr.it. Dipartimento di Giurisprudenza, Studî Politici e Internazionali, Dipartimento di Eccellenza 2023-2027, finanziato con fondi del Ministero dell'Università e della Ricerca.

[1] Per l'importanza che l'art. 3, par. 3, TUE riveste per il presente scritto, è opportuno riportare interamente il testo della norma. «L'Unione instaura un mercato interno. Si adopera per lo sviluppo sostenibile dell'Europa, basato su una crescita economica equilibrata e sulla stabilità dei prezzi, su un'economia sociale di mercato fortemente competitiva, che mira alla piena occupazione e al progresso sociale, e su un elevato livello di tutela e di miglioramento della qualità dell'ambiente. Essa promuove il progresso scientifico e tecnologico. L'Unione

che detta formula è stata inserita su suggerimento della delegazione tedesca al fine di rendere maggiormente visibile l'approccio sociale dell'Unione anche in mancanza di una specifica attribuzione di competenza sul punto mentre quella francese ha proposto di relegare nel Protocollo 27 l'affermazione che «il mercato interno [...] comprende un sistema che assicura che la concorrenza non sia falsata».

L'art. 7 del Trattato sul funzionamento dell'Unione europea (TFUE) sancisce il principio di coerenza tra le politiche e le azioni dell'Unione e l'art. 9 TFUE menziona, *inter alia*, la «garanzia di un'adeguata protezione sociale». Di conseguenza, il combinato disposto delle due norme dovrebbe trovare applicazione sia nelle valutazioni antitrust sia nell'adozione degli atti legislativi, in special modo per quanto concerne la materia dei diritti sociali [2]. Tuttavia, l'art. 4, par. 2, lett. b), TFUE, nell'indicare le competenze concorrenti, si riferisce genericamente alla politica sociale ma solo per gli aspetti definiti dal TFUE stesso [3]. Ciò rimanda al Titolo X del TFUE che si apre con il richiamo alla Carta sociale europea del 1961 e alla Carta comunitaria dei diritti sociali fondamentali dei lavoratori del 1989 [4]. L'art. 151 TFUE, nel

---

combatte l'esclusione sociale e le discriminazioni e promuove la giustizia e la protezione sociali, la parità tra donne e uomini, la solidarietà tra le generazioni e la tutela dei diritti del minore. Essa promuove la coesione economica, sociale e territoriale, e la solidarietà tra gli Stati membri. Essa rispetta la ricchezza della sua diversità culturale e linguistica e vigila sulla salvaguardia e sullo sviluppo del patrimonio culturale europeo». In riferimento all'economia sociale di mercato fortemente competitiva, si rimanda a G. CONTALDI, *Il significato attuale dell'economia sociale di mercato nell'ordinamento dell'Unione europea*, in *Ord. int. dir. um.*, 2018, pp. 544-564; P. DE PASQUALE, *L'economia sociale di mercato nell'Unione europea*, in *Studi int. eur.*, 2014, pp. 265-278; A. PREDIERI, *Economia sociale di mercato nell'Europa di Maastricht*, in *Dir. comm. int.*, 1995, pp. 531-551; G.L. TOSATO, *Appunti in tema di economia sociale di mercato*, in AA.VV., *Scritti in onore di Giuseppe Tesauro*, Napoli, 2014, pp. 2509-2517. Per un'ampia ricostruzione dell'economia sociale di mercato rispetto alle professioni liberali, e più in generale, nel mercato interno, si rimanda a E. AMBROSINI, *Le marché intérieur des professions libérales et la protection des droits fondamentaux*, thése de doctorat, Université de Strasbourg, 2016.

[2] M.E. BARTOLONI, *The Horizontal Social Clause in a Legal Dimension*, in F. IPPOLITO-M.E. BARTOLONI-M. CONDINANZI (eds.), *The EU and the Proliferation of Integration Principles under the Lisbon Treaty*, Abingdon, 2019, pp. 83-105.

[3] M. MANFREDI, *La promozione e la tutela dei diritti economici e sociali nell'Unione europea*, Bari, 2022, pp. 9-49.

[4] Per una ricostruzione di carattere generale, v. P. BILANCIA, *Per uno spazio europeo dei diritti sociali*, in P. BILANCIA (a cura di), *La dimensione europea dei diritti sociali*, Torino, 2019, pp. 1-24; E. TRIGGIANI, *La complessa vicenda dei diritti sociali fondamentali nell'Unione europea*, in *Studi int. eur.*, 2014, pp. 9-33.

declinare gli obiettivi sociali dell'Unione, li ricollega, ad ogni buon conto, alla diversità delle prassi nazionali ma anche all'evoluzione del mercato interno. L'art. 153 TFUE fa riferimento alle azioni di sostegno e completamento che l'Unione può porre in essere in alcuni settori – indicativamente, la sicurezza e la protezione sociale, l'informazione e la consultazione, la parità tra uomini e donne – specificando, al par. 2, che solo in alcune di esse è possibile adottare direttive attraverso la procedura legislativa ordinaria mentre, in altre, è previsto l'utilizzo della procedura legislativa speciale con il voto all'unanimità in Consiglio. Complessivamente intesa, la norma da ultimo richiamata restituisce un'immagine di particolare cautela da parte degli Stati membri, a testimonianza della loro ritrosia a cedere ulteriori porzioni di sovranità per quanto concerne l'assetto dei diritti sociali. Detta immagine è, per di più, confermata dalla Carta dei diritti fondamentali dell'Unione europea (la Carta), il cui Titolo IV, rubricato «Solidarietà», nell'elencarne taluni – sui quali si tornerà *infra* – rinvia puntualmente al rispetto delle prassi e delle legislazioni nazionali.

Dal canto suo, tra le deroghe previste all'applicabilità dell'art. 101 TFUE non si rinviene alcuna menzione di esigenze sociali, seppur latamente intese, l'unico riferimento essendo ascrivibile al «progresso tecnico ed economico». Sul punto, come si vedrà meglio nel corso della trattazione, è stata la Corte di giustizia a tratteggiare le esigenze sociali come possibili deroghe all'operatività dell'art. 101 TFUE.

La breve panoramica normativa appena tracciata consente di delimitare l'obiettivo del presente Capitolo all'analisi delle tensioni tra, da un lato, le norme antitrust applicabili alle imprese[5] e, segnatamente, gli artt. 101-102 TFUE e, dall'altro, il tentativo di miglioramento dei diritti sociali. Essi, infatti, sembrano progressivamente avanzare e svilupparsi quale possibile limite naturale all'operatività del diritto antitrust e, *in extenso*, del buon funzionamento del mercato interno. Su quest'ultimo profilo si innesta, da ultimo, un ulteriore elemento di complessità.

Se è vero che il buon funzionamento e il completamento del mercato interno costituiscono, almeno a partire dall'Atto unico europeo, uno degli obiettivi consustanziali dello sviluppo dell'ordinamento giuridico dell'allora Comunità, esso ha subito profondi mutamenti nell'ultima decade[6]. La c.d.

[5] Sugli obiettivi generali del diritto antitrust, P. MANZINI, *Diritto antitrust dell'Unione europea*, Torino, 2023, pp. 28-37.

[6] Comunicazione della Commissione al Parlamento europeo, al Consiglio, al Comitato economico e sociale europeo e al Comitato delle Regioni – *30 anni di mercato unico*, COM(2023) 162 final. V. anche Comunicazione della Commissione al Parlamento europeo,

servitisation dell'industria[7], l'accento verso la transizione digitale e, di conseguenza, la creazione di nuove opportunità per le imprese e per i consumatori – anche in stretta sinergia con la transizione ecologica – hanno evidenziato la necessità di nuove esigenze di regolazione e di tutela. Le piattaforme digitali, infatti, presentano alcune caratteristiche peculiari rintracciabili nell'uso massiccio e nell'accumulazione di dati personali, nella presenza su mercati multilaterali, nello sfruttamento di effetti di rete e di economie di scala oltre che nella loro intrinseca capacità di adattare rapidamente le proprie modalità operative e il proprio modello di business agli sviluppi tecnologici, creando, quindi, maggiori opportunità per i consumatori e per i lavoratori[8]. D'altro canto, esse si caratterizzano per alcune dinamiche altrettanto classiche, suscettibili di violare, quantomeno in astratto, il diritto antitrust, tra cui, *the winner takes it all* – con ciò portando ad elevatissime concentrazioni in mano ad alcune c.d. *big tech* tra cui, Google, Amazon, Facebook (ora Meta), Apple e Microsoft (c.d. GAFAM[9]) – e il tipico effetto *lock in* per il quale l'utente, prestatore di servizio o consumatore che sia, è scoraggiato dal migrare verso altri potenziali concorrenti. In altre parole, la piattaforma già presente sul mercato rilevante si avvicina, spesso in breve tempo, a detenare una posizione dominante.

Il quadro sin qui tratteggiato, quindi, consente di delimitare l'oggetto del presente Capitolo alle tensioni tra diritto antitrust e diritti sociali nel mercato unico digitale[10]. Nel far ciò, innanzitutto, ne viene ricostruito lo sviluppo,

---

al Consiglio al Comitato economico e sociale europeo e al Comitato delle Regioni – *Verso un atto per il mercato unico. Per un'economia sociale di mercato altamente competitiva. 50 proposte per lavorare, intraprendere e commerciare insieme in modo più adeguato*, COM (2010) 608.

[7] J. HOJNIK, *The Servitization of Industry: EU Law Implications and Challenges*, in *Comm. Market Law Rev.*, 2016, pp. 1575-1623.

[8] Comunicazione della Commissione al Parlamento europeo, al Consiglio, al Comitato economico e sociale europeo e al Comitato delle Regioni – *Strategia per il mercato unico digitale in Europa*, COM(2015) 192 finale. V. anche Comunicazione della Commissione al Parlamento europeo, al Consiglio, al Comitato economico e sociale europeo e al Comitato delle Regioni – *Sulla revisione intermedia dell'attuazione della strategia per il mercato unico digitale Un mercato unico digitale connesso per tutti*, COM(2017) 228 final.

[9] A. GERBRANDY, *General Principles of European Competition Law and the 'Modern Bigness' of Digital Power: The Missing Link between General Principles of Public Economic Law and Competition Law*, in U. BERNITZ-X. GROUSSOT-J. PAJU-S. DE VRIES (eds.), *General Principles of EU Law and the EU Digital Order*, Alphen an den Rijn, 2020, pp. 299-313.

[10] Sono escluse dalla presente trattazione le tensioni tra il diritto antitrust e i servizi di in-

con particolare riferimento agli interventi normativi che ne stanno segnando la direzione, su tutti il regolamento 2022/1925 sui mercati digitali [11], e alla giurisprudenza della Corte. Poi, si esaminano gli atti applicabili ai prestatori di servizi che, a seconda delle loro caratteristiche specifiche, possono essere considerati lavoratori ovvero lavoratori autonomi individuali. Per i primi, infatti, sono rilevanti la proposta di direttiva sui lavoratori digitali [12], la direttiva 2022/2041 sul salario minimo [13] e la direttiva 2019/1138 sull'equilibrio tra attività professionale e vita familiare [14]. Per i secondi, invece, in funzione del riequilibrio tra diritti sociali e applicazione delle norme antitrust, la contrattazione collettiva non rientra nel campo di applicazione dell'art. 101 TFUE, secondo i recenti orientamenti della Commissione [15]. Si sottolinea, da ultimo, che gli atti testé menzionati si pongono nel solco della solenne proclamazione del Pilastro europeo dei diritti sociali [16].

Il criterio guida dell'analisi è costituito dalla giurisprudenza della Corte

---

teresse economico generale secondo gli artt. 14 e 106 TFUE. Sul punto si rimanda integralmente a D. GALLO, *I servizi di interesse economico generale. Stato, mercato e welfare nel diritto dell'Unione europea*, Milano, 2011 e D. GALLO, *Public Services and EU Competition Law. The Social Market Economy in Action*, Abingdon, 2021. V. anche G. DE BURCA (ed.), *EU Law and the Welfare State. In Search of Solidarity*, Oxford, 2005; M. DOUGAN-E. SPAVENTA, *Social Welfare and EU Law*, Oxford, 2005; M. KRAJEVSKI-U. NEERGAARD-J. VAN DE GRONDEN (eds.), *The Changing Legal Framework for Services of General Interest in Europe: Between Competition and Solidarity*, Cham, 2009.

[11] Regolamento (UE) 2022/1925 del Parlamento europeo e del Consiglio del 14 settembre 2022 *relativo a mercati equi e contendibili nel settore digitale e che modifica le direttive (UE) 2019/1937 e (UE) 2020/1828 (regolamento sui mercati digitali)*, in *GU* L 265 del 12 ottobre 2022, pp. 1-66.

[12] Proposta di direttiva del Parlamento europeo e del Consiglio *relativa al miglioramento delle condizioni di lavoro nel lavoro mediate piattaforme digitali*, COM(2021) 762 final.

[13] Direttiva (UE) 2022/2041 del Parlamento europeo e del Consiglio del 19 ottobre 2022 *relativa a salari minimi adeguati nell'Unione europea*, in *GU* L 275 del 25 ottobre 2022, pp. 33-47.

[14] Direttiva (UE) 2019/1158 del Parlamento europeo e del Consiglio, del 20 giugno 2019, *relativa all'equilibrio tra attività professionale e vita familiare per i genitori e i prestatori di assistenza e che abroga la direttiva 2010/18/UE del Consiglio*, in *GU* L 188 del 12 luglio 2019, pp. 79-93.

[15] Comunicazione della Commissione – *Orientamenti sull'applicazione del diritto della concorrenza dell'Unione agli accordi collettivi concernenti le condizioni di lavoro dei lavoratori autonomi individuali*, COM(2022) 6846 final.

[16] Comunicazione della Commissione al Parlamento europeo, al Consiglio, al Comitato economico e sociale europeo e al Comitato delle Regioni – *Istituzione di un pilastro europeo dei diritti sociali*, COM(2017) 250 final.

di giustizia la quale ha determinato, da un lato, la nozione di impresa secondo la sentenza *Höfner e Elser*[17] e, dall'altro, quella di lavoratore subordinato, secondo la sentenza *Lawrie Blum*[18]. Per contro, la Corte non ha, almeno sinora, interpretato la nozione di economia sociale di mercato fortemente competitiva[19]. In conclusione, si sostiene che le tensioni tra diritto antitrust e diritti sociali dei lavoratori debbano ricomporsi – o, se si vuole, bilanciarsi – attraverso i più recenti interventi legislativi.

2. Il regolamento sui mercati digitali.

Il regolamento 2022/1925 intende garantire l'equità e la contendibilità dei mercati digitali, i quali, a loro volta, come anticipato nel paragrafo precedente, si caratterizzano per essere particolarmente suscettibili a dinamiche anticoncorrenziali e, quindi, potenzialmente contrarie agli artt. 101 e 102 TFUE[20]. Le imprese *big tech*, infatti, sono riuscite a creare nuovi mercati e, di conseguenza, a imporsi come *gatekeeper*[21] nella misura in cui forniscono servizi di piattaforma di base. In tal modo, esse determinano in maniera unilaterale la condotta sul mercato, comportando squilibri, pratiche sleali e

---

[17] Corte giust. 23 aprile 1991, C-41/90, *Höfner e Elser*. Da ultimo, su attività che, invece, non rispondono al canone dell'impresa, Corte giust. 11 giugno 2020, C-262/18 P, *Commissione e Slovacchia* c. *Dovera*.

[18] Corte giust. 3 luglio 1986, causa 66/85, *Lawrie-Blum*.

[19] In realtà, la formula compare in poche sentenze e in molte conclusioni degli Avvocati generali, ancorché nelle materie più disparate. Tra le più recenti, si vedano, a puro titolo esemplificativo e senza pretesa di esaustività: conclusioni dell'Avvocato generale Szpunar del 15 luglio 2021, C-261/20, *Thelen Technopark*; Conclusioni dell'Avvocato generale Pitruzzella del 16 luglio 2020, C-372/19, *SABAM*; Corte giust. 21 dicembre 2016, C-201/15, *Iraklis*; Conclusioni dell'Avvocato generale Bot del 3 settembre 2015, C-121/14, *Regno Unito* c. *Parlamento e Consiglio*; Conclusioni dell'Avvocato generale Kokott del 30 gennaio 2014, C-557/12, *KONE*; Conclusioni dell'Avvocato generale Villalon del 5 maggio 2010, C-515/08, *Santos Palhota*; Conclusioni dell'Avvocato generale Wathelet del 15 gennaio 2014, C-533/12 P e C-536/12 P, *Corsica Ferries*.

[20] Per una ricostruzione del regolamento sui mercati digitali, P. MANZINI, *Equità e contendibilità dei mercati digitali: il* Digital Markets Act, in G. CAGGIANO-G. CONTALDI-P. MANZINI (a cura di), *Verso una legislazione europea su mercati e servizi digitali*, Bari, 2021, pp. 99-122.

[21] Il sostantivo compare per la prima volta nel secondo considerando del regolamento sui mercati digitali, accompagnato dalla dizione italiana di «controllore dell'accesso». In seguito, il regolamento usa esclusivamente la versione inglese.

condizioni inique tanto per i concorrenti quanto per gli utenti. Un ulteriore livello di difficoltà si rinviene, poi, nella determinazione del mercato rilevante poiché le piattaforme, per la loro stessa natura, operano e competono su mercati multilateriali estremamente diversificati [22]. Ciò si ripercuote inevitabilmente non solo sui potenziali concorrenti sul mercato rilevante ma anche sul benessere dei consumatori, le cui scelte non risultano più libere di orientarsi verso il prodotto o servizio migliore [23].

Il regolamento sui mercati digitali, quindi, si configura come un atto adottato per il buon funzionamento del mercato interno e per il ravvicinamento delle legislazioni nazionali, dunque basato sull'art. 114 TFUE, ma con un evidente intento di garantire il libero gioco della concorrenza, senza per ciò solo pregiudicare l'applicazione degli artt. 101 e 102 TFUE. Ora, è noto che gli artt. 101 e 102 TFUE si applicano alle imprese e che la giurisprudenza della Corte, nel tempo, ne ha fornito una nozione particolarmente ampia, al punto da ricomprendervi tutte quelle entità che offrono beni e servizi in un dato mercato in cambio di un corrispettivo economico. In proposito, è importante evidenziare, in prima battuta, che la regolamentazione dei mercati digitali si attaglia esattamente sulla condotta delle piattaforme che si configurano come imprese [24], escludendo dal proprio campo di applicazione quelle – per lo più rientranti nel concetto di economia della condivisione (c.d. *sharing economy*) – che operano in maniera del tutto passiva, limitandosi a intermediare, senza guadagno e senza imporre particolari condizioni qualitative o prestazionali, agli utenti, i quali, a loro volta, condividono beni e servizi [25]. Il che, se da un punto di vista economico sembra essere ragionevole, potrebbe esserlo meno sotto un profilo strettamente giuridico e di certezza del diritto. Si prenda una piattaforma come BlaBlaCar che mette in comunicazione utenti non professionali che semplicemente compartecipano alle spese di un viaggio extraurbano. In questo contesto, la piattaforma si li-

---

[22] J.-U. FRANCK-M. PEITZ, *Market Definition in the Platform Economy*, in *Cambr. Year. Eur. Leg. Stud.*, 2021, pp. 91-127.

[23] A. ALBORS-LLORENS, *Competition and Consumer Law in the European Union: Evolution and Convergence*, in *Year. Eur. Law*, 2014, pp. 163-193.

[24] D. ADAMSKI, *Lost on the Digital Platform: Europe's Legal Travails with the Digital Single Market*, in *Comm. Market Law Rev.*, 2018, pp. 719-751. V. anche A. RENDA, *Single Market 2.0: The European Union as a Platform*, in S. GARBEN-I. GOVAERE (eds.), *The Internal Market 2.0*, Oxford, 2020, pp. 187-212.

[25] Sia consentito un rinvio di carattere generale a M. INGLESE, *Regulating the Collaborative Economy in the European Union Digital Single Market*, Cham, 2019. Per ulteriori approfondimenti, V. HATZOPOLOUS, *The Collaborative Economy and EU Law*, Oxford, 2018.

mita a intermediare, non crea, quindi, un mercato, ma ben potrebbe adottare condotte volte a limitarne la contendibilità a potenziali imprese concorrenti, per es., restringendo la possibilità di migrare da una piattaforma all'altra senza poter importare il proprio punteggio di gradimento (c.d. *rate&review*, R&R).

L'obiettivo di «garantire che i mercati in cui sono presenti *gatekeeper* siano e rimangano equi e contendibili, indipendentemente dagli effetti reali, potenziali o presunti sulla concorrenza in un dato mercato derivanti dal comportamento di un dato *gatekeeper*» [26] è, quindi, di vitale importanza per evitare che la concorrenza sia distorta. A tal fine, bisogna rilevare come i *gatekeeper* siano gravati da obblighi specifici per evitare il consolidamento di una posizione dominante e, in ultima analisi, un potenziale abuso della stessa. Il che, a ben vedere, è in continuità con il regolamento che promuove equità e trasparenza per gli utenti commerciali di servizi di intermediazione online [27], il cui obiettivo è il riequilibrio delle posizioni degli utenti commerciali rispetto alle piattaforme poiché i primi sono, di fatto, in posizione *debole* rispetto alle seconde.

Ai fini della presente trattazione, alcune disposizioni del regolamento in esame devono essere puntualmente richiamate per comprendere l'intreccio tra l'obiettivo di non distorcere la concorrenza, il buon funzionamento del mercato interno e le esigenze sociali dei lavoratori delle piattaforme. Innanzitutto, l'art. 2, par. 1, definisce *gatekeeper* «un'impresa che fornisce servizi di piattaforma di base» per poi elencarne, al successivo par. 2, alcune manifestazioni quali «servizi di intermediazione online», i quali, a loro volta, secondo il regolamento che promuove equità e trasparenza, sono da considerarsi «servizi della società dell'informazione» secondo l'omonima direttiva 2015/1535 [28]. Chiariti questi profili, l'art. 3 attribuisce la posizione di *gatekeeper* a un'impresa che ha un impatto significativo sul mercato interno, «fornisce un servizio di piattaforma di base che costituisce un punto di accesso (*gateway*) importante affinché gli utenti commerciali raggiungano gli utenti finali» e «detiene una posizione consolidata e duratura, nell'ambito

---

[26] Regolamento sui mercati digitali, 11° considerando.

[27] Regolamento (UE) 2019/1150 del Parlamento europeo e del Consiglio, del 20 giugno 2019, *che promuove equità e trasparenza per gli utenti commerciali dei servizi di intermediazione online*, in *GU* L 186 del 11 luglio 2019, pp. 57-79.

[28] Direttiva (UE) 2015/1535 del Parlamento europeo e del Consiglio, del 9 settembre 2015, *che prevede una procedura d'informazione nel settore delle regolamentazioni tecniche e delle regole relative ai servizi della società dell'informazione*, in *GU* L 241 del 17 settembre 2015, pp. 1-15.

delle proprie attività, o è prevedibile che acquisisca siffatta posizione nel prossimo futuro».

Ora, considerando che il regolamento sui mercati digitali è appena entrato in vigore e che non si registrano sentenze sul regolamento per gli utenti commerciali, occorre riferirsi alla giurisprudenza della Corte di giustizia formatasi in precedenza.

AirBnB, piattaforma di intermediazione che opera nel settore dell'intermediazione immobiliare per locazioni turistiche di breve durata, è stata già oggetto di diverse pronunce da parte della Corte, in particolare con la sentenza *AirBnB Ireland*[29]. Esaminando, dunque, la giurisprudenza sul punto, è possibile ricavare alcuni punti fermi: *i*) AirBnB è un servizio della società dell'informazione secondo l'omonima direttiva 2015/1535 e *ii*) esso gode, quindi, del regime di libera circolazione stabilito dalla direttiva 2000/31 sul commercio elettronico[30]. Di conseguenza, rimane da capire se AirBnB possa essere qualificato come *gatekeeper* secondo il regolamento la cui applicazione inizia a decorrere dal 2 maggio 2023 e che impone alle piattaforme un obbligo di notifica alla Commisione. Ad oggi risulta che AirBnB abbia un fatturato annuo di 8,5 USD[31] e che abbia, nel periodo 1° agosto 2022-31 gennaio 2023 un numero di utenti medi pari a 30,6 milioni[32]. Tuttavia, al momento, non è dato sapere se AirBnB abbia ottemperato all'obbligo di notifica.

In caso positivo, esso dovrà adempiere agli obblighi imposti dal regolamento per evitare che le proprie condotte sul mercato siano considerate sleali o che limitino la contendibilità del mercato rilevante (art. 5). In particolare, l'art. 5, par. 4, impone il divieto di c.d. *multihoming* – ossia, la possibilità per l'utente di operare simultaneamente attraverso più piattaforme – mentre il par. 9 indica gli obblighi di trasparenza rispetto ai servizi di pubblicitari. Entrambi profili erano già presenti nel regolamento sugli utenti commerciali delle piattaforme.

Un altro problema che sembra potersi verificare con il regolamento sui mercati digitali è il coordinamento con la direttiva 2015/1535 sui servizi del-

---

[29] Corte giust. 19 dicembre 2019, C-390/18, *AirBnB Ireland.*

[30] Direttiva 2000/31/CE del Parlamento europeo e del Consiglio dell'8 giugno 2000 *relativa a taluni aspetti giuridici dei servizi della società dell'informazione, in particolare il commercio elettronico, nel mercato interno («Direttiva sul commercio elettronico»)*, in *GU* L 178 del 17 luglio 2000, pp. 1-16.

[31] https://news.airbnb.com/airbnb-q4-2022-and-full-year-financial-results (ultimo accesso 9 luglio 2023).

[32] https://www.airbnb.it/about/company-details (ultimo accesso 9 luglio 2023).

la società dell'informazione. In questo contesto, è nota la vicenda UberPoP che la Corte di giustizia, con la sentenza *Elite Taxi*[33], ha ritenuto non essere un servizio della società dell'informazione ma di trasporto e, di conseguenza, ricadente nelle ancora non esercitate competenze dell'Unione in materia. Tuttavia, a differenza di AirBnB, operativa in un solo segmento di mercato, Uber offre i propri servizi su più mercati, incluso quello del noleggio con conducente di auto di lusso e la consegna di pasti a domicilio. Rimarrebbe, quindi, da verificare l'operatività del regolamento sui mercati digitali rispetto a una singola attività dell'impresa, così come previsto dall'art. 3, par. 9[34].

Ora, alla luce delle suesposte argomentazioni, occorre comprendere come operare un bilanciamento tra, da un lato, il buon funzionamento dei mercati digitali e l'operatività degli artt. 101 e 102 TFUE, e dall'altro, i limiti al diritto antitrust rispetto ai rapporti di lavoro intermediati dalle piattaforme che siano considerate *gatekeeper*. Sul punto, è necessario cominciare a esaminare gli atti legislativi più rilevanti.

3. Il coordinamento dei diritti sociali dei lavoratori digitali.

È noto che l'allora Comunità economica europea non avesse una autonoma competenza in materia di diritti sociali. Purtuttavia, tra le prime preoccupazioni del legislatore comunitario, il coordinamento dei sistemi di sicurezza sociale per i lavoratori transfrontalieri – che, quindi, avevano esercitato il diritto alla libera circolazione secondo l'attuale art. 45 TFUE – al fine di favorirne la mobilità costituiva un campo di intervento privilegiato per il completamento del mercato comune.

Il punto di partenza è dato dalla circostanza che essi fossero lavoratori subordinati, secondo quanto chiarito dalla sentenza *Lawrie Blum*, rimasta a tutt'oggi punto di riferimento del canone della subordinazione. A ciò, in parallelo, si sono aggiunti ulteriori diritti, *in primis*, il principio di parità salariale tra uomini e donne.

Questa costruzione, seppur ancora valida per le attività salariate *offline*, rischia di dar luogo a incertezze per quelle *online*. Infatti, è complesso comprendere se l'attività prestata dal lavoratore digitale integri l'archetipo della

[33] Corte giust. 20 dicembre 2017, C-434/15, *Elite Taxi*.

[34] Sulla giurisprudenza *UberPop* e *AirBnB* in relazione alla proposta di regolamento sui mercati digitali, sia consentito un rinvio a M. INGLESE, *L'economia collaborativa tra la giurisprudenza della Corte di giustizia e le prime proposte di armonizzazione: verso il Digital Markets Act e il Digital Services Act*, in *Dir. Unione eur.*, 2020, pp. 843-872.

subordinazione. Se si dovessero scomporne i tipici caratteri – potere di direzione e controllo da parte del datore, assenza del rischio d'impresa da parte del lavoratore, remunerazione del primo nei confronti del secondo – non sarebbe agevole trovare una risposta. Innanzitutto, se è vero che l'attività viene prestata dietro retribuzione, non è chiaro se questa provenga dalla piattaforma ovvero dall'utente beneficiario. Anche sul rischio d'impresa pendono talune incertezze: se gli investimenti sono esigui, è difficile comprendere se assorbirli entro la categoria del rischio. Ancor più complessa l'idea di direzione e controllo: anche se la piattaforma impone dei requisiti minimi di qualità e di affidabilità, la valutazione sul loro rispetto è essenzialmente demandata all'utente fruitore tramite i sistemi R&R – al di sotto di una certa soglia, però, la piattaforma può escludere l'operatore, esercitando dei poteri *latu sensu* sanzionatori.

Al netto di queste osservazioni di carattere squisitamente empirico, il dato giuridico non è ancora sedimentato e i precedenti della Corte concernono le classiche attività lavorative *offline*.

Nel caso *FNV Kunsten*[35], riguardante alcuni musicisti di orchestra impiegati come turnisti da una agenzia per il lavoro, la Corte ha esplicitamente affermato che detta attività è svolta con carattere subordinato e che la qualificazione nazionale, ovvero derivante dal contratto in essere tra le parti, può essere ridefinita sulla base di indicatori concreti. In altre parole, la Corte indaga sugli aspetti sostanziali della prestazione lavorative, facendo prevalere, come di consueto nella propria giurisprudenza, la sostanza sulla forma.

Le caratteristiche del lavoro prestato, *rectius*, intermediato da una piattaforma che, come si è visto *supra*, potrebbe assurgere al rango di *gatekeeper* presentano caratteri di specificità rispetto alla concezione classica di lavoro – sia esso autonomo o subordinato. In particolare, e senza soluzione di continuità, può trattarsi di lavoro che richieda qualificazioni elevate – si pensi alla traduzione di un testo giuridico – o meno, come nella consegna a domicilio di pasti. Ancora, può essere un lavoro che necessiti di un qualsivoglia investimento iniziale e una minima organizzazione – ad esempio, l'acquisto di *software* dedicati – oppure il mero possesso di una bicicletta. Il discrimine, quindi, non è tanto da rintracciarsi nella distinzione tra professioni liberali o meno – come accade invece per il campo di applicazione *ratione personae* degli artt. 45 e 56 TFUE – quanto, piuttosto, nelle modalità operative della prestazione svolta, nell'organizzazione imposta dalla piattaforma e, naturalmente, nei poteri che essa esercita.

---

[35] Corte giust. 4 dicembre 2014, C-413/13, *FNV Kunsten*.

In un contesto, dunque, di estrema atomizzazione dei rapporti di lavoro, è difficile individuare precisamente quali diritti sociali possano essere invocati. Il punto di partenza, naturalmente, è dato dalle disposizioni contenute nel Titolo IV della Carta. Tuttavia, posto che al momento non si riscontrano precedenti giurisprudenziali, nei mercati digitali è addirittura difficile comprendere chi sia la controparte contro la quale invocarle. Ne sono un esempio calzante il diritto all'informazione e alla consultazione *ex* art. 27 [36] nella misura in cui il datore di lavoro è ignoto, essendo tutte le prestazioni e le comunicazioni intermediate dai sistemi di *chat*. Invece, potrebbe essere più facile invocare l'art. 31 [37] riguardante le condizioni di lavoro e il diritto a periodi di riposo retribuiti. L'art. 28 [38], invece, potrebbe giocare un ruolo fondamentale negli accordi tra lavoratori autonomi individuali e le piattaforme, aspetto che sarà esplorato in seguito con specifico riferito ai potenziali effetti anticoncorrenziali degli accordi tra le associazioni rappresentative dei lavoratori e le imprese [39]. Infine, è ancora più complesso identificare le possibili ipotesi di licenziamento poiché la prassi ha messo in evidenza come le piattaforme non attuino dei licenziamenti *ex lege* ma si limitino, invece, a disattivare gli *account* o a bloccare le credenziali di accesso. Ma se il lavoratore non è subordinato, è ancora possibile parlare di potere sanzionatorio e di licenziamento da parte della piattaforma? Ancora una volta, qual è la genuina tutela offerta dall'art. 30 [40] della Carta?

Il quadro appena delineato, da un lato, rischia di compromettere i diritti sociali; dall'altro, mina la certezza del diritto, lasciando i rapporti tra gli individui e le piattaforme in un vuoto normativo. Non è quindi una coincidenza che, nell'ultimo triennio, il legislatore dell'Unione sia intervenuto con due direttive già adottate e una recente proposta con l'obiettivo dichiarato di

---

[36] F. DORSSEMONT, *Article 27 – Workers' Right to Information and Consultation within the Undertaking*, in S. PEERS-T. HERVEY-J. KENNER-A. WARD (eds.), *The EU Charter of Fundamental Rights – A Commentary*, 2nd edition, Oxford, 2021, pp. 779-800.

[37] A. BOGG-M. FORD, *Article 31 – Fair and Just Working Conditions*, in S. PEERS-T. HERVEY-J. KENNER-A. WARD (eds.), *The EU Charter of Fundamental Rights – A Commentary*, 2nd edition, Oxford, 2021, pp. 875-922.

[38] C. BARNARD, *Article 28 – Right of Collective Bargain and Action*, in S. PEERS, T. HERVEY, J. KENNER, A. WARD (eds.), *The EU Charter of Fundamental Rights – A Commentary*, 2nd edition, Oxford, 2021, pp. 801-826.

[39] V. par. 4.

[40] J. KERNER, *Article 30 – Protection in the Event of Unjustified Dismissal*, in S. PEERS-T. HERVEY-J. KENNER-A. WARD (eds.), *The EU Charter of Fundamental Rights – A Commentary*, 2nd edition, Oxford, 2021, pp. 837-874.

guidare le transizioni digitali verso una maggiore equità per i lavoratori. Fatto salvo il regime del regolamento generale sui dati personali [41], escluso dalla presente trattazione, occorre esaminare la proposta di direttiva sui lavoratori digitali, la direttiva sul salario minimo e la direttiva sull'equilibrio tra la vita professionale e la vita familiare.

3.1. La proposta di direttiva sui lavoratori digitali.

La proposta di direttiva sui lavoratori digitali intende creare un ecosistema di diritti che siano garantiti a coloro i quali prestano la propria attività lavorativa attraverso l'intermediazione delle piattaforme. In questo contesto, generalmente, si instaura una relazione triangolare tra la piattaforma stessa, l'utente prestatore e l'utente consumatore. Se la prima si colloca al vertice del triangolo, il quadro di riferimento non è più da rinvenirsi, ai fini della presente trattazione, nei diritti dei consumatori [42] ma nelle relazioni verticali tra la piattaforma e il prestatore. Un ulteriore elemento di complessità è dato dall'identificazione di quest'ultimo che, in via di prima approssimazione, può essere sussumibile in almeno tre diverse categorie giuridiche: *i*) lavoratore subordinato, *ii*) lavoratore autonomo, quindi, c.d. utente commerciale e, infine, *iii*) "falso" lavoratore autonomo con la conseguenza che ciò porta, eventualmente, a ricondurre il rapporto sub *i*). In verità, la dimensione più semplice è riscontrabile sub *ii*) e, infatti, è stata già oggetto del regolamento che promuove equità e trasparenza per gli utenti commerciali di servizi di intermediazione online [43].

Effettivamente, il nodo da sciogliere riguarda il regime giuridico applicabile all'individuo che offre la propria attività attraverso una piattaforma. In questo contesto, alcuni dei classici paradigmi della subordinazione e dell'autonomia sono stati costantemente offuscati dall'espansione dei mercati digi-

---

[41] Regolamento (UE) 2016/679 del Parlamento europeo e del Consiglio, del 27 aprile 2016, *relativo alla protezione delle persone fisiche con riguardo al trattamento dei dati personali, nonché alla libera circolazione di tali dati e che abroga la direttiva 95/46/CE (regolamento generale sulla protezione dei dati)*, in *GU* L 119, 4 maggio 2016, pp. 1-88.

[42] Sul punto, ci si permette di rinviare a M. INGLESE, *La protezione dei consumatori nel mercato unico digitale tra equilibri sedimentati e nuove esigenze*, in G. CAGGIANO-G. CONTALDI-P. MANZINI (a cura di), *Verso una legislazione europea su mercati e servizi digitali*, Bari, 2021, pp. 189-206.

[43] Ci si permette di rinviare a M. INGLESE, *La proposta di regolamento che promuove equità e trasparenza per gli utenti commerciali dei servizi di intermediazione* online: *tanto tuonò che piovve*, in *Studi int. eur.*, 2019, pp. 463-480.

tali e dalla differenziazione delle situazioni fattuali. Si pensi, a titolo di esempio, agli investimenti che l'individuo può sostenere per avviare la propria attività: potrebbero, indifferentemente, essere l'acquisto di un *software* per la traduzione di un traduttore *freelance* o di una bicicletta elettrica per il *rider* delle piattaforme di *food delivery*. Il secondo, in aggiunta, spesso deve anche munirsi delle livree della piattaforma e di dispositivi di sicurezza. Ancora, entrambi possono selezionare gli orari più confacenti alla propria attività in totale autonomia ma per il secondo è empiricamente rilevante che saranno le ore pasti quelle maggiormente redditizie, di fatto, comprimendo la possibilità di scegliere. Ancora, entrambi sono valutati per le loro capacità e la piattaforma ben potrà imporre loro determinati requisiti di qualità, affidabilità, velocità ecc., con la conseguenza che prestazioni ritenute insufficienti potranno portare a forme di sanzioni ritagliate sulle esigenze degli ecosistemi digitali quali, ad esempio, la sospensione o il blocco dell'*account*. Ancora, ci si potrebbe chiedere se la piattaforma consenta il c.d. *multihoming*, ossia la possibilità simultanea di essere presenti su più piattaforme – naturalmente, in concorrenza tra loro sul medesimo mercato rilevante – o meno.

Tutti questi profili convergono verso la necessità di certezza giuridica per l'utente prestatore *in primis* ma anche per la piattaforma stessa. E sono proprio questi gli scopi della proposta di direttiva. Infatti, essa intende migliorare le condizioni di lavoro degli individui stabilendo diritti minimi e aumentando la trasparenza dei processi decisionali. Ciò si riverbera sui profili definitori che, lo si ribadisce, assumono particolare pregnanza negli ecosistemi digitali. Infatti, si definisce «piattaforma di lavoro digitale: qualsiasi persona fisica o giuridica che fornisce un servizio commerciale che soddisfa tutti i requisiti seguenti: è fornito, almeno in parte, a distanza con mezzi elettronici [...]; è fornito su richiesta di un destinatario del servizio; comporta, quale componente necessaria ed essenziale, l'organizzazione dele lavoro svolto dalle persone fisiche [...]» (art. 2, par. 1). A ciò si aggiungono la nozione di lavoro mediante piattaforme digitali, di persona che svolge un lavoro mediante piattaforme digitali e di lavoratore delle piattaforme digitali. In particolare, il primo è «qualsiasi persona che svolge un lavoro mediante piattaforme digitali, indipendentemente dalla qualificazione contrattuale» (art. 2., par. 3) mentre il secondo è «qualsiasi persona che svolge un lavoro mediante piattaforme digitali e ha un contratto di lavoro o un rapporto di lavoro quali definiti dal diritto, dai contratti collettivi o dalle prassi in vigore negli Stati membri, tenuto conto della giurisprudenza della Corte di giustizia» (art. 2, par. 4).

L'asse portante della proposta di direttiva è, quindi, la corretta determinazione della situazione occupazionale, interamente disciplinata dal Capo II.

Sul punto, gli elementi essenziali sono i seguenti. In prima battuta, rileva la disposizione di cui all'art. 3, par. 2, secondo la quale la determinazione dell'esistenza di un rapporto di lavoro si basa «sui fatti relativi all'effettiva esecuzione del lavoro, tenuto conto dell'uso di algoritmi nell'organizzazione del lavoro mediante piattaforme digitali». La norma si configura come una classica manifestazione della prevalenza della sostanza sulla forma. L'art. 4, poi, introduce una presunzione legale dell'esistenza di un rapporto di lavoro nella misura in cui la piattaforma ne controlli l'esecuzione. Detto controllo è verificato attraverso l'esplicita indicazione di alcuni parametri quali la determinazione del livello della retribuzione, l'obbligo di rispettare regole sull'aspetto esteriore e il comportamento nei confronti del destinatario della prestazione, la supervisione dell'esecuzione, l'effettiva limitazione della libertà di organizzare il proprio lavoro – specie per quanto riguarda l'orario ovvero i periodi di assenza ma anche accettare o rifiutare incarichi – nonché la creazione di una propria clientela. Infine, l'art. 5 prevede la possibilità per entrambe le parti di confutare la presunzione *ex* art. 4. L'art. 8, invece, impone il riesame umano di decisioni significative, obbligando le piattaforme a designare una persona di contatto. Esse devono, poi, fornire per iscritto le motivazioni dei provvedimenti adottati nell'eventualità della sospensione della retribuzione. Ai fini della presunzione legale e della confutazione, l'art. 12 le obbliga a garantire l'accesso ai dati in proprio possesso, in particolare, per quanto riguarda il numero complessivo delle persone che svolgono attività lavorativa e i termini e le condizioni applicabili ai rapporti contrattuali. L'art. 18 si configura, invece, quale norma di chiusura poiché vieta il licenziamento dei soggetti che abbiano esercitato i diritti salvaguardati dall'atto. Infine, trattandosi di una proposta di direttiva relativa alla tutela dei diritti sociali, l'art. 20 sancisce chiaramente il principio di non regressione rispetto ai livelli di tutela più elevati eventualmente già presenti negli Stati membri.

Al momento in cui si scrive, non è dato sapere quando la proposta di direttiva sarà adottata. Complessivamente, essa si pone nel solco del Pilastro europeo dei diritti sociali, garantendo anche il dialogo sociale [44], e persegue forme di armonizzazione minima, largamente tributarie, da un lato, delle legislazioni e delle contrattazioni collettive nazionali e, dall'altro, del principio di prevalenza della sostanza sulla forma. E, a ben vedere, è proprio in quest'ultimo aspetto che se ne rinviene il valore aggiunto. Infatti, se le tran-

---

[44] Comunicazione della Commissione al Parlamento europeo, al Consiglio, al Comitato economico e sociale europeo e al Comitato delle Regioni, *Rafforzare il dialogo sociale nell'Unione europea: sfruttarne appieno il potenziale per gestire transizioni eque*, COM(2023) 40 final.

sizioni digitali pongono sfide inusitate – e, in larga parte, ancora aperte – ai legislatori, assumono particolare rilievo sia il principio della certezza del diritto sia la necessità di tutelare soggetti che appaiono intrinsecamente deboli. Ciò si riallaccia, in tutta evidenza, con la direttiva sul salario minimo, volta, in particolar modo, a contrastare il fenomeno del c.d. lavoro povero.

3.2. La direttiva sul salario minimo.

Strettamente correlata con la proposta di direttiva sui lavoratori digitali, la direttiva sui salari minimi si pone ugualmente nel solco della valorizzazione del concetto di «economia sociale di mercato fortemente competitiva» con lo scopo di migliorare le condizioni di lavoro. Infatti, sono richiamati, da un lato, i diritti contenuti nella Carta sociale europea e, dall'altro, le pertinenti norme della Carta e, in particolare, gli artt. 23, 27, 28 e 31. Lo sfondo, ancora una volta, è costituito dall'art. 9 TFUE. La direttiva parte da due rigorosi presupposti, rispettivamente, di carattere giuridico e fattuale [45]. Il primo, in ossequio ai principi di sussidiarietà e proporzionalità, caratterizza la direttiva come atto minimo, che non pregiudica né le competenze nazionali né le legislazioni eventualmente già presenti negli Stati membri. Dall'altro lato, rileva il riconoscimento che il lavoro e i mercati stanno mutando anche, ma non solo, a causa della trasformazione digitale. È sempre più presente il c.d. lavoro povero, ossia che non consente di vivere una vita dignitosa, e che si caratterizza per forme precarie e atipiche, a bassa retribuzione e a bassa qualifica. Inoltre, tra le esternalità negative della digitalizzazione, si rinviene l'atomizzazione del lavoratore che, di conseguenza, ha spostato il lavoro verso forme sempre meno sindacalizzate.

I considerando della direttiva richiamano in più parti i soggetti che hanno un rapporto di lavoro con le piattaforme digitali ma anche i c.d. «*falsi autonomi*» tanto è vero che i lavoratori autonomi non rientrano nel campo di applicazione della direttiva. Il che, in buona sostanza, pare confermare l'orientamento delle istituzioni – su cui si ritornerà nuovamente *infra* – volto a riequilibrare i rapporti tra le piattaforme digitali e gli utenti prestatori di servizi. Peraltro, come si è esaminato nel paragrafo precedente, vi è una decisa prevalenza della sostanza sulla forma nella determinazione della genuinità dei rapporti di lavoro. Ciò, a ben vedere, è uno degli aspetti salienti dell'economia delle piattaforme nella misura in cui, proprio a causa del loro rapido evolversi,

---

[45] Per un'analisi esaustiva, A. ARANGUIZ-S. GARBEN, *Combating Income Inequality in the EU: A Legal Assessment of a Potential EU Minimum Wage Directive*, in *Eur. Law Rev.*, 2021, pp. 156-174.

risulta particolarmente complesso per l'interprete incapsulare un determinato fenomeno nel campo di applicazione di una norma generale e astratta.

Per quanto riguarda gli elementi di maggiore importanza, la direttiva, in prima battuta, mira a promuovere la contrattazione collettiva sulla determinazione dei salari (art. 1, par. 1, lett. b). Poi, per quanto concerne l'ambito di applicazione, essa si rivolge ai lavoratori dell'Unione che hanno «un contratto di lavoro o un rapporto di lavoro quali definiti dal diritto, dai contratti collettivi o dalle prassi in vigore, in ciascuno Stato membro, tenendo conto della giurisprudenza della Corte di giustizia» (art. 2). E, ancora una volta, è evidente il coordinamento con la proposta di direttiva sui lavoratori delle piattaforme. Naturalmente, clausole di chiusura del genere, sono tributarie del riparto di competenze tra l'Unione e gli Stati membri che, però, giova ricordarlo, devono comunque esercitare le proprie nel rispetto del diritto dell'Unione. Ciò sarà tanto più vero poiché l'art. 17 della direttiva ne prevede il recepimento entro il 15 novembre 2024.

Inoltre, occorre sottolineare l'impatto dell'art. 16 che sancisce la clausola di non regressione secondo cui «la presente direttiva non costituisce un motivo valido per ridurre il livello generale di protezione già offerto ai lavoratori negli Stati membri, in particolare per quanto riguarda la riduzione o l'abolizione dei salari minimi». Di conseguenza, è evidente come la direttiva si ponga realmente come un atto rispettoso del principio di sussidiarietà.

Da ultimo, è interessante notare come essa si coordini, da un lato, con la proposta di direttiva sui lavoratori digitali e, dall'altro, come si collochi anche su diversi punti di tangenza con la direttiva sull'equilibrio tra attività professionale e vita familiare. Anche questi aspetti, infatti, presentano elementi di particolarità per i soggetti che offrono i propri servizi tramite l'intermediazione delle piattaforme.

3.3. La direttiva sull'equilibrio tra attività professionale e vita familiare.

L'ultimo atto che cerca, seppur in maniera indiretta come si vedrà *infra*, di riequilibrare i rapporti di lavoro intermediati dalle piattaforme digitali è la direttiva sull'equilibrio tra attività professionale e vita familiare. Frutto di una lunga gestazione istituzionale che ha incontrato più battute d'arresto [46],

[46] Á OLIVEIRA-M. DE LA CORTE-RODRIGUEZ-F. LÜTZ, *The New Directive on Work-Life Balance: Towards a New Paradigm of Family Care and Equality?*, in *Eur. Law Rev.*, 2020, pp. 295-323.

anche questa direttiva rispecchia lo schema di fondo dei due atti esaminati in precedenza, ponendosi nel solco del Pilastro europeo dei diritti sociali e creando norme di armonizzazione minima a favore dei lavoratori.

Di conseguenza, è lo status di lavoratore che rileva al fine di determinare il campo di applicazione *ratione personae* dell'atto in esame. Esso, infatti, non si applica al lavoratore autonomo. Effettivamente, essa parte dal presupposto che le c.d. forme di lavoro atipico – *part-time*, flessibili, a chiamata, ecc. – e il c.d. lavoro povero siano non solo sempre più diffuse ma che impieghino soprattutto le donne. Ciò, secondo la relazione di accompagnamento, contribuisce anche ad alimentare la disparità salariale nonostante, sin dalla nota sentenza *Defrenne*[47], l'attuale art. 157 TFUE, che sancisce la parità salariale tra uomini e donne sia dotato di effetto diretto.

In questo contesto specifico, l'art. 2 prevede che «la presente direttiva si applica a tutti i lavoratori, uomini e donne, che hanno un contratto di lavoro o un rapporto di lavoro quale definito dal diritto, dai contratti collettivi o dalla prassi in vigore in ciascuno Stato membro, tenendo conto della giurisprudenza della Corte di giustizia».

La direttiva sull'equilibrio tra attività professionale e vita familiare costituisce un altro fondamentale elemento del miglioramento delle condizioni di lavoro dei lavoratori digitali. Infatti, proprio nel solco della corretta definizione e, quindi, distinzione, tra autonomi e subordinati, essa offre a questi ultimi diritti aggiuntivi, in particolare per quanto concerne i congedi di paternità e parentali che non possono essere trasferiti alla donna lavoratrice.

In conclusione, sembra possibile affermare – stante, al momento l'assenza di pronunce della Corte – che la proposta di direttiva sui lavoratori digitali, la direttiva sul salario minimo e la direttiva sull'equilibrio tra attività professionale e vita familiare stanno contribuendo a una rinnovata sensibilità legislativa, nei confronti dei diritti sociali dei lavoratori; sensibilità che era andata affievolendosi durante la crisi dei debiti sovrani. Inoltre, i tre atti appena esaminati condividono il rispetto dei principi di sussidiarietà e di proporzionalità, ponendosi come forme di armonizzazione minima rispettose dei sistemi sociali degli Stati membri. Tuttavia, nell'economia delle piattaforme, l'altra figura preponderante è il lavoratore autonomo che, naturalmente, è soggetto a un regime differente. Rimane, dunque, da verificare lo status del lavoratore autonomo individuale il quale, a ben vedere, in alcune circostanze specifiche, si avvicina sensibilmente all'archetipo del lavoratore subordinato.

---

[47] Corte giust. 8 aprile 1976, causa 43/75, *Defrenne*.

4. Il diritto antitrust e gli accordi collettivi dei lavoratori autonomi individuali.

Finora sono stati analizzati gli atti legislativi volti a riequilibrare gli sviluppi più dirompenti dei mercati digitali con i diritti dei lavoratori delle piattaforme. Ma, come si è anticipato, anche la figura del lavoratore autonomo individuale è portatrice di istanze specifiche, poiché è noto che quest'ultimo sia assimilabile a un'impresa. Il punto di bilanciamento tra il diritto antitrust e i diritti sociali è dato dagli orientamenti della Commissione sugli accordi collettivi concernenti le condizioni di lavoro dei lavoratori autonomi individuali. Adottati di recente, motivo per il quale ancora non si registra una significativa prassi applicativa, essi escludono dall'applicazione degli artt. 101 e 102 TFUE determinati accordi collettivi tra lavoratori autonomi individuali che, altrimenti, sarebbero suscettibili di alterare il libero gioco della concorrenza [48].

Prima di esaminare gli orientamenti, è opportuno contestualizzarne l'adozione e la genesi. Il punto di partenza è che il lavoratore autonomo, secondo la consolidata giurisprudenza della Corte, è da considerarsi un'impresa [49]. Così è nella misura in cui egli sopporta un proprio rischio d'impresa, procede alla propria organizzazione imprenditoriale, e assume un comportamento autonomo sul mercato rilevante. Del resto, sul punto, non solo la giurisprudenza della Corte ha inteso la nozione di impresa in maniera particolarmente ampia ma, nel tempo, vi ha ricompreso un ampio novero di attività. In altre parole, si può tentare un paragone tra il campo di applicazione *ratione personae* dell'art. 45 TFUE, dedicato ai lavoratori subordinati secondo la nota formula della sentenza *Lawrie Blum*, e gli artt. 49 e 56 TFUE che riguardano sì le attività autonome ma, specificatamente, quelle di carattere industriale, commerciale, artigiane e delle libere professioni. Quindi, se il discrimine,

---

[48] N. COUNTOURIS-V. DE STEFANO-I. ILIANOS, *The EU, Competition Law and Workers Rights*, in S. PAUL-S. MCCRYSTAL-E. MCGAUGHEY (eds.), *The Cambridge Handbook of Labor in Competition Law*, Cambridge, 2022, pp. 280-298; H. VERSCHUEREN, *The European Internal Market and the Competition between Workers*, in *Eur. Lab. Law Jour.*, 2015, pp. 128-151.

[49] La giurisprudenza della Corte è particolarmente vasta e, nel tempo, ha preso in considerazione diverse forme di lavoro autonomo. Si veda, Trib. 26 ottobre 2010, T-23/09, *Conseil national de l'ordre des pharmaciens*; Corte giust. 10 dicembre 1991, C-179/90, *Merci convenenzionali porto di Genova*; Corte giust. 18 giugno 1998, C-35/96, *Commissione* c. *Italia*; Corte giust. 16 settembre 1999, C-22/98, *Becu*; Corte giust. 28 febbraio 2013, C-1/12, *Ordem dos Tecnicos Officiais*.

nel contesto che qui interessa, è dato più dalla subordinazione che dalla permanenza sul territorio dello Stato membro ospite ovvero dalla temporaneità della prestazione, rimane da comprendere come applicare detto paradigma ai prestatori di servizi intermediati dalle piattaforme digitali.

In prima battuta, gli orientamenti definiscono la nozione di lavoratore autonomo individuale come «una persona che non dispone di un contratto di lavoro o non ha in atto un rapporto di lavoro, e che per prestare i servizi in questione ricorre principalmente al proprio lavoro personale» (par. 1, nr. 2) mentre per piattaforma di lavoro digitale si intende «una persona fisica o giuridica che presta un servizio commerciale che soddisfa tutti i requisiti seguenti: *i*) è prestato, almeno in parte, a distanza per via elettronica [...]; *ii*) è prestato su richiesta di un destinatario del servizio; *iii*) comporta, come componente necessaria ed essenziale, l'organizzazione del lavoro svolto da singole persone, indipendentemente dal fatto che tale lavoro sia svolto online o presso un'ubicazione determinata». La definizione si muove sulla falsariga di quella della proposta di direttiva sui lavoratori digitali e, di tutta evidenza, richiama anche la nozione di servizio della società dell'informazione secondo la direttiva 2015/1535. Peraltro, detta definizione è allineata anche con quella di utente commerciale secondo il regolamento 2019/1150. Rimane da comprendere, come già accennato in precedenza, se la piattaforma di lavoro digitale possa assurgere al rango di *gatekepeer* secondo il regolamento sui mercati digitali.

Al netto delle questioni definitorie, sempre utili in una materia di rapidissima evoluzione come il mercato digitale, gli orientamenti partono dal presupposto della c.d. eccezione *Albany* letta in combinato disposto con la richiamata sentenza *FNV Kunsten*. Dunque, da un lato, secondo una lettura classica della sentenza *Albany*[50], è pur vero che la contrattazione collettiva tra le parti sociali che rappresentano i lavoratori subordinati e le imprese può portare a effetti distorsivi della concorrenza; dall'altro lato, se questi accordi collettivi perseguono, attraverso la loro natura e il loro oggetto, il miglioramento delle condizioni lavoro – *in primis*, per quanto concerne i salari e gli orari – non violano l'art. 101 TFUE. Tuttavia, l'eccezione *Albany* è applicata, naturalmente, agli accordi tra rappresentati dei lavoratori subordinati che, per definizione, non sono imprese. Si pone, quindi, la delicata questione di trovare un modo per renderla applicabile anche ai lavoratori autonomi e, in particolare, i «*falsi autonomi*» come individuati nella sentenza *FNV Kunsten*. La pronuncia della Corte esemplifica alcune condotte astrattamente

[50] Corte giust. 21 settembre 1999, C-67/96, *Albany*.

idonee a distinguere il lavoratore autonomo da quello che, invece, ne assume solo la parvenza, attraverso la presenza di poteri di direzione riguardanti l'orario, il luogo e il contenuto del lavoro, l'assenza di rischi commerciali, la durata della prestazione stessa e l'integrazione dell'individuo nell'impresa. È proprio questa la situazione dei lavoratori autonomi individuali che ricorrono al proprio lavoro personale, i quali non hanno un potere contrattuale indipendente nei confronti della controparte. Secondo gli orientamenti in commento, in sostanza, la posizione del lavoratore autonomo individuale è assimilabile a quella del subordinato e, di conseguenza, gli accordi tra di essi non violano l'art. 101 TFUE. Inoltre, è opportuno richiamare integralmente l'oggetto degli accordi in questione che riguardano «retribuzioni, premi e gratifiche, orario e modalità di lavoro, vacanze, ferie, spazi fisici in cui il lavoro si svolge, salute e sicurezza, assicurazione e previdenza sociale, nonché le condizioni alle quali i lavoratori autonomi individuali hanno diritto di interrompere la prestazione del servizio o alle quali la controparte ha il diritto di cessare di utilizzare i loro servizi» (art. 2.1, par. 15).

Soprattutto la cessazione del servizio da parte della piattaforma di lavoro digitale sembra destare particolari profili di criticità. Infatti, proprio a causa della formale inesistenza di un rapporto di lavoro, è possibile che il prestatore venga escluso dalla piattaforma perché il suo gradimento risulti al di sotto dei parametri di R&R. E questa è anche una delle ipotesi che devono essere presenti nelle relazioni contrattuali tra piattaforme e utenti commerciali secondo il regolamento 2019/1150.

In definitiva, gli orientamenti della Commissione si pongono nel solco della giurisprudenza della Corte che, nel corso del tempo, non ha applicato le norme antitrust agli accordi aventi per oggetto, finalità e natura un carattere sociale, volti quindi a migliorare le condizioni dei lavoratori e a sostanziare il concetto di «economia sociale di mercato fortemente competitiva». Ed effettivamente, il fatto che l'art. 101 TFUE non contenga una specifica deroga sul punto ma che la clausola orizzontale di cui all'art. 9 TFUE imponga la promozione di un livello elevato di occupazione, la garanzia di un'adeguata protezione sociale contribuisce a garantire la coerenza tra le varie politiche e azioni dell'Unione secondo l'art. 7 TFUE. Ciò, da ultimo, concorre a dare maggiore visibilità ai diritti sociali contenuti nel Titolo IV della Carta [51]

---

[51] Sull'applicabilità della Carta si rinvia, in generale, a N. LAZZERINI, *La Carta dei diritti fondamentali dell'Unione europea. I limiti di applicazione*, Milano, 2018. Per quanto concerne, nello specifico, i diritti sociali, invece, O. GERSTENBERG, *The Justiciability of Socio-economic Rights, European Solidarity, and the Role of the Court of Justice of the EU*, in *Year. Eur. Law*, 2014, pp. 245-276.

che, finora, lo si ricorda, non sono stati ancora invocati in controversie aventi ad oggetto i mercati digitali.

5. Conclusioni: preservare la competitività dei mercati digitali attraverso la tutela dei diritti sociali.

L'idea di una «economia sociale di mercato fortemente competitiva» è rimasta confinata in una dimensione eminentemente teorica e, finora, ha trovato scarni espliciti riconoscimenti sia nella giurisprudenza della Corte di giustizia sia nelle azioni della Commissione. Del resto, è noto come nel momento più critico della crisi dei debiti sovrani la compressione dei diritti sociali sia stata imposta non solo dall'insostenibilità del debito pubblico di alcuni Stati membri ma anche come mezzo per la ristrutturazione e il rientro del debito stesso a fronte delle clausole di condizionalità finanziaria dei prestiti erogati [52].

Eppure, con la proclamazione del Pilastro europeo dei diritti sociali e con gli atti che sono stati da esso ispirati, in concomitanza con lo sviluppo impetuoso dei mercati digitali e con le nuove esigenze dovute alla tutela dei lavoratori, da un lato, e, dall'altro, per evitare la creazione e il consolidamento di posizioni dominanti e, in generale, di condotte anticoncorrenziali, sembra che un cambio di passo inizi a intravedersi. Effettivamente, l'economia sociale di mercato non è stata presentata come un limite all'operatività del diritto antitrust ma come una sua componente, volta a massimizzare il benessere dei consumatori [53], ossia, dei cittadini [54]. Di conseguenza, la dicotomia tra le due parti della locuzione «economia sociale di mercato fortemente

---

[52] V. BORGER, *How the Debt Crisis Exposes the Development of Solidarity in the Euro Area*, in *Euro. Const. Law Rev.*, 2013, pp. 7-36; A. HINAREJOS PARGA, *Changes to Economic and Monetary Union and Their Effects on Social Policy*, in *Inter. Jour. Comp. Labour Law Ind. Rel.*, 2016, pp. 231-249; U. NEERGAARD, *'When Poverty Comes in at the Door, Love Flies Out the Window': The Influence of Eurozone Reforms upon the Social Dimension of the EU – And Vice Versa?*, in *Eur. Labour Law Jour.*, 2016, pp. 168-204; S. SCIARRA, *Il diritto sociale europeo al tempo della crisi*, in *Dir. Unione eur.*, 2015, pp. 757-776.

[53] A. HEINEMANN, *Social Considerations in EU Competition Law – The Protection of Competition as a Cornerstone of the Social Market Economy*, in D. FERRI-F. CORTESE (eds.), *The EU Social Market Economy and the Law: Theoretical Perspectives and Practical Challenges for the EU*, Abingdon, 2019, pp. 123-146.

[54] F. CENGIZ, *The Conflict between Market Competition and Worker Solidarity: Moving from Consumer to a Citizen Welfare Standard in Competition Law*, in *Legal Studies*, 2021, pp. 73-90.

competitiva» sembra da ascriversi più alla difficoltà di una sistemazione teorica della stessa – a partire dagli sviluppi della Scuola di Friburgo – che alla sua vera e propria operatività. In altre parole, seppur non sempre espressamente richiamata, essa inizia a innervare l'ordinamento giuridico dell'Unione europea, formandone il sostrato della sua costituzione economica [55]. Quanto tutto ciò abbia un effetto utile sulle posizioni soggettive dei singoli rimane da essere verificato attraverso l'analisi congiunta dell'attività legislativa della Commissione e della giurisprudenza della Corte. In proposito, se come noto le sentenze *Viking* [56] e *Laval* [57], e la loro progenie [58], furono criticate a causa dell'identificazione dei diritti sociali come restrizioni al mercato da esser fatte salve solo in presenza di un test di proporzionalità [59], adesso sembra pian piano che la prospettiva sia cambiata nella misura in cui le esigenze sociali siano già *internalizzate* negli atti di diritto derivato.

Per quanto la proclamazione del Pilastro europeo dei diritti sociali abbia lasciato, nel rispetto del riparto di competenze, l'organizzazione dei sistemi di protezione sociale agli Stati membri [60] che, naturalmente, devono esercita-

---

[55] G. CONTALDI, *Diritto europeo dell'economia*, Torino, 2019, pp. 1-27; M. LIBERTINI, *A «Highly Competitive Social Market Economy» as a Founding Element of the European Economic Constitution*, in *Conc. merc.*, 2011, pp. 491-507; G.M. RUOTOLO, *La costituzione economica dell'Unione europea al tempo della crisi globale*, in *Studi int. eur.*, 2012, pp. 433-461; C.E. O' SULLIVAN, *The EU Between Market State Ideals and Social Market Economy Objectives – Placing the Social Market Economy within the Union's Constitutional History*, in D. FERRI-F. CORTESE, *The EU Social Market Economy and the Law: Theoretical Perspectives and Practical Challenges for the EU*, Abingdon, 2019, pp. 17-29.

[56] Corte giust. 11 dicembre 2007, C-438/05, *Viking*.

[57] Corte giust. 18 dicembre 2007, C-341/05, *Laval*.

[58] In particolare, Corte giust., 3 aprile 2008, C-346/06, *Ruffert*; Corte giust. 19 giugno 2008, C-319/06, *Commissione* c. *Lussemburgo*; Corte giust. 15 luglio 2010, C-271/08, *Commissione* c. *Germania*.

[59] In particolare, L. AZOULAI, *The Court of Justice and the Social Market Economy: The Emergence of an Ideal and the Conditions for its Realization*, in *Comm. Market Law Rev.*, 2008, pp. 1335-1355.

[60] S. GARBEN, *The European Pillar of Social Rights: Effectively Addressing Displacement?*, in *Eur. Const. Law Rev.*, 2018, pp. 210-230; S. MUNOZ, *Striking a Balance between Competitiveness and Social Fairness – What Can We Expect from the European Pillar of Social Rights?*, in P. CHIOCCHETTI-F. ALLEMAND (eds.), *Competitiveness and Solidarity in the European Union*, Abingdon, 2018, pp. 265-288; P. RODIÈRE, *Le dévissement de l'Europe sociale – sur les «explication» du socle européen des droits sociaux par la Commission*, in *Rev. trim. droit. eur.*, 2018, pp. 45-58.

re detta competenza nel rispetto del diritto dell'Unione[61], l'attività legislativa della Commissione si è intensificata. Rimanendo alle proposte e agli atti più recenti è evidente come questi abbiano l'intento di colmare il *gap* creatosi nella tutela dei diritti sociali[62]. E se l'Unione ha sempre percepito sé stessa come deficitaria rispetto alla protezione dei diritti fondamentali – da cui il tentativo finora infruttuoso di adesione alla Convenzione europea per la salvaguardia dei diritti dell'uomo secondo l'art. 6 TUE – è necessario che ulteriori progressi siano compiuti anche in relazione ai diritti sociali che, del resto, sono parte integrante e indivisibile dei diritti fondamentali stessi, sanciti e resi visibili dalla Carta. Effettivamente, in proposito, si è sostenuto che si tratti di un vero e proprio sbilanciamento costituzionale[63]. Certo, la dicotomia tra diritti e principi di cui all'art. 51, par. 2, della Carta non aiuta l'interprete così come la ritrosia degli Stati membri a cedere porzioni di sovranità in materia rende particolarmente accidentato l'*iter* legislativo[64]. Da ultimo, ne è una plastica dimostrazione l'azione di annullamento della Danimarca contro la direttiva sul salario minimo per motivi relativi, essenzialmente, alla violazione del riparto di competenze tra l'Unione e gli Stati membri[65].

Ulteriori avanzamenti dell'economia sociale di mercato sono da registrarsi anche nelle azioni dell'Unione volte a contrastare il cambiamento climatico, tenendo in considerazione la dimensione sociale del principio dello sviluppo sostenibile[66] ma anche in materia di economia sociale[67]. Più in generale, dunque, come anticipato dalla Commissione, la politica

---

[61] D. DIVERIO, *Il ruolo degli Stati nella definizione del modello sociale europeo*, in *Studi int. eur.*, 2015, pp. 515-545.

[62] D. DAMJANOVIC, *The EU Market Rules as Social Market Rules: Why the EU Can Be a Social Market Economy*, in *Comm. Market Law Rev.*, 2013, pp. 1685-1717.

[63] S. GARBEN, *The Constitutional (Im)balance between 'the Market' and 'the Social' in the European Union*, in *Eur. Const. Law Rev.*, 2017, pp. 23-61.

[64] O. GERSTENBERG, *Fundamental Rights and Democratic Sovereignty in the EU: The Role of the Charter of Fundamental Rights of the EU (CFREU) in Regulating the European Social Market Economy*, in *Year. Eur. Law*, 2020, pp. 199-227.

[65] Ricorso proposto il 18 gennaio 2023, C-19/23, *Danimarca* c. *Parlamento e Consiglio*.

[66] Editorial Comments: *The European Climate Law: Making The Social Market Economy Fit For 55?*, in *Comm. Market Law Rev.*, 2021, pp. 1321-1340; J. NOWAG, *Competition Law's Sustainability Gap?*, in *Nord. Jou. Eur. Law*, 2022, pp. 149-165.

[67] Comunicazione della Commissione al Parlamento europeo, al Consiglio al Comitato economico e sociale europeo e al Comitato delle Regioni – *Creare un'economia al servizio delle persone: un piano d'azione per l'economia sociale*, COM (2021) 778 final.

della concorrenza dovrà essere resiliente per adattarsi alle nuove sfide del mercato [68].

In sostanza, nel solco della rinnovata attenzione al riequilibrio delle dinamiche conflittuali tra esigenze sociali, sviluppo dei mercati e diritto della concorrenza, che la contrattazione collettiva, possa costituire un limite all'operatività del diritto antitrust sembra una conclusione in linea con il concetto stesso di economia sociale di mercato fortemente competitiva.

L'operazione di bilanciamento che se ne ricava potrà essere valutata solo guardando alla prassi applicativa della Commissione e alla giurisprudenza della Corte di giustizia ma un riequilibrio tra le esigenze sociali e la spinta verso la competitività è, ormai, in atto. E sembra, in ultima analisi, naturale che detto riequilibrio sia perseguito tramite l'adozione di atti legislativi che siano in grado di disciplinare tanto i fenomeni digitali quanto le posizioni soggettive dei singoli che operano attraverso le piattaforme, lasciando, invece, all'*enforcement* del diritto antitrust da parte della Commissione un ruolo complementare, a coerente chiusura di un ordinamento giuridico «di nuovo genere [69]» basato su una «economia sociale di mercato fortemente competitiva».

---

[68] Comunicazione della Commissione al Parlamento europeo, al Consiglio al Comitato economico e sociale europeo e al Comitato delle Regioni – *Una politica della concorrenza pronta a nuove sfide*, COM (2021) 713 final.

[69] Corte giust. 5 febbraio 1963, causa 26/62, *Van Gend en Loos*.

Antitrust e privacy: la strana coppia

Pietro Manzini [*]

Sommario: 1. Come Oscar e Felix? – 2. La valutazione del rispetto della disciplina sulla privacy da parte delle autorità nazionali garanti della concorrenza. – 3. La violazione della privacy quale 'importante indizio' di una infrazione antitrust. – 4. Sulla ammissibilità del trattamento dei dati non acconsentito per l'esecuzione del contratto di *social network*. – 5. Sulla ammissibilità del trattamento dei dati non acconsentito in quanto necessario al perseguimento di un legittimo interesse dell'operatore del *social network*. – 6. Posizione dominante e libera prestazione del consenso. – 7. In sintesi.

1. Come Oscar e Felix?

Ne 'La strana coppia' Oscar e Felix [1], ritornati scapoli, decidono di condividere un appartamento. La commedia vive sulla differenza dei loro caratteri: tanto il primo è disordinato e approssimativo, quanto il secondo è preciso e maniaco dell'ordine. Anche antitrust e privacy sono una coppia eccentrica. La loro natura è diversa. La prima rappresenta una disciplina 'ibrida', con radici ultrasecolari, che sorveglia la creazione e l'uso del potere di mercato, originariamente per la protezione dell'integrità delle istituzioni democratiche e, successivamente (anche), a tutela della libertà di scelta e del benessere dei consumatori [2]. L'altra costituisce un regime relativamente nuovo, preminentemente europeo, diretto a proteggere i diritti e le libertà fondamentali degli individui e in particolare il diritto alla prote-

---

[*] Ordinario di Diritto dell'Unione europea nell'Università di Bologna, Alma Mater Studiorum.

[1] *The Odd Couple* scritta da Neil Simon nel 1965 e resa celebre dall'omonimo film del 1968, con Walter Matthau e Jack Lemon nei due ruoli principali.

[2] Sul tema mi permetto di rinviare a P. MANZINI, *Diritto antitrust dell'Unione europea*, Torino, 2022, pp. 21-28.

zione dei dati personali [3]. È ben vero che entrambe le discipline incidono sui rapporti tra individuo e imprese, ma perseguono obiettivi di principio divergenti: il diritto antitrust implicherebbe che i dati conferiti dagli utenti ad un'impresa siano resi disponibili anche ai concorrenti di questa perché ciò promuove la competizione e l'innovazione; viceversa, il diritto alla privacy presuppone limiti e condizioni alla condivisione dei dati poiché è in tal modo che si preserva la sfera della libertà personale [4]. Tuttavia, antitrust e privacy sono suscettibili di convergere laddove entrambi mirano ad assicurare la lealtà dei negozi commerciali intercorrenti tra l'utente/consumatore e l'impresa, il primo, vietando l'imposizione o l'uso di condizioni contrattuali non eque [5], il secondo, vincolando il trattamento dei dati personali alla prestazione di un consenso dell'interessato in condizioni di equilibrio con l'impresa che intende trattare i dati stessi [6].

---

[3] V. Regolamento 2016/679, in *GUUE* L 119/1 del 4 maggio 2016, (*Regolamento generale sulla protezione dei dati, di seguito anche RGDP*) art. 1, par. 2.

[4] In materia la letteratura è ormai molto vasta. In via meramente indicativa, v. Preliminary Opinion of the European Data Protection Supervisor – *Privacy and competitiveness in the Age of Big Data: The interplay between data protection, competition law and consumer protection in the Digital economy*, Brussels, March 2014, 2016. M.K. OHLHAUSEN-A.P. OKULIAR, *Competition, consumer protection and the right (approach) to privacy*, in 80 *Antitrust L. J.*, 2015, p. 121 ss.; A. ERZACHI-M.E. STUCKE, *Virtual Competition, The Promise and Perils of the Algorithm-Driven Economy*, Cambridge Mass., 2016; G. COLANGELO-M. MAGGIOLINO, *Big data, data protection and antitrust in the wake of the Budeskartellamt case against Facebook*, in *Riv. it. antitrust*, 1, 2017, p. 104 ss.; F. COSTA-CABRAL-O. LYNSKEY, *Family ties: the intersection between data protection and competition law*, in 54 *CMLRev.*, 2017, p. 11 ss.; J.T. LLANOS, *A close look on privacy protection as non-price parameter of competition*, in 15 *European Comp. J.*, 2019, p. 225 ss.; K. KEMP, *Concealed data practices and competition law: why privacy matters*, in 16 *European Comp. J.*, 2020, p. 628 ss.; H.S.E. ROBERTSON, *Excessive data collection: privacy considerations and abuse of dominance in the era of big data*, in 57 *CMLRev.*, 2020, p. 161 ss.; I. GRAEF, *Consumer sovereignty and competition law: from personalization to diversity*, in 58 *CMLRev*, 2021, p. 471 ss.; J. LAUX-S. WACHTER-B. MITTELSTADT, *Neutralizing online behavioral advertising: algorithmic targeting with market power as an unfair commercial practice*, in 58 *CMLRev.*, 2021, p. 719 ss.; G. OLIVEIRI, *Sulle relazioni pericolose fra antitrust e privacy nei mercati digitali*, in *Orizzonti del diritto commerciale*, fasc. spec. 2021, p. 359. Si vedano inoltre le riflessioni contenute in: Executive Office of the President of the United States, *Big data and differential pricing*, 2015; Autorité del la concurrence – *Bundeskartellamt, Competition law and data*, 2016; OECD, *Quality considerations in zero-price economy – Note by the European Union*, DAF/COMP/WD(2018)135, 23 novembre 2018; OECD, *Consumers data rights and competition – Background Note*, DAF/COMP(2020)1, 29 aprile 2020.

[5] V. art. 101, par. 1, lett. a) e art. 102, lett. a).

[6] RGDP, art. 7, par. 4 e considerando n. 43.

In Europa, la prima che si è trovata a cercare di individuare le regole di convivenza di questa 'strana coppia' è stata l'autorità federale tedesca garante per la concorrenza – la Bundeskartellamt – intervenuta sulla pratica applicata da *Meta* c. *Facebook* consistente nel profilare gli utenti del *social network* Facebook utilizzando, non solo i dati personali che questi consensualmente conferivano alla piattaforma per ottenere il servizio di relazioni sociali, ma anche i dati che i medesimi utenti usavano o avevano usato per accedere ad altri servizi di Meta/Facebook ovvero a servizi prestati da parti terze.

Con una decisione del 6 febbraio 2019 la Bundeskartellamt aveva vietato a Meta Platforms, Meta Platforms Ireland e Facebook Deutschland di subordinare l'uso del *social network* Facebook da parte di utenti privati residenti in Germania al trattamento dei dati di questi ultimi relativi alle loro attività online effettuate *al di fuori* del *social network* stesso, dati dunque definibili '*off* Facebook' [7]. La Bundeskartellamt aveva altresì ordinato a tali società di adeguare le condizioni generali del contratto in modo che risultasse chiaramente che i dati *off* Facebook non sarebbero stati né raccolti, né messi in relazione con gli account degli utenti Facebook, né utilizzati senza il consenso dell'utente interessato, chiarendo che quest'ultimo non poteva ritenersi valido qualora costituisse una condizione per l'utilizzo del *social network* [8].

Il punto che aveva attratto subito grande attenzione da parte degli studiosi della decisione della autorità tedesca consisteva nella stretta correlazione stabilita tra la violazione delle regole sulla privacy e quella delle norme antitrust. Più precisamente, secondo la Bundeskartellamt, il trattamento dei dati *off* Facebook previsto nelle condizioni generali imposte da imprese in posizione dominante doveva ritenersi abusivo ai sensi dell'art. 19, par. 1, GWB [9] *in quanto* non conforme ai valori sottesi al regolamento generale sulla protezione dei dati (di seguito, RGPD) [10]. In sostanza, il mancato rispetto dei valori della privacy equivaleva ad una quasi automatica violazione del diritto antitrust.

La correlazione stabilita dalla Bundeskartellamt suscita ovvie perplessità: la violazione di una norma antitrust non può che realizzarsi quando la condotta *de qua* non rispetta le condizioni poste dalla norma stessa e non laddo-

---

[7] *Bundeskartellamt prohibits Facebook from combining user data from different sources*, in https://www.bundeskartellamt.de/SharedDocs/Meldung/EN/Pressemitteilungen/2019/07_02_2019_Facebook.html.

[8] V. sentenza *Meta* c. *Facebook*, cit., pt. 29.

[9] *Gesetz gegen Wettbewerbsbeschränkungen* – GWB – Competition Act – in *The Federal Law Gazette*, I, 2013, pp. 1750, 3245.

[10] Regolamento 2016/679, cit.

ve contravviene alle condizioni stabilite dalle norme sulla privacy. Ciò nonostante, va constatato che una correlazione similare è stata successivamente prevista nel Regolamento europeo relativo a mercati equi e contendibili nel settore digitale (c.d. Digital Market Act: DMA) [11]. L'art. 5, par. 2 di tale regolamento stabilisce che il *gatekeeper*, vale a dire l'impresa digitale ultradominante, viene meno ai suoi obblighi se tratta in modo combinato i dati personali degli utenti dei suoi servizi di piattaforme di base, a meno che sia stata loro presentata una scelta specifica e essi abbiano dato il loro consenso al trattamento operato, conformemente all'art. 4, punto 11), e all'art. 7 RGDP [12]. Va detto che il DMA non è *solo* una disciplina per la tutela della concorrenza e, nel caso, le perplessità indicate sono superate dal fatto che la correlazione tra la violazione del DMA e quella della privacy è stabilita legislativamente e non per via interpretativa, ma il parallelismo con la soluzione della Bundeskartellamt non può sfuggire.

Nelle more dell'adozione del DMA, la questione dei rapporti tra antitrust e privacy affrontata dall'autorità garante della concorrenza tedesca trascendeva il livello nazionale e, tramite rinvio pregiudiziale operato dall'*Oberlandesgericht Düsseldorf* (Tribunale superiore del Land, Düsseldorf), giungeva alla Corte di giustizia, la quale si è pronunciata il 4 luglio 2023 (di seguito anche 'sentenza *Meta* c. *Facebook*') [13].

---

[11] Regolamento 2022/1925 del 14 settembre 2022 (*Regolamento europeo relativo a mercati equi e contendibili nel settore digitale, di seguito anche DMA*), in *GUUE* L 265/1 del 12 ottobre 2022.

[12] La disposizione prevede che: "2. Il *gatekeeper*: a) non tratta, ai fini della fornitura di servizi pubblicitari online, i dati personali degli utenti finali che utilizzano servizi di terzi che si avvalgono di servizi di piattaforma di base del *gatekeeper*; b) non combina dati personali provenienti dal pertinente servizio di piattaforma di base con dati personali provenienti da altri servizi di piattaforma di base o da eventuali ulteriori servizi forniti dal *gatekeeper* o con dati personali provenienti da servizi di terzi; c) non utilizza in modo incrociato dati personali provenienti dal pertinente servizio di piattaforma di base in altri servizi forniti separatamente dal *gatekeeper*, compresi altri servizi di piattaforma di base, e viceversa; e d) non fa accedere con registrazione gli utenti finali ad altri servizi del *gatekeeper* al fine di combinare dati personali, a meno che sia stata presentata all'utente finale la scelta specifica e quest'ultimo abbia dato il proprio consenso ai sensi dell'articolo 4, punto 11), e dell'articolo 7 del regolamento (UE) 2016/679. Se l'utente finale ha negato o revocato il consenso prestato ai fini del primo comma, il *gatekeeper* non ripete la sua richiesta di consenso per la stessa finalità più di una volta nell'arco di un anno. Il presente paragrafo lascia impregiudicata la possibilità per il *gatekeeper* di avvalersi dell'articolo 6, paragrafo 1, lettere c), d) ed e), del regolamento (UE) 2016/679, se del caso".

[13] Sentenza del 4 luglio 2023, *Meta Paltform Inc.*, *Meta Platform Ireland Ltd, Facebook Deutschland GmbH*, C-252/21, ECLI:EU:C:2023:537 (di seguito, per semplicità, sentenza *Meta* c. *Facebook*).

Sollecita dal giudice del rinvio, la Corte ha preso posizione su un numero molto ampio di questioni. In questa sede ci si limiterà a analizzare quelle più direttamente connesse al tema del rapporto tra antitrust e privacy, ossia le seguenti: *i*) la possibilità per le autorità nazionali garanti della concorrenza di controllare, nell'ambito dell'esercizio delle loro competenze, la conformità di un trattamento di dati personali alle condizioni stabilite nel RGPD (par. 2); *ii*) il valore di una constatazione di violazione della privacy nel contesto di una procedura di accertamento di un'infrazione antitrust (par. 3); *iii*) la possibilità di trattare i dati personali degli utenti senza il loro consenso sulla base dell'art. 6, comma 1, par. 1, lett. b) o f), RGDP (parr. 4 e 5); *iv*) la libera prestazione del consenso dell'utente in caso di posizione dominante dell'operatore digitale (par. 6).

I risultati dell'analisi sono espressi, in sintesi, al par. 7. Qui anticipo solo che, come spesso accade nella coabitazione, il soggetto più preciso ed organizzato impone le sue regole su quello più dispersivo e romantico. È intuitivo quale disciplina, nel caso, rivesta il primo ruolo e quale il secondo ed anche verso quale di esse vanno le maggiori simpatie di chi scrive.

2. La valutazione del rispetto della disciplina sulla privacy da parte delle autorità nazionali garanti della concorrenza.

Nella decisione del 6 febbraio 2019 la Bundeskartellamt non aveva esitato a ritenersi competente ad applicare il RGDP nel contesto del controllo del rispetto delle norme antitrust da parte di Meta/Facebook. Aperta la procedura giudiziaria, tuttavia, tale competenza non è sembrata così evidente. Infatti, l'art. 51 ss. RGDP prevede l'instaurazione e il funzionamento di specifiche autorità pubbliche indipendenti incaricate di sorvegliare l'applicazione delle norme sostanziali del RGDP medesimo (di seguito individuate come 'autorità di controllo della privacy'). Pertanto il giudice del rinvio si domandava se tali disposizioni dovessero essere interpretate nel senso che escludessero la competenza di un'autorità nazionale di concorrenza a constatare, nell'ambito dell'esame di un abuso di posizione dominante ai sensi dell'art. 102 TFUE, che le condizioni generali d'uso relative al trattamento dei dati personali e la loro applicazione non fossero conformi al RGPD. Il giudice si domandava inoltre se, nel caso in cui questa competenza fosse riconosciuta, quale fosse la funzione del principio di leale cooperazione di cui all'art. 4, par. 3, TUE nel caso in cui le condizioni d'uso del *social network* fossero esaminate da un'autorità garante della concorrenza e, parallelamente, sottoposte a una procedura d'esame da parte dell'autorità di controllo della privacy capofila.

La risposta della Corte è un po' contorta nella forma, ma chiara nella sostanza. In apertura essa non pare mostrare dubbi sulla possibilità delle autorità antitrust nazionali di accertare, quanto meno, la violazione del RGDP. Essa infatti osserva che nessuna disposizione del regolamento vieta a tale tipo di autorità di constatare, nell'ambito dell'esercizio delle sue funzioni, "la non conformità a tale regolamento di un trattamento di dati effettuato da un'impresa in posizione dominante e tale da costituire un abuso di tale posizione" [14]. La Corte inoltre nota che, tenuto conto dei diversi obiettivi perseguiti dalle norme antitrust e quelle sulla privacy, quando un'autorità nazionale garante della concorrenza rileva una violazione del RGDP nell'ambito di un accertamento di un abuso di posizione dominante, essa non si sostituisce alle autorità di controllo nei compiti loro affidati dal regolamento medesimo, né esercita i loro poteri istituzionali [15].

Tuttavia, prosegue la Corte, la competenza incidentale delle autorità antitrust sulle norme privacy va esercitata nel rispetto del principio di leale collaborazione di cui all'art. 4, par. 3 TUE e ciò comporta la necessità di un coordinamento tra le diverse autorità competenti al fine di assicurare l'applicazione coerente del regolamento. Infatti, essa osserva, l'esame, da parte di un'autorità garante della concorrenza, di un comportamento di un'impresa alla luce delle norme del RGPD può implicare il rischio di divergenze di giudizio fra tale autorità e le autorità di controllo sulla privacy [16].

Le conseguenze dell'obbligo di leale cooperazione tra autorità appaiono, per quelle competenti in materia di concorrenza, assai stringenti [17]. Qualora una di queste autorità ritenga necessario esaminare la conformità del comportamento di un'impresa dominante alle disposizioni del RGPD, tale autorità deve verificare "se tale comportamento o un comportamento simile sia già stato oggetto di una decisione da parte dell'autorità nazionale di controllo competente o dell'autorità di controllo capofila o, ancora, della Corte" [18]. Se così è, l'autorità nazionale garante della concorrenza non può discostar-

---

[14] Sentenza *Meta* c. *Facebook*, cit., pt. 43.

[15] Sentenza *Meta* c. *Facebook*, cit., pt. 49.

[16] Sentenza *Meta* c. *Facebook*, cit., pt. 55.

[17] Sulle conseguenze derivanti dall'applicazione del principio di leale cooperazione si veda in particolare F. CASOLARI, *La leale cooperazione tra Stati membri e Unione europea – Studio sulla partecipazione all'unione al tempo delle crisi*, Napoli, 2020, si v. in part. p. 105 ss.

[18] Sentenza *Meta* c. *Facebook*, cit., pt. 56.

sene, "pur restando libera di trarne le proprie conclusioni sotto il profilo dell'applicazione del diritto della concorrenza" [19].

Ma non solo. La Corte aggiunge che: *i*) laddove l'autorità di concorrenza nutra dubbi sulla portata della valutazione effettuata dalle autorità di controllo sulla privacy, ovvero *ii*) laddove il comportamento di cui trattasi o un comportamento simile sia, al contempo, oggetto di esame da parte delle autorità di controllo sulla privacy, o, ancora, *iii*) laddove, in assenza di un'indagine di dette autorità, quella competente in materia di concorrenza ritenga che il comportamento oggetto di indagine non sia conforme alle disposizioni del RGPD, "l'autorità nazionale garante della concorrenza deve consultare tali autorità e chiederne la cooperazione, al fine di fugare i propri dubbi o di determinare se si debba attendere l'adozione di una decisione da parte dell'autorità di controllo interessata prima di iniziare la propria valutazione" [20].

Il principio di leale cooperazione impatta significativamente anche sull'attività delle autorità di controllo della privacy. Queste ultime, quando ricevono una richiesta di informazioni o di cooperazione da parte di un'autorità della concorrenza, devono rispondere a tale richiesta 'entro un termine ragionevole' [21], comunicando le informazioni di cui dispongono che possano consentire di fugare i dubbi sulla portata della valutazione effettuata dall'autorità di controllo o, se del caso, informando l'autorità richiedente se intende avviare il procedimento di cooperazione con le altre autorità di controllo sulla privacy interessate, conformemente agli artt. 60 ss. RGPD, al fine di giungere a una decisione volta a constatare la conformità o la non conformità della condotta in questione a tale regolamento [22]. In assenza di risposta entro un termine ragionevole, l'autorità della concorrenza può proseguire la propria indagine. Ciò vale anche nel caso in cui l'autorità nazionale di controllo sulla privacy interpellata non sollevi obiezioni a che si prosegua tale indagine senza attendere l'adozione di una sua decisione [23].

In sintesi, dunque, nonostante non esistano norme che ostino al fatto che un'autorità di concorrenza nazionale possa accertare in via incidentale la non conformità di una condotta imprenditoriale al RGDP, il principio di leale cooperazione è interpretato dalla Corte come in grado di definire nel dettaglio le modalità e l'estensione di tale accertamento. La suddetta autorità

---

[19] Sentenza *Meta* c. *Facebook*, cit., pt. 57.

[20] Sentenza *Meta* c. *Facebook*, cit., pt. 57.

[21] Sentenza *Meta* c. *Facebook*, cit., pt. 58.

[22] Sentenza *Meta* c. *Facebook*, cit., pt. 58.

[23] Sentenza *Meta* c. *Facebook*, cit., pt. 59.

può senz'altro procedere alla propria valutazione unicamente nell'ipotesi in cui l'autorità di controllo sulla privacy si sia espressa, e in maniera incontroversa, nel senso della conformità o meno di quello stesso trattamento con la disciplina del RGDP, e ovviamente, senza discostarsi da questa valutazione. Laddove, invece, *i*) l'autorità di concorrenza nutra dubbi circa la portata della decisione dell'autorità di controllo sulla privacy, o *ii*) tale autorità di controllo stia ancora procedendo con la propria istruttoria, ovvero *iii*) in assenza di indagine dell'autorità di controllo sulla privacy, quella sulla concorrenza ritenga che il trattamento dei dati non sia conforme al RGDP, l'obbligo di leale cooperazione impone all'autorità garante della concorrenza, prima di effettuare la propria valutazione sotto l'angolatura antitrust, di compulsare quella sul controllo della privacy per conformarsi all'orientamento di quest'ultima quanto al rispetto o meno del RGDP.

3. La violazione della privacy quale 'importante indizio' di una infrazione antitrust.

Come sopra accennato (v. par. 1), il punto maggiormente critico della decisione della Bundeskartellamt è rappresentato dalla sostanziale equiparazione tra una violazione del RGDP e un'infrazione antitrust. Non è pertanto sorprendente che la Corte, nella sentenza *Meta* c. *Facebook*, non accolga il medesimo approccio e sia viceversa attenta a separare i due tipi di giudizi. È in quest'ottica che, nel punto in cui stabilisce che l'autorità nazionale di concorrenza non può discostarsi dalla valutazione eventualmente già espressa da una autorità di controllo della privacy, la Corte sottolinea che tale autorità resta "libera di trarne le proprie conclusioni sotto il profilo dell'applicazione del diritto della concorrenza"[24]. Vale a dire che, in linea di principio, una condotta commerciale che non rispetta la privacy potrebbe comunque essere giudicata compatibile con il diritto antitrust e, all'opposto, una condotta commerciale che rispetta la privacy potrebbe risultare come anticoncorrenziale.

Certo è che, anche per la Corte, la violazione della privacy rappresenta una circostanza assai rilevante per il diritto antitrust. Riferendosi ad una consolidata giurisprudenza, essa afferma che in sede di valutazione della eventuale violazione dell'art. 102 TFUE, un'autorità garante della concorrenza deve esaminare, sulla base di tutte le circostanze del caso di specie, se il com-

[24] Sentenza *Meta* c. *Facebook*, cit., pt. 56.

portamento dell'impresa in posizione dominante abbia "l'effetto di ostacolare, ricorrendo a mezzi diversi da quelli su cui si impernia la concorrenza normale tra prodotti o servizi, la conservazione del grado di concorrenza esistente sul mercato o lo sviluppo di detta concorrenza"[25]. Essa precisa che la conformità o non conformità di tale comportamento alle disposizioni del RGPD "può costituire, se del caso, un importante indizio fra le circostanze rilevanti del caso di specie per stabilire se siffatto comportamento costituisca un ricorso a mezzi su cui s'impernia la concorrenza normale nonché per valutare le conseguenze di una determinata pratica sul mercato o per i consumatori"[26].

Questa presa di posizione lascia però aperte diverse questioni. Almeno due vanno segnalate.

Primo. L'accertamento di una violazione antitrust basata, tra gli altri indizi, sul mancato rispetto delle norme sulla privacy degli utenti va qualificata come una violazione 'per effetto'; tale dovrebbe essere il senso del riferimento alle conseguenze della pratica 'sul mercato o per i consumatori'. In altri termini, se l'inosservanza della privacy non ha conseguenze anticoncorrenziali, la violazione antitrust non può dirsi accertata. Tuttavia, dato che l'illecita combinazione dei dati personali rappresenta principalmente un abuso di sfruttamento nei confronti degli utenti che vengono illegittimamente profilati, non è ben chiaro quale altra conseguenza anticoncorrenziale occorra provare. Nel contesto, l'illegittimo trattamento dei dati appare rappresentare già *di per sé* un abuso di posizione dominante, senza che sia necessario provare un effetto anticoncorrenziale. A prescindere da ciò, ma nella stessa linea di ragionamento, va osservato che il mancato rispetto delle norme sulla privacy costituisce, nelle stesse parole della Corte, un 'importante indizio' dell'esistenza di una condotta anticoncorrenziale. E dunque, nonostante la conclamata necessità di provare l'effetto anticoncorrenziale, l'accertamento dell'infrazione antitrust va effettuata partendo dal dato 'oggettivo' della violazione della privacy, la cui importanza ci pare destinata a condizionare grandemente l'esito della valutazione antitrust.

Secondo. È ben noto che, in base all'art. 2 del regolamento n. 1/2003[27], la prova di un'infrazione delle norme antitrust del trattato deve essere fornita

---

[25] Sentenza *Meta* c. *Facebook*, cit., pt. 47 v., in senso analogo, sentenza del 25 marzo 2021, *Deutsche Telekom* c. *Commissione*, C-152/19 P, EU:C:2021:238, ptt. 41 e 42. Sul tema rinvio ancora a P. MANZINI, *Diritto antitrust dell'Unione europea*, cit., p. 186 ss.

[26] Sentenza *Meta* c. *Facebook*, cit., pt. 47.

[27] Regolamento (CE) n. 1/2003 del Consiglio, del 16 dicembre 2002, *concernente l'applicazione delle regole di concorrenza di cui agli articoli 81 e 82 del trattato*, in *GUCE* L 1 del 4 gennaio 2003, pp. 1-25.

dalla parte o dalla autorità che asserisce l'infrazione. Nondimeno, ai sensi dell'art. 5 RGDP è al titolare del trattamento che incombe l'onere di dimostrare che i dati personali sono raccolti per finalità determinate, esplicite e legittime e che essi sono trattati in modo lecito, corretto e trasparente nei confronti dell'interessato[28]. Pertanto, in concreto, laddove la procedura di accertamento di un'infrazione antitrust abbia quale 'importante indizio' l'inosservanza della privacy un qualche cortocircuito probatorio sembra emergere: l'importante indizio è infatti fornito dall'incapacità del titolare del trattamento di provare la liceità del suo operato, mentre dovrebbe essere individuato in positivo dalla autorità garante per la concorrenza.

Ciò detto, vale la pena segnalare anche altre due prese di posizione della Corte, assai significative e di carattere generale.

Anzitutto, la Corte dichiara che nell'ambito dell'esame di un abuso di posizione dominante da parte di un'impresa, "può risultare necessario che l'autorità garante della concorrenza dello Stato membro interessato esamini anche la conformità del comportamento di tale impresa a norme diverse da quelle rientranti nel diritto della concorrenza, quali le norme in materia di protezione dei dati personali previste dal RGPD"[29]. Non solo dunque una violazione delle norme a tutela della privacy può risultare rilevante per l'accertamento di un abuso di posizione dominante, ma anche la violazione di altri tipi norme può essere significativa, come quelle, per fare l'esempio più ovvio, poste a tutela del consumatore.

In secondo luogo, non va trascurata l'affermazione della Corte in base alla quale "l'accesso ai dati personali e la possibilità di trattamento di tali dati sono diventati un parametro significativo della concorrenza fra imprese dell'economia digitale. Pertanto, escludere le norme in materia di protezione dei dati personali dal contesto giuridico che le autorità garanti della concorrenza devono prendere in considerazione in sede di esame di un abuso di posizione dominante ignorerebbe la realtà di tale evoluzione economica e potrebbe pregiudicare l'effettività del diritto della concorrenza all'interno dell'Unione"[30]. In effetti, si tratta di una osservazione un po' fuori contesto, perché l'accesso ai dati (personali) è ben più rilevante nei casi di abuso di esclusione piuttosto che in quelli – tra quali si può ascrivere la vicenda *Meta* c. *Facebook* – di sfruttamento della stessa; tuttavia va registrata come la prima presa di posizione della Corte che qualifica i dati personali come un

---

[28] V. quanto riconosciuto dalla Corte al pt. 95 della sentenza *Meta* c. *Facebook*, cit.

[29] Sentenza *Meta* c. *Facebook*, cit., pt. 48.

[30] Sentenza *Meta* c. *Facebook*, cit., pt. 51.

'parametro significativo di concorrenza', al pari dei tradizionali parametri, quali i prezzi o le quantità prodotte o vendute. In questa prospettiva l'affermazione della Corte rappresenta il pieno riconoscimento giudiziale di uno dei caratteri principali dei moderni mercati digitali.

4. Sulla ammissibilità del trattamento dei dati non acconsentito per l'esecuzione del contratto di *social network*.

In relazione ad un ulteriore gruppo di questioni pregiudiziali[31], la Corte si pronuncia sull'interpretazione di talune delle disposizioni più rilevanti per il modello economico e organizzativo di Meta/Facebook, condiviso peraltro da gran parte dei *social network*. Tale modello, osserva la Corte nella sentenza, "si fonda sul finanziamento tramite la pubblicità online, che viene creata su misura per i singoli utenti del *social network* in funzione, in particolare, del loro *comportamento di consumo, dei loro interessi, del loro potere d'acquisto e della loro situazione personale*. Il presupposto tecnico per questo tipo di pubblicità è la creazione automatizzata di profili dettagliati degli utenti del *network* e dei servizi online offerti a livello del gruppo Meta. A tal fine, oltre ai dati che gli utenti forniscono direttamente al momento della loro iscrizione ai servizi online di cui trattasi, vengono raccolti, all'interno e all'esterno di detto *social network* e dei servizi online forniti dal gruppo Meta, e messi in relazione ai loro diversi account di utenza anche altri dati relativi ai tali utenti e ai loro dispositivi. Il quadro generale di tali dati consente di trarre conclusioni dettagliate sulle preferenze e sugli interessi dei medesimi utenti"[32].

Com'è ben noto, il trattamento dei dati personali è lecito laddove l'interessato abbia espresso il suo consenso: così dispongono l'art. 6, par. 1, comma 1, lett. a), e, per i dati personali particolarmente sensibili, l'art. 9, par. 2, lett. a), RGDP. Nel rinvio pregiudiziale, tuttavia, il giudice nazionale precisava che non si poteva ritenere che gli utenti di Facebook avessero acconsentito anche al trattamento dei loro dati *off* Facebook. La Corte dunque era

---

[31] Si tratta delle questioni pregiudiziali dalla terza alla quinta, ptt. 86-139 della sentenza *Meta* c. *Facebook*, cit.

[32] Sentenza *Meta* c. *Facebook*, cit., pt. 27 (enfasi aggiunta). In sostanza le piattaforme operano su uno schema divisibile in tre fasi: *i*) raccolta e trattamento dei dati degli utenti anche a prescindere dal loro consenso espresso; *ii*) profilazione degli utenti sulla base dei dati raccolti; *iii*) personalizzazione dei servizi e/o prodotti offerti agli utenti sulla base della profilazione effettuata.

richiesta di verificare la sussistenza di una o più delle condizioni di necessità elencate all'art. 6, par. 1, comma 1, lett. da b) ad f), che rendono lecito il trattamento dei dati *in assenza* di consenso [33]. Di queste condizioni, quelle di cui alle lett. c), d) ed e) sono solo relativamente problematiche, perché riguardano il trattamento dei dati personali finalizzato ad adempiere un obbligo legale (lett. c), o diretto a salvaguardare gli interessi vitali dell'interessato o di altra persona fisica (lett. d), ovvero necessario per l'esecuzione di interesse pubblico o connesso all'esercizio di pubblici poteri (lett. e) [34]. Di gran lunga più delicati e controversi sono i problemi interpretativi connessi all'applicazione dei requisiti previsti dalle lettere b) ed f) della disposizione in questione. E dunque sulle considerazioni che la Corte svolge in relazione a questi requisiti che occorre concentrare l'attenzione.

Posto che, come appena visto, la conformità o non conformità di un comportamento al RGDP rappresenta un 'importante indizio' nel quadro dell'accertamento di un'infrazione antitrust, non c'è bisogno di sottolineare l'importanza delle menzionate considerazioni anche dotto il profilo dell'applicazione delle norme di concorrenza.

L'art. 6, par. 1, comma 1, lett. b) prevede che il trattamento effettuato senza consenso dell'interessato sia lecito nella misura in cui è "necessario per l'esecuzione di un contratto di cui l'interessato è parte o all'esecuzione di misure precontrattuali adottate su richiesta dello stesso". Nella sentenza, la Corte precisa che affinché un trattamento di dati personali sia considerato 'necessario' all'esecuzione di un contratto, esso deve essere "oggettivamente indispensabile per realizzare una finalità che è parte integrante della prestazione contrattuale destinata all'interessato" [35]. In questa prospettiva il responsabile del trattamento deve essere in grado di dimostrare "in che modo l'oggetto principale del contratto non potrebbe essere conseguito in assenza

[33] La Corte ricorda che "nella misura in cui consentono di rendere lecito un trattamento di dati personali effettuato in assenza del consenso dell'interessato, le giustificazioni previste da quest'ultima disposizione devono essere interpretate restrittivamente (v., in tal senso, sentenza del 24 febbraio 2022, *Valsts ieņēmumu dienests – Trattamento di dati personali a fini fiscali* –, C-175/20, EU:C:2022:124, punto 73 e giurisprudenza ivi citata)". Inoltre "qualora si possa constatare che un trattamento di dati personali è necessario alla luce di una delle giustificazioni previste all'articolo 6, paragrafo 1, primo comma, lettere da b) a f), del RGPD, non occorre stabilire se tale trattamento rientri anche in un'altra di tali giustificazioni (v., in tal senso, sentenza del 1° agosto 2022, *Vyriausioji tarnybinės etikos komisija*, C-184/20, EU:C:2022:601, punto 71)", v. ptt. 93 e 94 della sentenza *Meta* c. *Facebook*, cit.

[34] La Corte comunque è sollecitata anche ad interpretare la lett. c) e la lett. e) dell'art. 6, par. 1. V. in particolare, i ptt. 127-139 della sentenza *Meta* c. *Facebook*, cit.

[35] Sentenza *Meta* c. *Facebook*, cit., pt. 98.

del trattamento di cui è causa" [36]. La circostanza che il trattamento sia 'menzionato' nel contratto – continua la Corte – oppure che esso sia 'utile' per l'esecuzione di quest'ultimo è, di per sé, irrilevante al riguardo [37]. Cartina tornasole per stabilire la necessità o l'essenzialità del trattamento ai fini della corretta esecuzione del contratto stipulato tra il responsabile del trattamento e l'interessato è che non esistano "altre soluzioni percorribili e meno invasive" [38]. Seguendo sul punto le Conclusioni dell'A.G. Rantos [39], la Corte aggiunge che "se il contratto consiste in più servizi o in più elementi distinti di uno stesso servizio che possono essere prestati indipendentemente gli uni dagli altri, l'applicabilità dell'art. 6, par. 1, comma 1, lett. b), RGPD deve essere valutata separatamente nel contesto di ciascuno di tali servizi" [40].

Nella vicenda *Meta* c. *Facebook*, quali elementi diretti a garantire l'esecuzione corretta del contratto concluso tra quest'ultima e i suoi utenti erano stati evocati, per un verso, la personalizzazione dei contenuti e, per l'altro, l'utilizzo omogeneo e fluido dei servizi propri del gruppo Meta. Entrambi questi elementi sono apparsi non 'oggettivamene indispensabili' alla Corte. Sulla personalizzazione dei contenuti, essa ha in particolare osservato che sebbene sia *utile* per l'utente, nella misura in cui consente di visualizzare un contenuto in larga misura corrispondente ai suoi interessi, resta il fatto che, non appare *necessaria* per offrire i servizi del *social network online*. Questi ultimi potrebbero essere infatti forniti sotto forma di "un'alternativa equivalente che non implichi tale personalizzazione" [41].

La presa di posizione della Corte segue dunque un approccio basato su

---

[36] *Ibidem*. La Corte ha altresì aggiunto che "se il contratto consiste in più servizi o in più elementi distinti di uno stesso servizio che possono essere prestati indipendentemente gli uni dagli altri, l'applicabilità dell'articolo 6, paragrafo 1, primo comma, lettera b), del RGPD deve essere valutata separatamente nel contesto di ciascuno di tali servizi" (pt. 100).

[37] Sentenza *Meta* c. *Facebook*, cit., pt. 98.

[38] Sentenza *Meta* c. *Facebook*, cit., pt. 99.

[39] Conclusioni A.G. Athanasios Rantos presentate il 20 settembre 2022 in causa C-252/21, *Meta Platforms Inc.*, già *Facebook Inc.*, *Meta Platforms Ireland Limited*, già *Facebook Ireland Ltd.*, *Facebook Deutschland GmbH.*

[40] Sentenza *Meta* c. *Facebook*, cit., pt. 100.

[41] Sentenza *Meta* c. *Facebook*, cit., pt. 102. Quanto alla giustificazione relativa all'utilizzo omogeneo e fluido dei servizi, la Corte osserva che i diversi prodotti e servizi proposti dal gruppo Meta possono essere utilizzati indipendentemente gli uni dagli altri e l'utilizzo di ciascun prodotto o servizio si basa sulla sottoscrizione di un contratto d'uso distinto. Pertanto, un trattamento di dati personali provenienti da servizi diversi da quello del social network online non sembra essere necessario per consentire la fornitura di quest'ultimo servizio v. ptt. 103-104 della sentenza *Meta* c. *Facebook*.

una rigorosa corrispondenza del consenso dell'utente al servizio online che questi stipula con l'operatore del *social network*. Tale consenso copre solo il trattamento dei dati essenziale al contratto 'firmato' con l'operatore e non servizi/attività ulteriori o collaterali, quand'anche utili all'utente (o presuntivamente tali) o migliorativi del servizio [42].

La condizione che impone un'oggettiva indispensabilità del trattamento dei dati ai fini dell'esecuzione del contratto è stata bollata come formalistica e artificiale [43]. Si è osservato che ciò che potrebbe non risultare indispensabile dal punto di vista tecnico, potrebbe esserlo sotto il profilo commerciale; tralasciando questo elemento il servizio oggetto del contratto rischierebbe di non essere finanziariamente sostenibile. Questa critica non ci pare condivisibile, per almeno due ragioni. Anzitutto, presuppone che il trattamento dei dati personali dell'interessato – ossia la sostanza della sua privacy – debba essere subordinato all'efficienza del modello economico ed organizzativo scelto dall'operatore digitale. Il ragionamento seguito sembrerebbe il seguente: siccome i servizi online raggiugono risultati ottimali attraverso una sempre più raffinata profilazione degli utenti e quest'ultima si effettua raccogliendo quanti più dati personali disponibili in rete, e non solo utilizzando quelli che l'utente acconsente contrattualmente di condividere, allora la privacy dell'utente deve essere subordinata alle 'necessità' del modello. È evidente che chi sostiene questa tesi non comprende l'importanza del rispetto della sfera privata nel quadro delle libertà civili costituzionalmente protette a livello europeo, circostanza invece che non dovrebbe sfuggire dato che l'intangibilità della sfera privata è tutelata nell'Unione dalla Carta dei diritti fondamentali [44]. In secondo luogo, la critica non tiene in considerazione il fatto che i dati degli utenti necessari alla loro profilazione possono essere raccolti ottenendo il loro consenso, come previsto dall'art. 6, par. 1, comma 1, lett. a), RGDP; non si tratta di un'operazione particolarmente complessa,

---

[42] La Corte recepisce in sostanza le considerazioni svolte dall'European Data Protection Board (EDPB), *Linee guida sul trattamento dei dati personali ai sensi dell'articolo 6, paragrafo 1, lett. b) del regolamento generale sulla protezione dei dati nel contesto della fornitura di servizi online agli interessati*, Versione 2.0, 8 ottobre 2019.

[43] M. BARCZENTEWICZ, *The CJEU's Decision in Meta's Competition Case: Consequences for Personalized Advertising Under the GDPR (Part 1) Kluwer Competition Law Blog* – 4 July 2023: "What is technically possible to offer can also be so uneconomic in some forms as to be practically impossible. Surely, there are alternatives to personalized advertising as a means to monetize social media, but determining what those are requires a great deal of careful analysis and experimentation".

[44] V. artt. 7 e 8 della Carta dei diritti fondamentali dell'Unione.

posto che il consenso in questione, a causa di noti *bias* cognitivi degli utenti [45], è normalmente accordato dagli interessati senza particolari problemi. Sulla base del consenso la profilazione è legittima e il modello economico organizzativo dei *social network* viene pienamente salvaguardato. Risulta pertanto incomprensibile la ragione per la quale si difende una libertà del trattamento di dati personali totalmente slegata da una sia pur minima consapevolezza e volontà degli interessati.

In merito alla presa di posizione della Corte va infine notato che essa rifiuta di accettare che la personalizzazione dei contenuti sia 'necessaria' all'esecuzione del contratto concluso con l'utente di Facebook, poiché il servizio di *social network* può essere prestato anche in forma equivalente che non implica la personalizzazione dei contenuti (v. *supra* e punto 102 della sentenza). Di che cosa si tratta? Nelle sue conclusioni l'A.G. Rantos ricorda che, in precedenza, *Meta* c. *Facebook* consentiva agli utenti di Facebook di scegliere tra una presentazione cronologica o una presentazione personalizzata dei contenuti del *feed* di notizie, il che dimostra, osserva giustamente l'A.G. Rantos, che una modalità alternativa è possibile [46]. Più in generale soccorre il DMA [47], nel quale, al considerando n. 37 si precisa che "l'alternativa meno personalizzata non dovrebbe essere differente o di qualità inferiore rispetto al servizio fornito agli utenti finali che prestano il proprio consenso, a meno che il deterioramento della qualità non sia una conseguenza diretta del fatto che il *gatekeeper* non possa procedere al trattamento dei dati personali o fare accedere con registrazione gli utenti finali a un servizio".

Ci pare che non vi sia ragione per non applicare a tutti gli operatori digitali il principio elaborato per i *gatekeeper*.

---

[45] Il *bias* cognitivo è ovvio ed inevitabile: nel momento in cui si presta il consenso al trattamento dei dati personali anche esterni al contratto (*off-Facebook*, nella fattispecie), l'utente non è in grado di sapere, quanti dei suoi dati personali sono reperibili, a che tipo di profilazione serviranno e quale sarà il suo utilizzo ed eventualmente quali pregiudizi potrebbe arrecargli il trattamento stesso. Per questo il 'click' del consenso è effettuato in modo facile ma privo di reale consapevolezza. Sul tema v. gli ormai classici, D. KAHNEMANN, *Thinking, fast and slow*, Farrar, Straus and Giroux, 2011; e R. THALER, *Misbehaving: The Making of Behavioural Economics*, Princenton USA, 2016.

[46] Conclusioni A.G. Rantos, cit. nota n. 80.

[47] Cit. in *GUUE* L 265/1 del 12 ottobre 2022.

5. Sulla ammissibilità del trattamento dei dati non acconsentito in quanto necessario al perseguimento di un legittimo interesse dell'operatore del *social network*.

Venendo ora al requisito di necessità previsto dell'art. 6, par. 1, comma 1, lett. f), va ricordato che esso impone, per ritenere il trattamento lecito anche senza consenso, che quest'ultimo sia "necessario per il perseguimento del legittimo interesse del titolare del trattamento o di terzi, a condizione che non prevalgano gli interessi o i diritti e le libertà fondamentali dell'interessato che richiedono la protezione dei dati personali, in particolare se l'interessato è un minore". In passato, la Corte aveva avuto modo di precisare che tale disposizione prevede in sostanza tre condizioni cumulative: in primo luogo, occorre il perseguimento di un legittimo interesse del titolare del trattamento o di terzi; in secondo luogo, deve sussistere la necessità del trattamento dei dati personali per la realizzazione del legittimo interesse perseguito e, infine, è necessario che gli interessi o i diritti e le libertà fondamentali dell'interessato dalla tutela dei dati non prevalgano sul legittimo interesse del responsabile del trattamento o di terzi[48].

Nel caso, *Meta* c. *Facebook* aveva indicato numerosi interessi suscettibili di legittimare il trattamento dei dati ai sensi della lett. f). In particolare, per la rilevanza nell'ambito del modello economico degli operatori digitali, era stato segnalato l'interesse alla personalizzazione delle pubblicità e quello del miglioramento dei prodotti[49].

Quanto alla personalizzazione della pubblicità, la Corte osserva che, secondo il considerando 47 del RDGP[50], il trattamento di dati personali per finalità di marketing diretto può essere considerato come effettuato per soddisfare un legittimo interesse del responsabile del trattamento. Tuttavia, sempre alla luce del medesimo considerando, in sede di ponderazione di tale

[48] Sentenza del 17 giugno 2021, M.I.C.M., C-597/19, EU:C:2021:492, pt. 106 e giurisprudenza ivi citata. Per l'analisi nel dettaglio di questi requisiti si vedano i ptt. 107-112 della sentenza *Meta* c. *Facebook*, cit.

[49] Il giudice del rinvio fa riferimento alla personalizzazione della pubblicità, alla sicurezza del *network*, al miglioramento del prodotto, all'informazione delle autorità competenti per l'esercizio dell'azione penale e per l'esecuzione di pene, al fatto che l'utente sia un minorenne, alla ricerca e all'innovazione per finalità sociali nonché all'offerta, destinata agli inserzionisti e ad altri partner professionali, di servizi di comunicazione commerciale destinati all'utente e di strumenti di analisi che consentano a questi ultimi di valutare le loro prestazioni (pt. 113 della sentenza *Meta* c. *Facebook*, cit.).

[50] Sentenza *Meta* c. *Facebook*, cit., pt. 115.

interesse con le libertà e i diritti fondamentali della persona interessata, occorre verificare se l'interessato al momento della raccolta dei dati personali possa ragionevolmente aspettarsi che abbia luogo un trattamento a tale fine. Malgrado "la gratuità dei servizi di un *social network online* quale Facebook – osserva la Corte – l'utente di quest'ultimo non può ragionevolmente attendersi che, senza il suo consenso, l'operatore di tale *social network* tratti i suoi dati personali a fini di personalizzazione della pubblicità" [51]. In tali circostanze, concludono i giudici, si deve ritenere che i diritti fondamentali dell'utente prevalgano sull'interesse dell'operatore alla personalizzazione della pubblicità mediante la quale egli finanzia la sua attività; di conseguenza il trattamento da quest'ultimo effettuato a tali fini non può rientrare nell'ambito di applicazione dell'art. 6, par. 1, comma 1, lett. f), RGPD [52]. Ciò è tanto più vero laddove, come nel caso *Meta* c. *Facebook*, il trattamento è particolarmente esteso, giacché verte su dati potenzialmente illimitati e ha un notevole impatto sull'utente, di cui Meta controlla gran parte, se non la quasi totalità, delle attività online, circostanza che può suscitare su quest'ultimo la sensazione di una continua sorveglianza della sua vita privata [53].

Quanto invece al miglioramento del prodotto, secondo la Corte, anch'esso potrebbe rappresentare un interesse legittimo ai sensi della lett. f), segnatamente nell'ipotesi in cui l'obiettivo sia quello di renderlo più performante. Tuttavia, nel caso di specie, appare dubbio agli occhi dei giudici che tale obiettivo, tenuto conto della portata del trattamento *de quo*, del suo notevole impatto sull'utente, nonché della circostanza che quest'ultimo non possa ragionevolmente attendersi che tali dati siano trattati da *Meta* c. *Facebook*, possa prevalere sui diritti fondamentali e sugli interessi di detto utente, tanto più nel caso in cui quest'ultimo sia minorenne [54].

Il tema toccato da entrambe queste valutazioni della Corte è quello della 'ragionevole aspettativa' dell'utente quanto al trattamento dei suoi dati personali. Alla luce del considerando n. 47 del RGDP il rapporto tra gli interessi legittimi del titolare del trattamento dati – nel caso: marketing e/o miglioramento del prodotto – e i diritti e le libertà fondamentali dell'utente interessato deve venire risolto a favore di questi ultimi salvo che, in considerazione degli specifici rapporti tra le parti, l'utente possa ragionevolmente attendersi che i suoi dati personali vengano trattati dal titolare. Quello che va osservato

---

[51] Sentenza *Meta* c. *Facebook*, cit., pt. 117.

[52] Sentenza *Meta* c. *Facebook*, cit., pt. 117.

[53] Sentenza *Meta* c. *Facebook*, cit., pt. 118.

[54] Sentenza *Meta* c. *Facebook*, cit., pt. 123.

è che la sentenza della Corte respinge meritoriamente l'idea che l'utente possa ragionevolmente attendersi che un servizio online offerto gratuitamente sia, in realtà, 'pagato' con i dati che esso ha 'disseminato' nella rete attraverso le relazioni che intrattiene o ha intrattenuto con altri operatori online. Correttamente ci pare, la tutela del diritto fondamentale della privacy fa premio su tale ambigua e non provata ipotesi.

Cercando di giungere ad una sintesi delle valutazioni della Corte analizzate in questo paragrafo e in quello precedente – ossia relative alle lett. b) ed f) dell'art. 6, par. 1, comma 1, – ci pare di poter osservare che in relazione alle esigenze di raccolta dati personali ai fini di una profilazione degli utenti finalizzata a fornire un servizio di *social network*, quale quello di Facebook, i giudici europei non vedono come ammissibile un trattamento dei dati privo del consenso degli interessati. Né le ipotetiche esigenze di esecuzione del contratto (lett. b), né gli interessi del titolare del trattamento o di terzi (lett. f) possono giustificare una raccolta dei dati personali il cui titolare non sia consapevole e non abbia dato il proprio accordo. Considerato il contenuto del servizio, ci pare una posizione pienamente condivisibile. Naturalmente però applicabile solo al tipo di servizio considerato. Per altri la valutazione delle disposizioni in questione potrebbe cambiare.

6. Posizione dominante e libera prestazione del consenso.

Un'ulteriore questione posta alla Corte e assai rilevante ai fini della definizione dei rapporti tra antitrust e privacy, consisteva nel domandarsi se il consenso [55] espresso da un utente di *social network* al trattamento dei propri dati può dirsi 'liberamente prestato' ai sensi dell'art. 4, punto 11, RGDP, qualora il *social network* occupi una posizione dominante sul mercato rilevante [56].

La risposta [57] della Corte si articola su una posizione di principio e tre caveat.

---

[55] Come sopra ricordato l'art. 6, par. 1, comma 1, lett. a), e l'art. 9, par. 2, lett. a), RGPD richiedono il consenso dell'interessato ai fini, rispettivamente, del trattamento, per una o più finalità specifiche, dei suoi dati personali e del trattamento di categorie particolari di dati considerati da tale art. 9, par. 1.

[56] L'art. 4, punto 11, RGPD definisce la nozione di «consenso» come «qualsiasi manifestazione di volontà libera, specifica, informata e inequivocabile dell'interessato, con la quale lo stesso manifesta il proprio assenso, mediante dichiarazione o azione positiva inequivocabile, [a] che i dati personali che lo riguardano siano oggetto di trattamento».

[57] In premessa la Corte osserva che: *i*) conformemente al considerando 42 del RGPD, il

In termini di principio, essa afferma che la circostanza che l'operatore di un *social network* online occupi una posizione dominante sul suo mercato "non osta, di per sé, a che gli utenti di tale *social network* possano validamente acconsentire, ai sensi dell'art. 4, punto 11, del RGPD, al trattamento dei loro dati personali effettuato da tale operatore" [58].

Tuttavia, occorre tenere presente, come primo caveat, che il considerando n. 42 del RGDP precisa che il consenso non può essere considerato liberamente prestato se l'interessato non è in grado di operare una scelta autenticamente libera o è nell'impossibilità di rifiutare o revocare lo stesso senza subire pregiudizio. Pertanto, ad avviso della Corte, l'eventuale posizione dominante dell'operatore deve essere presa in considerazione nella valutazione della validità e, in particolare, della libertà del consenso prestato dall'utente del *social network*; quest'ultimo, in linea con quanto indicato dal considerando 42, dovrebbe essere in grado di rifiutare o di revocare il suo consenso senza subire pregiudizio [59].

Secondo caveat. La Corte ricorda che il considerando n. 43 del RGDP afferma che, per garantire che il consenso sia prestato liberamente, è opportuno che esso non costituisca un valido fondamento giuridico per il trattamento dei dati personali, qualora esista un evidente squilibrio tra l'interessato e il titolare del trattamento. Sempre secondo tale considerando, occorre presumere che il consenso non sia stato liberamente espresso se non è possibile prestarlo separatamente per distinti trattamenti di dati personali, nonostante sia appropriato nel singolo caso. Ora, secondo la Corte, l'esistenza di una posizione dominante "è tale da creare uno squilibrio evidente, ai sensi del considerando 43 del RGPD tra l'interessato e il titolare del trattamento, squilibrio che favorisce, segnatamente, l'imposizione di condizioni che non sono strettamente necessarie all'esecuzione del contratto, il che deve essere preso

consenso non può essere considerato liberamente prestato se l'interessato non è in grado di operare una scelta autenticamente libera o è nell'impossibilità di rifiutare o revocare il consenso senza subire pregiudizio; *ii*) in base al considerando 43 del regolamento il consenso non costituisce un valido fondamento giuridico per il trattamento dei dati personali, qualora esista un evidente squilibrio tra l'interessato e il titolare del trattamento; inoltre si presume che esso non sia stato liberamente prestato se non è possibile prestare un consenso separato a distinti trattamenti di dati personali, nonostante sia appropriato nel singolo caso; *iii*) l'art. 7, par. 4, RGPD prevede che, nel valutare se il consenso sia stato liberamente prestato, si tiene nella massima considerazione l'eventualità, tra le altre, che l'esecuzione di un contratto, compresa la prestazione di un servizio, sia condizionata alla prestazione del consenso al trattamento di dati personali non necessario all'esecuzione di tale contratto.

[58] Sentenza *Meta* c. *Facebook*, cit., pt. 147.

[59] Sentenza *Meta* c. *Facebook*, cit., pt. 148.

in considerazione conformemente all'art. 7, par. 4, di tale regolamento (…)"[60]. Di conseguenza – ed è questa l'indicazione di carattere operativo più significativa fornita dalla Corte – gli utenti devono disporre della libertà di rifiutare individualmente, nell'ambito della procedura contrattuale, di prestare il loro consenso a operazioni particolari di trattamento di dati non necessarie all'esecuzione del contratto, senza essere per questo tenuti a rinunciare integralmente alla fruizione del servizio offerto dall'operatore del *social network online*; il che implica che a detti utenti venga proposta, se del caso a fronte di un adeguato corrispettivo, un'alternativa equivalente non accompagnata da simili operazioni di trattamento di dati[61].

Terzo e ultimo caveat. In riferimento specifico alla vicenda *Meta* c. *Facebook*, tenuto conto della portata del trattamento dei dati e del suo notevole impatto sugli utenti di tale *network*, nonché della circostanza che tali utenti non possano ragionevolmente attendersi che dati diversi da quelli relativi al loro comportamento all'interno del *social network* siano trattati dall'operatore di quest'ultimo, è opportuno, ai sensi del considerando 43, "che possa essere prestato un consenso separato per il trattamento di questi ultimi dati, da un lato, e dei dati *off* Facebook, dall'altro"[62].

Le conseguenze delle suddette considerazioni della Corte non sono di poco conto. In sostanza, la Corte afferma che se il titolare del trattamento dei dati possiede una posizione dominante, l'esigenza di un consenso libero al trattamento degli stessi comporta che il titolare debba offrire ai suoi utenti l'opzione tra un servizio basato sulla raccolta anche dei dati non strettamente necessari all'esecuzione del contratto ed un servizio equivalente non implicante la suddetta raccolta dati, eventualmente, se del caso, dietro pagamento di un corrispettivo.

In relazione a quanto sopra occorre osservare che le relazioni tra antitrust e privacy raggiungono livelli di complessità elevati. Si pensi al riguardo che la posizione dominante comporta l'obbligo di offrire un'opzione tra (almeno) due servizi equivalenti poiché l'assenza di questa offerta determina una violazione dell'art. 4, punto 11, RGDP (consenso liberamente prestato), sennonché. poiché la violazione del RGDP rappresenta un 'importante indizio' di infrazione antitrust, l'impresa in posizione dominante parrebbe subire un 'quasi obbligo' anche di natura concorrenziale di prestare la suddetta opzione.

---

[60] Sentenza *Meta* c. *Facebook*, cit., pt. 149.

[61] Sentenza *Meta* c. *Facebook*, cit., pt. 150.

[62] Sentenza *Meta* c. *Facebook*, cit., pt. 151.

7. In sintesi.

In merito alla possibilità per le autorità nazionali garanti della concorrenza di accertare, in via incidentale, la conformità di un trattamento di dati personali alle condizioni stabilite nel RGPD, la Corte ha constatato che non esistano norme che vi ostino. Tuttavia dal principio di leale cooperazione ha tratto limiti abbastanza rigorosi all'estensione di tale accertamento. Le suddette autorità possono procedere alla valutazione unicamente nell'ipotesi in cui l'autorità di controllo sulla privacy si sia espressa, e in maniera incontroversa, nel senso della conformità o meno di quello stesso trattamento con la disciplina del RGDP, e senza discostarsi da questa valutazione. Negli altri casi l'obbligo di leale cooperazione impone alle autorità della concorrenza, prima di esprimere il proprio giudizio, sotto l'angolatura antitrust, di compulsare quella competente al controllo del rispetto della privacy per conformarsi all'orientamento di quest'ultima.

Quanto alla rilevanza dell'eventuale violazione della privacy ai fini dell'accertamento di una infrazione antitrust, la Corte ha affermato che tale violazione può costituire un 'importante indizio' fra le circostanze rilevanti del caso di specie per stabilire se la condotta considerata costituisca un ricorso a mezzi diversi da quelli su cui s'impernia la concorrenza normale nonché per valutare le conseguenze di una determinata pratica sul mercato o per i consumatori. Al riguardo si è osservato che, nonostante la necessità di provare l'effetto anticoncorrenziale, l'accertamento dell'infrazione antitrust va effettuata partendo dal dato 'oggettivo' della violazione della privacy, e ciò probabilmente condizionerà in maniera significativa l'esito della decisione antitrust. Inoltre, potrebbe presentarsi qualche cortocircuito sul piano probatorio poiché in base al RGDP la prova della violazione dello stesso è fornita dall'incapacità del titolare del trattamento di dimostrare la liceità del suo operato, mentre in virtù della disciplina antitrust, è all'autorità garante per la concorrenza che incomberebbe l'onere di dimostrare l'illiceità della condotta del titolare del trattamento.

In merito alla possibilità di trattare i dati personali degli utenti senza il loro consenso sulla base dell'art. 6, comma 1, par. 1, lett. b), RGDP la Corte ha precisato che affinché un tale tipo di trattamento sia considerato necessario all'esecuzione di un contratto, esso deve essere oggettivamente indispensabile per realizzare la prestazione contrattuale destinata all'interessato. La Corte segue dunque un approccio basato su una rigorosa corrispondenza del consenso dell'utente al servizio online che questi stipula con l'operatore del *social network*, consenso che copre solo il trattamento dei dati essenziale al contratto concluso con l'operatore e non servizi/attività ulteriori o collaterali, quand'anche utili all'utente o migliorativi del servizio.

In relazione alla possibilità di trattare i dati personali degli utenti senza il loro consenso sulla base dell'art. 6, comma 1, par. 1, lett. f), la Corte ha osservato che, in sede di ponderazione del legittimo interesse ad operare attività di marketing con le libertà e i diritti fondamentali della persona interessata, occorre verificare se l'interessato al momento della raccolta dei dati personali possa ragionevolmente attendersi che abbia luogo un trattamento a tale fine. Malgrado la gratuità dei servizi di un *social network online* quale Facebook – hanno valutato i giudici – l'utente di quest'ultimo non può ragionevolmente attendersi che, senza il suo consenso, l'operatore di tale *social network* tratti i suoi dati personali a fini di personalizzazione della pubblicità. Pertanto, hanno concluso, i diritti fondamentali dell'utente devono prevalere e il trattamento dei dati effettuato ai fini di marketing non può rientrare nell'ambito di applicazione della menzionata disposizione.

Infine, per quanto attiene, all'impatto che l'esistenza di una posizione dominante dell'operatore digitale, la Corte ha affermato che gli utenti di un tale operatore devono disporre della libertà di rifiutare individualmente, nell'ambito della procedura contrattuale, di prestare il loro consenso a operazioni particolari di trattamento di dati non necessarie all'esecuzione del contratto, senza essere per questo tenuti a rinunciare integralmente alla fruizione del servizio offerto dall'operatore; il che implica che a detti utenti venga proposta, se del caso a fronte di un adeguato corrispettivo, un'alternativa equivalente non accompagnata da simili operazioni di trattamento di dati.

Antitrust e pluralismo dell'informazione: un'alternanza in favore della democrazia

Oreste Pallotta *

1. Considerazioni preliminari.

La questione del rapporto intercorrente tra la libertà di concorrenza e la tutela del pluralismo dell'informazione, pur rappresentando un tema risalente, tende purtuttavia a riproporsi di continuo, peraltro in termini costantemente diversi e sempre più problematici. D'altro canto, per avere un immediato *flavour* della dimensione e pregnanza che tutt'oggi assume il tema, basterebbe solo citare il recente caso della commercializzazione di un'applicazione di intelligenza artificiale che, ad appena cinque giorni dal suo lancio commerciale, ha registrato cento milioni di *account* connessi ed almeno altrettanti cittadini globali pronti a ricevere i contenuti che, attraverso quel *medium*, verranno veicolati [1].

Si tratta di numeri talmente impressionanti, peraltro verosimilmente destinati ad essere addirittura surclassati da prossimi nuovi lanci commerciali in concorrenza, che da soli svelano chiaramente la portata odierna del tema della tutela del pluralismo dell'informazione e la molteplicità delle questioni

---

* Professore Associato di Diritto dell'Unione europea presso il Dipartimento di Giurisprudenza dell'Università degli Studi di Palermo.

[1] Cfr. https://www.ansa.it/sito/notizie/tecnologia/internet_social/2023/07/10/threads-oltre-100-milioni-di-utenti-in-cinque-giorni_d26662b6-9f0e-4f9c-b0a0-054e133ccf7b.html.

sottese; difatti, da un lato, si assiste ad una crescita esponenziale del novero dei beni giuridici primari tutelabili mediante la salvaguardia del pluralismo (non trattandosi più di difendere unicamente la corretta formazione della volontà politica del cittadino, la sua libertà di espressione, nonché il funzionamento dei c.d. corpi intermedi, ma di proteggere un più ampio spettro di diritti individuali, inclusa la salute e l'integrità psico-fisica dei minori); dall'altro lato, si è in presenza oramai di un fenomeno di portata sempre più globale, tale da richiedere sempre maggiori interventi legislativi europei di armonizzazione.

Nonostante la sua attualità e rilevanza, il rapporto tra diritto generale antitrust e disciplina settoriale a tutela del pluralismo continua nondimeno ad essere non univocamente risolvibile ed a presentare diversi aspetti di complessità[2].

Ciò deriva da almeno tre ordini di ragioni: *i*) il pluralismo dell'informazione trova diretta tutela attraverso vari *framework* normativi (di cui si dirà appresso) molto eterogenei tra loro, oltre che, naturalmente, nelle disposizioni primarie contenute nei Trattati e nelle Carte; *ii*) non è affatto chiaro in che misura i servizi di media audiovisivi e, più in generale, i contenuti informativi ricadano nella nozione di servizio di interesse economico generale ("s.i.e.g.") e, quindi, siano riconducibili alla generale deroga all'applicazione delle norme antitrust di cui i s.i.e.g. possono beneficiare ai sensi dell'art. 106, par. 2, TFUE[3]; *iii*) non è infine univocamente definibile la relazione

---

[2] In fondo, si è già osservato in dottrina che «[p]uò esservi un grado adeguato di concorrenza che non garantisce il pluralismo (ad esempio in assenza di indipendenza nell'elaborazione o di autonomia editoriale dei fornitori di contenuti), e può esservi pluralismo anche in assenza di un grado sufficiente di concorrenza su taluni mercati (ad esempio un operatore che gestisce la piattaforma distributiva in regime di monopolio può consentire la libertà di accesso necessaria [...]»; F. BASSAN-S. VENTURINI, *Pluralismo e par condicio*, in F. BASSAN-E. TOSI, *Diritto degli audiovisivi – Commento al nuovo Testo Unico dei Servizi di Media Audiovisivi e Radiofonici come modificato dal D.Lgs. 15 marzo 2010, n. 44*, Milano, 2012, p. 143. Si veda anche sul tema V. FRANCESCHELLI-E.M. COTUGNO, *Diritto delle comunicazioni – Studi e capitoli*, Milano, 2022, specialmente p. 150 ss.; nonché K. CSERES-M. KOZAK, *Media pluralism and EU competition law. What role EU competition rules play in fostering media pluralism in the Member States?*, in acelg.uva.nl, Amsterdam, 2021; A. GARCIA PIRES, *Media Pluralism and Competition*, in *Eur. J. Law Econ.*, 2017, p. 255 ss.

[3] Come noto, tale disposizione prevede che «[l]e imprese incaricate della gestione di servizi di interesse economico generale o aventi carattere di monopolio fiscale sono sottoposte alle norme dei trattati, e in particolare alle regole di concorrenza, nei limiti in cui l'applicazione di tali norme non osti all'adempimento, in linea di diritto e di fatto, della specifica missione loro affidata [...]». All'interno della gigantesca bibliografia di commento a tale disposizione, si vedano A. GARDELLA, *Commento all'art. 106 TFUE*, in A. TIZZANO (a cura

che sussiste tra l'applicazione delle regole generali di concorrenza e le norme a presidio del pluralismo dell'informazione, e dunque il tipo di rapporto che intercorre tra le due forme di tutela.

Procedendo con ordine, sul primo aspetto, il diritto fondamentale al pluralismo dell'informazione[4] – nelle sue diverse accezioni di cui si dirà appresso – trova tutela attraverso un quadro giuridico europeo di riferimento frammentato, non perfettamente coordinato, e per il quale non è nemmeno così agevole individuarne la precisa perimetrazione, specie dal punto di vista soggettivo. Non è difatti casuale che la Commissione europea abbia sentito l'esigenza di intervenire con una Proposta di Regolamento del Parlamento europeo e del Consiglio *che istituisce un quadro comune per i servizi di media nell'ambito del mercato interno (legge europea per la libertà dei media) e modifica la direttiva 2010/13/UE*[5].

D'altronde, tanta e tale è l'evoluzione della tecnica attraverso la quale avviene oramai la trasmissione delle idee e delle notizie, che si fatica a rincorrere normativamente i vari canali di espressione della libertà di pensiero e di approvvigionamento delle informazioni rilevanti; per le medesime ragioni, diviene altrettanto difficile rintracciare organicamente i diversi pericoli che questa stessa libertà via via incorre ed offrire tutele adeguate.

Tale frammentarietà si spiega, in primo luogo, con le diverse sfaccettature della nozione di pluralismo dell'informazione, sinteticamente raggruppate – stando all'orientamento costituzionale interno – nelle due distinte nozioni di pluralismo interno e di pluralismo esterno[6], che già di per

---

di), *Trattati dell'Unione Europea*, Milano, 2014, p. 1117 ss.; M. LIBERTINI-V. MINERVINI, *Commento all'art. 106 TFUE*, in F. ARENA-R. CHIEPPA, *Codice della concorrenza*, Milano, 2023, p. 94 ss.

[4] Tra i moltissimi scritti in merito a tale diritto fondamentale, si vedano esemplificativamente R. MASTROIANNI, *Freedom and pluralism of the media: an European value waiting to be discovered?*, in *MediaLaws*, 2022, n. 1, p. 100 ss.; F. FERRARO, *Brevi note sulla libertà di espressione e di informazione nel diritto dell'Unione*, in R. MASTROIANNI-F. FERRARO (a cura di), *Libertà di informazione e diritto dell'Unione europea – Le nuove sfide a tutela della democrazia e del pluralismo*, Napoli, 2022, p. 1 ss.

[5] Proposta del 16 settembre 2022 COM(2022) 457 final. Tale proposta «si basa sul piano d'azione per la democrazia europea con cui la Commissione europea ha proposto una serie di misure volte a promuovere la partecipazione democratica, combattere la disinformazione e sostenere mezzi di informazione liberi e indipendenti»; cfr. p. 6 della relazione di accompagnamento.

[6] In base alla pronuncia della Corte cost. n. 826/1988 «il pluralismo dell'informazione radiotelevisiva significa, innanzitutto, possibilità di ingresso, nell'ambito dell'emittenza pubblica e di quella privata, di quante più voci consentano i mezzi tecnici, con la concreta possibilità nell'emittenza privata – perché il pluralismo esterno sia effettivo e non meramente fit-

sé necessitano di discipline diverse in funzione dell'eterogeneità dei fini.

In secondo luogo, si giustifica con l'incessante evoluzione tecnologica, che ha spostato il *focus* normativo dalla tradizionale televisione lineare punto-multipunto alle piattaforme di intermediazione *on-line* ed ai *social network*, in considerazione dell'enorme "massa critica" di contatti che tali piattaforme sono in grado di generare in pochissimo tempo.

Da ultimo, non va nemmeno sottovalutata l'altrettanto frenetica moltiplicazione e diversificazione delle offerte commerciali con le quali i contenuti informativi giungono ai clienti (visto che, ad esempio, la disintermediazione distributiva resa possibile da internet ha indotto i principali produttori di contenuti audiovisivi a lanciare direttamente propri *bouquet* commerciali *retail*, bypassando la funzione dei c.d. aggregatori commerciali), così come il repentino ed incessante mutamento delle abitudini di consumo che, giocoforza, costringe la legislazione europea alla rincorsa dei *gap* di tutela.

In tale costante evoluzione tecnologica e commerciale [7], anche il recente *refitting* degli obblighi di programmazione contenuti alla direttiva AVMS [8], per quanto oggi estesa anche alle piattaforme di *video-sharing on line* [9], non

tizio – che i soggetti portatori di opinioni diverse possano esprimersi senza il pericolo di essere emarginati a causa dei processi di concentrazione delle risorse tecniche ed economiche nelle mani di uno o di pochi e senza essere menomati nella loro autonomia. Sotto altro profilo, il pluralismo si manifesta nella concreta possibilità di scelta, per tutti i cittadini, tra una molteplicità di fonti informative, scelta che non sarebbe effettiva se il pubblico al quale si rivolgono i mezzi di comunicazione audiovisiva non fosse in condizione di disporre, tanto nel quadro del settore pubblico che in quello privato, di programmi che garantiscono l'espressione di tendenze aventi caratteri eterogenei»; par. 11. Si vedano anche Corte cost. sentenze nn. 420/1994 e 155/2002.

[7] Per una *overview* normativa, si veda anche M. D'Ostuni-A. Caravita di Toritto, *Evoluzione del contesto normativo di riferimento*, in G. Cassano-C.E. Cazzato-F. Di Ciommo (a cura di), *Trattato delle garanzie nelle comunicazioni*, Milano, 2023, p. 3 ss.

[8] Cfr. direttiva (UE) 2018/1808 del Parlamento europeo e del Consiglio del 14 novembre 2018, *recante modifica della direttiva 2010/13/UE, relativa al coordinamento di determinate disposizioni legislative, regolamentari e amministrative degli Stati membri concernenti la fornitura di servizi di media audiovisivi (direttiva sui servizi di media audiovisivi), in considerazione dell'evoluzione delle realtà del mercato*, in *GUUE* L303 del 28 novembre 2018, p. 68 ss.

[9] Per "servizio di piattaforma per la condivisione di video" si intende «un servizio quale definito agli articoli 56 e 57 del trattato sul funzionamento dell'Unione europea, ove l'obiettivo principale del servizio stesso, di una sua sezione distinguibile o di una sua funzionalità essenziale sia la fornitura di programmi, video generati dagli utenti o entrambi per il grande pubblico, per i quali il fornitore della piattaforma per la condivisione di video non ha responsabilità editoriale, al fine di informare, intrattenere o istruire attraverso reti di comunicazioni elettroniche ai sensi dell'articolo 2, lettera a), della direttiva 2002/21/CE e la cui organizza-

è già più idoneo a cogliere esaustivamente la portata dei rischi potenziali per il pluralismo dell'informazione ed a colmare la lista dei rimedi necessari; e nemmeno si è rivelata sufficiente l'imponente riscrittura del Codice europeo delle comunicazioni elettroniche [10] (di seguito, il "Codice"), che pure concede – per quanto qui di rilievo – amplissimi poteri alle autorità nazionali di regolamentazione ("ANR") in punto di imposizione di rimedi *ex ante* dei relativi mercati a monte di accesso alle reti ed infrastrutture.

Il Codice, infatti, affida alle ANR poteri di natura regolamentare mediante i quali è possibile imporre pesantissime limitazioni alla libertà di impresa e di concorrenza nel settore strategico delle comunicazioni elettroniche, poteri subordinati unicamente a talune pre-condizioni cumulative ad ampia discrezionalità tecnica (il c.d. test dei tre criteri di cui si dirà dopo). Ciò ha reso le ANR dei veri e propri legislatori di secondo livello, per i quali il potere di incidere sul libero gioco della concorrenza è reso particolarmente ampio dalla sostanziale natura "in bianco" dei loro poteri (o, quantomeno, del loro esercizio concreto).

Si sono così resi necessari, sebbene a distanza di pochi anni, due ulteriori e massicci interventi normativi europei con l'adozione del *Digital Services Act* [11] e del *Digital Markets Act* [12], dai quali – come meglio si dirà appresso – emergono istituti giuridici del tutto nuovi, come la nozione di piattaforma di grandi dimensioni e quella di *gatekeeper*, ad elevato impatto innovativo [13]. La normativizzazione di tali nuove fattispecie appare peraltro mutare signi-

---

zione è determinata dal fornitore della piattaforma per la condivisione di video, anche con mezzi automatici o algoritmi, in particolare mediante visualizzazione, attribuzione di tag e sequenziamento». Cfr. art. 1, comma 1, lett. b), della direttiva AVMS.

[10] Direttiva (UE) 2018/1972 del Parlamento europeo e del Consiglio dell'11 dicembre 2018 *che istituisce il codice europeo delle comunicazioni elettroniche*, in *GUUE* L321 del 17 dicembre 2018, p. 36 ss.

[11] Regolamento (UE) 2022/2065 del Parlamento europeo e del Consiglio del 19 ottobre 2022 *relativo a un mercato unico dei servizi digitali e che modifica la direttiva 2000/31/CE (regolamento sui servizi digitali)*, in *GUUE* L277 del 27 ottobre 2022, p. 1 ss.

[12] Regolamento (UE) 2022/1925 del Parlamento europeo e del Consiglio del 14 settembre 2022 *relativo a mercati equi e contendibili nel settore digitale e modifica le direttive (UE) 2019/1937 e (UE) 2020/1828 (regolamento sui mercati digitali)*, in *GUUE* L265 del 12 ottobre 2022, p. 1 ss.

[13] Per un approfondimento si vedano O. GRANDINETTI, *Le piattaforme digitali tra libertà di impresa e libertà di espressione e di informazione*, in R. MASTROIANNI-F. FERRARO (a cura di), *Libertà di informazione e diritto dell'Unione europea – Le nuove sfide a tutela della democrazia e del pluralismo*, cit., p. 105 ss.; C. SCHEPISI, *Brevi riflessioni sul pluralismo dell'informazione, aiuti di stato e digitalizzazione dei new media*, *ibidem*, p. 129 ss.

ficativamente – per quanto qui interessa e si dirà – il rapporto tra l'applicazione delle regole UE di concorrenza e gli obiettivi settoriali di tutela del pluralismo, marcandone per certi versi la distanza.

Inoltre, ogni discussione sui "confini dell'antitrust" non può che tenere conto del paradigma rintracciabile nell'art. 106, par. 2, TFUE relativo alla deroga di cui beneficiano i s.i.e.g. Ed anche su questo aspetto si rinviene un ulteriore profilo problematico del tema di cui ci si occupa, posto che non è affatto chiaro dalle discipline di riferimento in che misura i servizi di media audiovisivi e multimediali, così come tutte gli altri servizi tecnologici di varia natura, idonei a diffondere contenuti ed informazioni, siano sussumibili nella nozione di s.i.e.g. e, quindi, nella relativa disciplina speciale. Di conseguenza, non si è ancora oggi in grado di comprendere se tutta l'informazione (*lato sensu* intesa), indipendentemente dallo *status* giuridico dell'editore, sia o meno ricompresa nella nozione di s.i.e.g.

Infine, il rapporto tra libertà di concorrenza e tutela del pluralismo dell'informazione non segue direttrici univoche, come sembra accadere nei rapporti tra libertà di concorrenza ed altri diritti sociali, laddove è piuttosto evidente come la piena tutela del diritto sociale di volta in volta preminente si ponga tendenzialmente come un limite all'applicazione delle regole UE di concorrenza, in funzione – appunto – del preminente valore sociale da tutelare rispetto al libero gioco del mercato. In altri termini, nella maggior parte dei casi in cui la libertà di concorrenza si ponga a confronto con un interesse sociale primario prevalente, il diritto antitrust diviene recessivo – non applicandosi o applicandosi in parte – rispetto al pieno godimento di quel determinato diritto sociale.

Invece, nel caso dei rapporti tra libertà di concorrenza e pluralismo dell'informazione possono riscontrarsi almeno tre tipi di interrelazioni: *a*) di **inclusione**, nel senso che il generale principio di tutela del pluralismo include funzionalmente anche la libertà di concorrenza, nella veste del pluralismo esterno; *b*) di **esclusione**, laddove – come esemplificativamente accade per la disciplina sulla concessionaria del servizio pubblico radiotelevisivo – si ritenga che l'applicazione delle norme antitrust possa pregiudicare il bene primario del pluralismo dell'informazione; *c*) di **complementarietà**, allorquando invece la regolamentazione speciale a tutela del pluralismo interviene – con diversi presupposti e gradualità – secondo lo schema tipico dei fallimenti di mercato.

In quest'ultimo caso, l'applicazione della regolamentazione settoriale trova spazio in una duplice tipologia di occasioni: *i*) qualora l'applicazione delle regole "ordinarie" antitrust si riveli insufficiente da sola a risolvere il problema potenziale per il pluralismo ed è dunque necessario un procedimento di delibazione della Commissione europea o della ANR competente, fondato comunque su di una analisi dei mercati impattati (è ad esempio questo il caso degli obblighi asimmetrici previsti dal Codice o della disciplina delle posizioni lesive del pluralismo contenuta al TUSMA [14]); *ii*) oppure qualora il rischio di lesione del pluralismo dell'informazione sia talmente elevato ed imminente da richiedere un'accelerazione dell'intervento pubblico, mediante obblighi regolamentari direttamente previsti *ex lege* al verificarsi di determinati presupposti dimensionali e di mercato (è il caso, ad esempio, delle piattaforme di grandi dimensioni o del *gatekeeper*).

Vale la pena affrontare compiutamente tutti tali aspetti.

2. Il quadro giuridico europeo a tutela del pluralismo dell'informazione.

Tralasciando in questa sede i parametri "costituzionali" rinvenibili agli artt. 10 Cedu [15] ed 11 della Carta di Nizza [16], come anche la disciplina *de iure condendo* innanzi citata, il primo *corpus* normativo europeo a venire in rilievo in tema di pluralismo dell'informazione è chiaramente la **direttiva**

---

[14] D.lgs. 8 novembre 2021, n. 208, recante *Attuazione della direttiva (UE) 2018/1808 del Parlamento europeo e del Consiglio, del 14 novembre 2018, recante modifica della direttiva 2010/13/UE, relativa al coordinamento di determinate disposizioni legislative, regolamentari e amministrative degli Stati membri, concernente il testo unico per la fornitura di servizi di media audiovisivi in considerazione dell'evoluzione delle realtà del mercato*, in *GU* n. 293 del 10 dicembre 2021. Sul tema, si veda O. GRANDINETTI, *Il sistema integrato delle comunicazioni (SIC)*, in G. CASSANO-C.E. CAZZATO-F. DI CIOMMO (a cura di), *Trattato delle garanzie nelle comunicazioni*, cit., p. 275 ss.

[15] Il primo paragrafo, tutelando la libertà di espressione, stabilisce che «[o]gni persona ha diritto alla libertà d'espressione. Tale diritto include la libertà d'opinione e la libertà di ricevere o di comunicare informazioni o idee senza che vi possa essere ingerenza da parte delle autorità pubbliche e senza limiti di frontiera. Il presente articolo non impedisce agli Stati di sottoporre a un regime di autorizzazione le imprese di radiodiffusione, cinematografiche o televisive».

[16] Come noto, tale art. tutela la libertà di espressione e d'informazione, prevedendo che: «1. Ogni persona ha diritto alla libertà di espressione. Tale diritto include la libertà di opinione e la libertà di ricevere o di comunicare informazioni o idee senza che vi possa essere ingerenza da parte delle autorità pubbliche e senza limiti di frontiera. 2. La libertà dei media e il loro pluralismo sono rispettati». Tra i tanti commenti, si veda soprattutto R. MASTROIANNI-G. STROZZI, *Commento all'art. 11*, in R. MASTROIANNI-O. POLLICINO-S. ALLEGREZZA-F. PAPPALARDO-O. RAZZOLINI (a cura di), *Carta dei diritti fondamentali dell'Unione europea*, Milano, 2017, p. 217 ss.

AVMS, che richiama – mutuando una terminologia derivata dalla giurisprudenza interna della Corte costituzionale – tanto la nozione di pluralismo interno, quanto quella di pluralismo esterno.

Al cinquantaquattresimo cons. della direttiva AVMS si legge infatti che, «poiché uno degli scopi dei servizi di media audiovisivi è operare nell'interesse dei singoli e plasmare l'opinione pubblica, è essenziale che tali servizi possano informare i singoli e la società nel modo *più completo possibile* e con il *più elevato livello di eterogeneità*» (corsivo aggiunto). Tale eterogeneità, ovviamente, può raggiungersi sia garantendo il più ampio numero di voci interne, quindi con l'apertura del mezzo mediatico alle diverse opinioni, sia – ed a maggior ragione – ponendo le condizioni di mercato affinché vi sia e permanga il maggior numero di operatori della comunicazione e dell'informazione, quindi con la salvaguardia del pluralismo esterno.

Più specificamente rivolto all'accesso delle diverse formazioni politico-sociali ai canali d'informazione è, invece, il sessantaduesimo cons. della direttiva AVMS, a mente del quale «il *diritto di accedere a programmi di informazione politica* è essenziale per tutelare la libertà fondamentale di essere informati e per assicurare che gli interessi dei telespettatori nell'Unione siano pienamente e adeguatamente protetti» (corsivo aggiunto).

Senza potersi qui diffondere in un'analisi dettagliata delle singole disposizioni della direttiva in questione, il pluralismo esterno è specialmente tutelato dalle regole sulle modalità di finanziamento, prime fra tutte le norme sulla pubblicità commerciale (principale fonte di finanziamento)[17]; quello interno mediante gli obblighi sulle quote europee, i brevi estratti di cronaca, ecc. Più in generale, in base all'art. 30, par. 2, della direttiva AVMS «[g]li Stati membri assicurano che le autorità o gli organismi nazionali di regolamentazione esercitino i loro poteri in modo imparziale e trasparente nonché conformemente agli obiettivi della presente direttiva, in particolare per quanto attiene al pluralismo dei media, alla diversità culturale e linguistica, alla tutela dei consumatori, all'accessibilità, alla non discriminazione, al buon funzionamento del mercato interno e alla promozione della concorrenza leale».

Non c'è dubbio che – nel tutelare il pluralismo nelle sue diverse declinazioni – la direttiva AVMS ponga purtuttavia una significativa serie di paletti alla libera concorrenza, vuoi limitando l'accesso a determinate fonti di finanziamento (tetti alla pubblicità per fasce orarie[18], limiti alle interruzioni

---

[17] Cfr. artt. 9, 10 e 11 direttiva AVMS.

[18] Art. 23 direttiva AVMS.

pubblicitarie [19], ecc.), vuoi ad esempio impedendo l'utilizzo esclusivo di determinati contenuti (ad esempio con l'obbligo di consentire l'accesso ai brevi estratti di cronaca a condizioni "FRAND" [20]) o comunque incidendo sulla completa libertà editoriale (obbligo quote europee [21], limiti all'inserimento di prodotti [22], ecc.).

Appare del tutto evidente come, in nome di un adeguato livello di pluralismo dell'informazione, vengano sensibilmente compresse sia le scelte strategiche delle imprese in merito al proprio modello di finanziamento, sia le potenziali capacità distintive delle medesime imprese di *entertainment* dinanzi al proprio pubblico, ad esempio, mediante il pieno sfruttamento esclusivo di determinati contenuti piuttosto che di altri. Si tratta, con tutta evidenza, di importanti leve competitive che vengono ridotte in nome del prevalente interesse pubblico al pluralismo dell'informazione ed all'accesso diffuso alle notizie.

Il secondo *framework* normativo europeo rilevante è senz'altro rappresentato dalla disciplina sul ***servizio pubblico radiotelevisivo***, prevista al Protocollo n. 29 allegato ai Trattati ed alla *Comunicazione della Commissione relativa all'applicazione delle norme sugli aiuti di Stato al servizio pubblico di emittenza radiotelevisiva* del 2009 [23].

Come noto, il c.d. Protocollo di Amsterdam, adattando *mutatis mutandis* all'emittenza pubblica radiotelevisiva il paradigma dell'art. 106, par. 2, TFUE dà agli Stati membri il potere di *i*) definire la nozione di servizio pubblico radiotelevisivo e *ii*) di «provvedere al finanziamento del servizio pubblico di radiodiffusione [...] nella misura in cui tale finanziamento non perturbi le condizioni degli scambi e della concorrenza nell'Unione [...]».

L'esistenza di una (seppur minimale) disciplina comunitaria *ad hoc* addirittura di rango primario sul servizio pubblico radiotelevisivo (*rectius*, audiovisivo e multimediale per usare una terminologia più aggiornata) si giustifica con l'idea latente – evidentemente radicata anche nei redattori dei Trattati – che solo l'esistenza di una concessionaria di servizio pubblico, finanziata dall'erario statale, possa assolvere alla funzione primaria di pluralismo interno e, in definitiva, garantire un adeguato livello di democraticità attraverso la garanzia di libertà di espressione dei cittadini europei e dei diversi corpi intermedi dello Stato.

---

[19] Art. 20, par. 2, direttiva AVMS.

[20] Art. 14 direttiva AVMS.

[21] Art. 13 direttiva AVMS.

[22] Art. 11 direttiva AVMS.

[23] In *GUUE* C257 del 27 ottobre 2009, p. 1.

Come infatti chiarito dalla stessa Commissione europea nella propria Comunicazione del 2009, «pur aprendo il mercato alla concorrenza, gli Stati membri hanno ritenuto che si dovesse mantenere il servizio pubblico di emittenza radiotelevisiva quale mezzo per garantire la copertura di vari settori e la soddisfazione di esigenze e di obiettivi politici che altrimenti non sarebbero necessariamente soddisfatti in misura ottimale. Il che è stato confermato nel protocollo interpretativo sul sistema di radiodiffusione pubblica negli Stati membri, allegato al trattato CE (il «protocollo di Amsterdam»)» [24].

In realtà, a ben vedere, non solo lo stesso ordinamento europeo trascina tralatiziamente l'idea statale della necessità del controllo pubblico di una parte del mezzo audiovisivo [25], ma si spinge sinanche a fornire uno *status* particolarmente privilegiato alla concessionaria del servizio pubblico addirittura rispetto agli ulteriori s.i.e.g., mediante il riconoscimento di fatto agli Stati membri di una (apparente) delega in bianco sulla materia.

Difatti, ad avviso della Commissione europea, «il servizio pubblico di emittenza radiotelevisiva, pur avendo un'evidente importanza economica, non è paragonabile a un servizio pubblico di qualunque altro settore economico. Non vi è un altro servizio che allo stesso tempo abbia accesso a un così ampio settore della popolazione, fornisca tante informazioni e contenuti e in tal modo raggiunga e influenzi i singoli individui e l'opinione pubblica» [26]. In particolare, il ruolo della concessionaria del servizio pubblico è direttamente ricollegato all'autorevolezza informativa che le viene riconosciuta dai cittadini europei [27].

---

[24] Cfr. secondo considerando della Comunicazione del 2009.

[25] Senza poter in questa sede ripercorrere la giurisprudenza costituzionale italiana sul tema, è noto come – soprattutto nelle decisioni più risalenti – fosse insita una sorta di concezione di monopolio naturale dell'attività radiotelevisiva. Ad esempio, nella pronuncia n. 148/1981, i Giudici delle leggi osservarono come «il servizio pubblico essenziale di radioteletrasmissione, su scala nazionale, di preminente interesse generale, può essere riservato allo Stato in vista del fine di utilità generale costituito dalla necessità di evitare l'accentramento dell'emittenza radiotelevisiva in monopolio od oligopolio privato. Necessità, va aggiunto, che non emerge soltanto in relazione alla maggiore o minore disponibilità delle frequenze di trasmissione, ma attiene altresì alla natura del fenomeno delle radioteletrasmissioni visto nel contesto socioeconomico in cui esso è destinato a svilupparsi»; cfr. par. 2.

[26] Cfr. nono considerando della medesima Comunicazione.

[27] Secondo la Commissione europea, infatti, «il servizio di emittenza radiotelevisiva è percepito in generale come una fonte molto affidabile di informazioni e rappresenta, per una percentuale non irrilevante della popolazione, la principale fonte di informazione. Esso arricchisce quindi il pubblico dibattito e, in ultima analisi, può far sì che tutti i cittadini partecipino in qual che misura alla vita pubblica. In un simile contesto, hanno importanza cruciale

Tale convinzione dogmatica circa la speciale *mission* ontologicamente spettante al servizio pubblico audiovisivo e multimediale – invero ampiamente opinabile nell'attuale contesto tecnologico, sociale e di mercato – ha quindi da sempre determinato una sorta di "zona franca" rispetto all'applicazione delle regole UE di concorrenza, ben al di là di quanto non sia già consentito alle autorità pubbliche nazionali derogare in presenza di un s.i.e.g., sulla scorta delle ben note regole dettate dal c.d. pacchetto *Altmark*[28].

In definitiva, i pochi vincoli imposti dal Protocollo n. 29 agli Stati membri sono così sintetizzabili: *a*) definizione chiara del mandato di servizio pubblico audiovisivo e multimediale[29]; *b*) obbligo di separazione contabile tra le poste economiche riferibili all'attività commerciale gestita dalla concessionaria e quelle invece riferibili all'espletamento dei compiti di servizio pubblico finanziati col canone statale[30]; *c*) divieto di sussidi incrociati[31].

---

le salvaguardie dell'indipendenza della radio e della televisione, secondo il principio generale della libertà di espressione quale è sancito all'articolo 11 della Carta dei diritti fondamentali dell'Unione europea e all'articolo 10 della Convenzione europea sui diritti del l'uomo, un principio giuridico generale il cui rispetto è assicurato dagli organi giudiziari europei». Cfr. decimo considerando della Comunicazione del 2009.

[28] Notoriamente tale pacchetto mira a fornire le linee guida per le autorità nazionali in ordine ai presupposti in presenza dei quali sia legittimamente possibile, dal punto di vista del diritto UE, concedere sussidi pubblici, a titolo di compensazione degli oneri di servizio pubblico, alle imprese affidatarie della gestione di un servizio economico di interesse generale, senza che ciò comporti dunque l'applicazione delle regole del Trattato in materia di aiuti di Stato. Tale pacchetto comprende: i) la *Comunicazione sull'applicazione delle norme dell'Unione europea in materia di aiuti di Stato alla compensazione concessa per la prestazione di servizi di interesse economico generale*; ii) la Decisione 2012/21/UE – *applicazione dell'articolo 106, paragrafo 2, del trattato sul funzionamento dell'Unione europea agli aiuti di Stato sotto forma di compensazione degli obblighi di servizio pubblico, concessi a determinate imprese incaricate della gestione di servizi di interesse economico generale*; iii) la Comunicazione – *disciplina dell'Unione europea relativa agli aiuti di Stato concessi sotto forma di compensazione degli obblighi di servizio pubblico*; tutte in *GUUE* C8 del 11 gennaio 2012, p. 11 ss.

[29] Secondo la Commissione europea, infatti, «[l]a definizione, da parte degli Stati membri, del mandato di servizio pubblico deve essere quanto più precisa possibile, senza lasciare dubbi sull'intenzione dello Stato membro di includere o no nel mandato di servizio pubblico una determinata attività esercitata dall'operatore incaricato. In mancanza di una definizione chiara e precisa degli obblighi imposti all'emittente di servizio pubblico, la Commissione non sarebbe in grado di svolgere la funzione affidatale dall'articolo 86, paragrafo 2 e non potrebbe quindi concedere nessuna esenzione a norma di tale articolo»; cfr. par. 45.

[30] In base all'art. 14, comma 1, dell'atto di concessione alla RAI, «[i]n conformità con quanto stabilito dall'art. 47, commi 1 e 2, e nel rispetto del diritto dell'Unione europea, la società concessionaria predispone il bilancio di esercizio indicando in una contabilità separa-

In Italia, in base all'atto di *Affidamento in concessione del servizio pubblico radiofonico, televisivo e multimediale ed approvazione dell'annesso schema di convenzione*[32], la concessione è assegnata in esclusiva alla RAI-Radiotelevisione italiana S.p.a. fino ad aprile 2027 ed ha ad oggetto «il servizio pubblico radiofonico, televisivo e multimediale da intendersi come servizio di interesse generale, consistente nell'attività di produzione e diffusione su tutte le piattaforme distributive di contenuti audiovisivi e multimediali diretti, anche attraverso l'utilizzo delle nuove tecnologie, a garantire un'informazione completa e imparziale, nonché a favorire l'istruzione, la crescita civile, la facoltà di giudizio e di critica, il progresso e la coesione sociale, promuovere la lingua italiana, la cultura, la creatività e l'educazione ambientale, salvaguardare l'identità nazionale e assicurare prestazioni di utilità sociale» (art. 1)[33].

Appare del tutto evidente come si tratti di una definizione eccessivamente ampia, non in grado di distinguere compiutamente né i generi di programmazione sussumibili nella nozione di servizio pubblico, né le modalità di fruizione/distribuzione rilevanti per il reale assolvimento di tali compiti; ma su tale aspetto si ritornerà successivamente.

Un ulteriore blocco normativo europeo a protezione del pluralismo dell'informazione è rappresentato dalla **disciplina delle reti e dei servizi di comunicazione elettronica**; si tratta di un profilo di tutela fisiologico, tenu-

---

ta i ricavi derivanti dal gettito del canone e gli oneri sostenuti nell'anno solare precedente per la fornitura del servizio pubblico radiofonico, televisivo e multimediale rispetto ai ricavi delle attività svolte in regime di concorrenza, imputando o attribuendo i costi sulla base di principi di contabilità applicati in modo coerente e obiettivamente giustificati e definendo con chiarezza i principi di contabilità analitica secondo cui vengono tenuti conti separati».

[31] In base al par. 40 della Comunicazione del 2009, «[l]a Commissione valuta, in particolare sulla base degli elementi probatori che gli Stati membri sono tenuti a presentare, se vi siano garanzie sufficienti per evitare effetti sproporzionati del finanziamento pubblico, una compensazione eccessiva o sovvenzioni incrociate e per assicurare che, nelle loro attività commerciali, le emittenti di servizio pubblico rispettino le condizioni del mercato». Inoltre, l'atto di concessione alla RAI prevede all'art. 11, comma 4, che «[l]e attività di cui al comma 1 [le attività commerciali; ndr] devono essere remunerate esclusivamente con ricavi diversi dal canone di abbonamento e sono assoggettate a contabilità separata, nel rispetto del diritto dell'Unione europea».

[32] Approvato con d.p.c.m. 28 aprile 2017, in *GU* n. 118 del 23 maggio 2017.

[33] In tema, cfr. F. BASSAN, *Il Servizio pubblico nell'audiovisivo*, in F. BASSAN-E. TOSI, *Diritto degli audiovisivi – Commento al nuovo Testo Unico dei Servizi di Media Audiovisivi e Radiofonici come modificato dal D.Lgs. 15 marzo 2010, n. 44*, cit., p. 159 ss.; R. ZACCARIA-A. VALASTRO-E. ALBANESI, *Diritto dell'informazione e della comunicazione*, Milano, 2021, p. 291 ss.

to conto che – pur potendo taluni contenuti audiovisivi rappresentare una *essential facility* in sé, qualora particolarmente pregiati – sono innanzitutto le reti di comunicazione elettronica a rappresentare per ovvie ragioni il primo *gateway* per l'offerta di contenuti audiovisivi e/o multimediali a valle; l'accesso a condizioni eque e non discriminatorie a tali infrastrutture a monte rappresenta quindi la precondizione per la veicolazione e commercializzazione di *bouquet* ovvero per la realizzazione di piattaforme distributive di contenuti.

Per tali ragioni, in premessa al Codice viene osservato come – sebbene «la presente direttiva non si applica ai contenuti dei servizi forniti mediante reti di comunicazione elettronica che utilizzano servizi di comunicazione elettronica, come i contenuti delle trasmissioni radiotelevisive, i servizi finanziari e taluni servizi della società dell'informazione» – purtuttavia «la separazione della regolamentazione delle comunicazioni elettroniche dalla regolamentazione dei contenuti non incide sul riconoscimento dei collegamenti fra i due aspetti, in particolare al fine di garantire il pluralismo dei mezzi di informazione, la diversità culturale e la protezione dei consumatori» [34].

In particolare, un ruolo centrale nella promozione del pluralismo esterno rivestono tutti gli obblighi di accesso alle infrastrutture con orientamento delle tariffe *wholesale* ai costi [35], di interoperabilità e di interconnessione [36].

---

[34] Settimo considerando.

[35] L'art. 62, comma 1, e l'allegato II, parte I, del Codice danno infatti il potere agli Stati membri di stabilire obblighi di accesso e di *must offer* «in relazione all'accesso condizionato ai servizi radiotelevisivi digitali trasmessi ai telespettatori e agli ascoltatori dell'Unione, a prescindere dai mezzi di trasmissione». In generale, sulle misure adottabili, si veda F. MARINI BALESTRA, *I remedies*, in G. CASSANO-C.E. CAZZATO-F. DI CIOMMO (a cura di), *Trattato delle garanzie nelle comunicazioni*, cit., p. 181 ss.

[36] L'art. 61 del Codice stabilisce *Poteri e competenze delle autorità nazionali di regolamentazione e di altre autorità competenti in materia di accesso e di interconnessione*. In particolare, tale articolo stabilisce al primo par. che «le autorità nazionali di regolamentazione o altre autorità competenti [...] incoraggiano e, se del caso, garantiscono, in conformità della presente direttiva, un adeguato accesso, un'adeguata interconnessione e l'interoperabilità dei servizi, esercitando le rispettive competenze in modo tale da promuovere l'efficienza, una concorrenza sostenibile, lo sviluppo di reti ad altissima capacità, investimenti efficienti e l'innovazione e recare il massimo vantaggio agli utenti finali. Esse forniscono orientamenti e rendono disponibili al pubblico le procedure per ottenere l'accesso e l'interconnessione, garantendo che piccole e medie imprese e operatori aventi una portata geografica limitata possano trarre beneficio dagli obblighi imposti».

Al secondo paragrafo viene inoltre disposto che «fatte salve le misure che potrebbero essere adottate nei confronti di imprese designate come detentrici di un significativo potere di mercato ai sensi dell'articolo 68, le autorità nazionali di regolamentazione o altre autorità

Si tratta difatti di obblighi che, rendendo possibile anche per i *newcomers* ed i piccoli operatori della comunicazione l'accesso alle grandi reti infrastrutturali, consentono un maggior livello di concorrenza a valle e, conseguentemente, di pluralismo informativo.

In quest'ottica, dunque, la regolamentazione settoriale – intervenendo mediante l'imposizione di rimedi *ex ante* a garantire la concorrenza potenziale di medio termine, secondo un'analisi prospettica ed in chiave prognostica – si pone in rapporto servente e strumentale al raggiungimento di un adeguato livello di pluralismo.

3. Segue: la regolamentazione delle grandi piattaforme mediatiche e di comunicazione.

Il tema del pluralismo dell'informazione trova nuova attualità con l'adozione del *Digital Services Act* e del *Digital Markets Act*, già citati. Il primo dedica amplissimo spazio ai temi del pluralismo ricollegandoli al corretto funzionamento democratico; il secondo – pur non intervenendo in via diretta su questi temi – indubbiamente ne favorisce la salvaguardia rendendo più competitivi i mercati digitali.

Pur non essendo questa la sede per una trattazione dettagliata dei due *corpus* normativi, interessando qui piuttosto cogliere, appunto, le interrelazioni tra diritto antitrust e tutela del pluralismo, appare comunque utile indicarne alcuni aspetti proprio per quanto qui di rilievo. Sotto questo profilo, gli aspetti maggiormente salienti appaiono essere nell'ordine: *a*) l'ambito dei beni tutelati; *b*) l'introduzione di nuove fattispecie definitorie e, soprattutto, il tipo di elementi sintomatici presi in considerazione per l'individuazione di una posizione rischiosa per il pluralismo; *c*) l'utilizzo massiccio di presunzioni di lesività; *d*) la portata dei poteri della Commissione europea.

Sotto il primo profilo, si è già anticipato come dalle due novelle in questione emerga un ampliamento dell'oggetto di tutela, che viene espressamente indicato nel mantenimento dell'assetto democratico nell'UE, rispetto al quale la salvaguardia del pluralismo dell'informazione diviene a sua volta una mera politica strumentale.

---

competenti [...] possono imporre [...] d) nella misura necessaria a garantire l'accessibilità per gli utenti finali ai servizi di diffusione radiotelevisiva in digitale e servizi complementari correlati specificati dallo Stato membro, l'obbligo agli operatori di garantire l'accesso alle altre risorse di cui all'allegato II, parte II, a condizioni eque, ragionevoli e non discriminatorie».

A tale riguardo, il *Digital Services Act* individua ben quattro «rischi sistemici» derivanti dallo sviluppo delle piattaforme di grandi dimensione o dai motori di ricerca di dimensioni molto grandi: *i*) diffusione su larga scala di contenuti illegali; *ii*) pregiudizio all'esercizio dei diritti fondamentali previsti dalla Carta UE, «inclusi tra gli altri la dignità umana, la libertà di espressione e di informazione, compresi la libertà e il pluralismo dei media, il diritto alla vita privata, la protezione dei dati, il diritto alla non discriminazione, i diritti del minore e la tutela dei consumatori»; *iii*) potenziali effetti negativi «sui processi democratici, sul dibattito civico e sui processi elettorali, nonché sulla sicurezza pubblica»; *iv*) rischi sulla salute pubblica e dei minori, nonché per la violenza di genere [37].

Analogamente, sebbene in termini meno eloquenti, anche il *Digital Markets Act* pone questioni di tutela del pluralismo nella misura in cui fissa come obiettivo il mantenimento del diritto di scelta degli utenti finali ed il loro diritto di accedere a servizi e contenuti *online* [38].

Quanto alle nuove fattispecie introdotte, il *Digital Services Act* qualifica come "*piattaforma online*" «un servizio di memorizzazione di informazioni che, su richiesta di un destinatario del servizio, memorizza e diffonde informazioni al pubblico, tranne qualora tale attività sia una funzione minore e puramente accessoria di un altro servizio o funzionalità minore del servizio principale e, per ragioni oggettive e tecniche, non possa essere utilizzata senza tale altro servizio e a condizione che l'integrazione di tale funzione o funzionalità nell'altro servizio non sia un mezzo per eludere l'applicabilità del presente regolamento» (art. 3, lett. i).

Viene invece definito "*motore di ricerca online*" «un servizio intermediario che consente all''utente di formulare domande al fine di effettuare ricerche, in linea di principio, su tutti i siti web, o su tutti i siti web in una lingua particolare, sulla base di un'interrogazione su qualsiasi tema sotto forma di parola chiave, richiesta vocale, frase o di altro input, e che restituisce i risultati in qualsiasi formato in cui possono essere trovate le informazioni relative al contenuto richiesto» (art. 3, lett. j).

Il *Digital Markets Act* qualifica invece come *gatekeeper* «un'impresa che fornisce servizi di piattaforma di base» [39], designata come tale dalla Com-

---

[37] Cfr. ottantesimo considerando e successivi.

[38] Cfr. cinquantatreesimo e cinquantaquattresimo considerando.

[39] In base all'art. 1, n. 2, del medesimo regolamento si intende per "servizio di piattaforma di base" «uno qualsiasi dei seguenti servizi:

a) servizi di intermediazione online;

b) motori di ricerca online;

missione europea in ragione del suo impatto sul mercato interno[40].

Le presunzioni legali in merito alla potenziale lesività per il pluralismo (ed il mercato) di tali imprese sono invece legate alle soglie dimensionali: secondo il *Digital Services Act*, infatti, sono considerate piattaforme *online* e motori di ricerca *online* di grandi dimensioni le imprese che abbiano un numero medio mensile di utenti pari o superiore a 45 milioni e che siano designate come tali dalla Commissione europea[41]; in base al *Digital Markets Act*, invece, si presume che un'impresa sia un *gatekeeper* se raggiunge un fatturato annuo di 7,5 miliardi di euro e se annovera 45 milioni di utenti finali attivi mensilmente[42].

Il raggiungimento di tali soglie dimensionali – facendo operare la presunzione di lesività di cui sopra – determina l'applicazione di tutta una serie di obblighi e divieti che incidono fortemente sulla libertà d'impresa e sulle sue

---

c) servizi di social network online;

d) servizi di piattaforma per la condivisione di video;

e) servizi di comunicazione interpersonale indipendenti dal numero;

f) sistemi operativi;

g) browser web;

h) assistenti virtuali;

i) servizi di cloud computing;

j) servizi pubblicitari online, compresi reti pubblicitarie, scambi di inserzioni pubblicitarie e qualsiasi altro servizio di intermediazione pubblicitaria, erogati da un'impresa che fornisce uno dei servizi di piattaforma di base elencati alle lettere da a) a i)».

[40] Ai sensi dell'art. 3, comma 1, del regolamento, tale designazione ci può essere se l'impresa in questione:

«a) ha un impatto significativo sul mercato interno;

b) fornisce un servizio di piattaforma di base che costituisce un punto di accesso (gateway) importante affinché gli utenti commerciali raggiungano gli utenti finali; e

c) detiene una posizione consolidata e duratura, nell'ambito delle proprie attività, o è prevedibile che acquisisca siffatta posizione nel prossimo futuro».

[41] In base all'art. 33, comma 4, del regolamento «[l]a Commissione, previa consultazione dello Stato membro di stabilimento o tenuto conto delle informazioni fornite dal coordinatore dei servizi digitali del luogo di stabilimento a norma dell'articolo 24, paragrafo 4, adotta una decisione che designa come piattaforma online di dimensioni molto grandi o motore di ricerca online di dimensioni molto grandi ai fini del presente regolamento la piattaforma online o il motore di ricerca online con un numero medio mensile di destinatari attivi del servizio pari o superiore al numero di cui al paragrafo 1 del presente articolo. La Commissione adotta la propria decisione sulla base dei dati comunicati dal fornitore della piattaforma online o del motore di ricerca online a norma dell'articolo 24, paragrafo 2, o delle informazioni richieste a norma dell'articolo 24, paragrafo 3, e di qualsiasi altra informazione a sua disposizione». Per il primo elenco di imprese designate, cfr. https://ec.europa.eu/commission/presscorner/detail/en/ip_23_2413.

[42] Ulteriori criteri dimensionali sono dettati dall'art. 3, comma 2, del regolamento.

capacità competitive[43], dall'obbligo di valutazione del rischio già in fase di progettazione dei servizi e sistemi[44] ad una serie di obblighi in materia di trattamento e profilazione dei dati personali dei clienti[45].

Alla Commissione europea spettano poi amplissimi poteri di vigilanza fino alla possibilità di adottare misure a carattere rimediale nei casi di inosservanza sistematica nei confronti di tali imprese[46].

4. Informazione e servizi di interesse economico generale: una non semplice qualificazione.

Come si accennava in premessa, un'analisi compiuta – nell'ottica dei confini dell'antitrust – dei rapporti tra diritto UE della concorrenza e disciplina settoriale a tutela del pluralismo dell'informazione non può prescindere dalla basilare domanda in ordine alla qualificazione giuridica da assegnare ai servizi di media audiovisivi e multimediali e, più in generale, ad ogni servizio che veicoli contenuti informativi. Se si tratti, cioè, di s.i.e.g. sussumibili nell'ambito di operatività dell'art. 106, par. 2, TFUE. O meno.

Anche su questo aspetto è lo stesso quadro giuridico di riferimento ad essere del tutto incerto. Provando a risistemare organicamente le diverse ipotesi normative, è possibile rinvenire almeno tre differenti qualificazioni.

In base ad una prima possibile ricostruzione *solo le attività della concessionaria di servizio pubblico, finanziate dalle risorse statali, ricadono nella nozione di s.i.e.g.*

Questa **nozione soggettiva** affonda le radici nell'idea storica del servizio radiotelevisivo come monopolio naturale di competenza statale ed è comunque tutt'oggi rintracciabile in tutta la filiera di atti nazionali relativi alla concessione ed esercizio del servizio pubblico audiovisivo e multimediale.

Difatti, nell'atto di affidamento citato in precedenza, si afferma espressamente all'art. 1 che «[l]a concessione ha per oggetto il servizio pubblico radiofonico, televisivo e multimediale da intendersi come servizio di interesse generale».

---

[43] Anche il potere della Commissione di designare una impresa come *gatekeeper* appare essere comunque l'esercizio di un potere di accertamento vincolato.

[44] Cfr. art. 34 del *Digital Services Act*.

[45] Si veda art. 5 del *Digital Markets Act*.

[46] Cfr. esemplificativamente artt. 64 ss. del *Digital Services Act* e art. 18 del *Digital Markets Act*.

A tale ricostruzione – ampiamente opinabile perché manifestamente in contrasto col principio comunitario di proporzionalità – se ne aggiunge un'altra senza dubbio più coerente col quadro giuridico europeo di riferimento e, soprattutto, più aderente alla necessità di un corretto contemperamento tra diritto UE della concorrenza e tutela del pluralismo dell'informazione: *nell'ambito dei servizi offerti dalla concessionaria di servizio pubblico, sono s.i.e.g. solo i servizi di media audiovisivi e multimediali espressamente indicati dal mandato di servizio pubblico.*

Questa **nozione soggettivo-funzionalistica**, che come meglio si dirà appresso, si scontra drasticamente con la realtà dei fatti e col quadro giuridico italiano che regola la materia, è però quella che più risulta in linea con lo spirito del Protocollo n. 29, con la Comunicazione del 2009 della Commissione europea sul servizio pubblico radiotelevisivo e, in definitiva, con l'*acquis communautaire* cristallizzato nel c.d. pacchetto *Altmark.*

Ad esempio, questa definizione più ristretta appare meglio rispondere al principio di proporzionalità richiesto dalla Commissione europea con riferimento allo sviluppo di *nuovi servizi audiovisivi di portata rilevante*; per il loro lancio da parte della concessionaria, difatti, la Comunicazione del 2009 richiede che «[p]er evitare che il finanziamento pubblico di nuovi servizi audiovisivi di portata rilevante non alteri gli scambi e la concorrenza in misura contraria all'interesse comune, gli Stati membri valuteranno, in base ai risultati della consultazione aperta, l'incidenza globale del nuovo servizio sul mercato, raffrontando la situazione in presenza e in assenza del nuovo servizio pianificato»[47]. Ne risulta che non è sufficiente la mera imputabilità soggettiva alla concessionaria di servizio pubblico di un determinato servizio audiovisivo o multimediale, ai fini della sua inclusione nella *mission* di servizio pubblico, ma occorre che tale servizio sia connotato da una particolare utilità sociale, verificata anche mediante un *public value test.*

In base ad un'ulteriore possibile ricostruzione, invece, *la qualificazione come s.i.e.g. di un determinato servizio audiovisivo o multimediale non di-*

[47] Cfr. par. 88 della Comunicazione, in base al quale, peraltro, «[n]el valutare l'incidenza sul mercato, tra gli aspetti pertinenti vi sono per esempio l'esistenza di offerte analoghe o sostituibili, la concorrenza in termini di contenuti, la struttura del mercato, la posizione sul mercato dell'emittente di servizio pubblico, il livello di concorrenza e gli effetti potenziali su iniziative private. Tale incidenza deve essere controbilanciata dal valore che i servizi in questione presentano per la società. Nel caso che gli effetti sul mercato siano negativi in misura preponderante, il finanziamento statale dei servizi audiovisivi apparirà proporzionato soltanto se giustificato dal valore aggiunto in termini di soddisfacimento delle esigenze sociali, democratiche e culturali della società, tenendo conto anche dell'attuale offerta complessiva di servizio pubblico».

pende dalla natura giuridica (pubblica o privata) del soggetto prestatore, ma dalla tipologia di contenuto diffuso.

Secondo questa **nozione oggettiva** del servizio pubblico è il contenuto informativo veicolato ad assurgere ad elemento qualificante del relativo mandato; la differenza con l'interpretazione precedentemente esposta sta nel fatto che, in questo caso, diviene del tutto irrilevante la natura e proprietà dell'emittente (pubblica o privata).

Tale interpretazione pure trova diversi fondamenti ordinamentali. In base all'art. 6, comma 1, TUSMA, «[l]'attività di informazione mediante servizio di media audiovisivo o radiofonico, costituisce un servizio di interesse generale»; se ne ricava che tutti i contenuti di tipo informativo, anche se diffusi da testate private, ricadono nella nozione di s.i.e.g. e possono astrattamente ricadere in un ambito derogatorio rispetto all'applicazione delle regole generali di concorrenza. Analoga interpretazione, sul piano nazionale, si rinviene rispetto ai contenuti sportivi con stagionalità annuale, *in primis* il campionato calcistico di Serie A [48].

Anche la Raccomandazione UE *sulle garanzie interne di indipendenza editoriale e la trasparenza della proprietà nel settore dei media* qualifica le informazioni rese dai media audiovisivi come un «bene pubblico» e ne rinviene una «funzione sociale essenziale» [49].

5. Diritto antitrust e disciplina settoriale in rapporto variabile.

Alla luce di tutto quanto sin qui delineato, non risulta – come si diceva – nemmeno univocamente definibile il rapporto tra applicazione delle regole generali di concorrenza e tutela del pluralismo, essendo rintracciabili un rapporto di inclusione, uno di esclusione ed un altro – di ambito materiale molto più esteso – di complementarietà.

Il rapporto di **inclusione** sussiste ogni qualvolta la tutela del pluralismo beneficia dell'applicazione del diritto antitrust; in questo senso il libero gioco della concorrenza (che poi nient'altro è che – con diversa etimologia – il pluralismo esterno) assurge anche a politica strumentale per la realizzazione del pluralismo dell'informazione. Come difatti evidenziato dal cinquanta-

---

[48] Si veda in questo senso la del. AGCOM 334/21/CONS relativa alla visione delle partite di Serie A in *streaming*, che radica la competenza dell'autorità settoriale nella l. n. 481/1995 sui servizi di pubblica utilità.

[49] In *GUUE* L245 del 22 settembre 2022, p. 56 ss.; cfr. secondo considerando.

treesimo cons. della direttiva AVMS, «[l]e attività delle autorità o degli organismi nazionali di regolamentazione stabilite dalla direttiva 2010/13/UE dovrebbero assicurare il rispetto degli obiettivi di pluralismo dei mezzi di informazione, diversità culturale, tutela dei consumatori, buon funzionamento del mercato interno e promozione della concorrenza leale».

Sussiste dunque una innegabile identità di fini reciproci tra la politica UE di concorrenza e la salvaguardia del pluralismo esterno, tanto che l'art. 5, comma 1, lett. a), TUSMA pone la «promozione della concorrenza nel sistema dei servizi di media audiovisivi e della radiofonia e dei mezzi di comunicazione di massa e nel mercato della pubblicità» tra i principi generali del sistema audiovisivo.

In altri ambiti di disciplina, invece, tra diritto antitrust e tutela del pluralismo intercorre un rapporto di **esclusione**. È il caso tipico del servizio pubblico audiovisivo e multimediale finanziato dal canone pubblico.

A tale riguardo, la questione su cui vale soffermarsi riguarda purtuttavia l'ambito materiale di sottrazione delle attività della concessionaria dalle regole generali di concorrenza applicabili agli Stati.

Difatti, in un quadro normativo del tutto generico come quello innanzi descritto e che lascia alle autorità politiche nazionali una discrezionalità talmente ampia da apparire quasi arbitraria, l'unico flebile baluardo al mantenimento della disciplina sugli aiuti di Stato è in sostanza rinvenibile nel divieto (molto generico) di sussidi incrociati, vale a dire nell'indicazione (invero scarsamente presidiata) di evitare l'utilizzo della leva del finanziamento pubblico come sussidio anticompetitivo per l'attività meramente commerciale gestita dalla medesima concessionaria, ed in un minimo di tenuta di contabilità separata.

Sennonché – in uno scenario in cui, in Italia, non vi è mai stata alcuna compiuta riflessione delle autorità pubbliche su quali contenuti e servizi debbano essere realmente considerati di servizio pubblico e siano perciò meritevoli del sussidio pubblico mediante il c.d. canone RAI [50] – appare del tutto evidente come il libero gioco della concorrenza risulti pregiudicato alla fonte, vale a dire già mediante la definizione onnicomprensiva del mandato di servizio pubblico audiovisivo e multimediale, ed in assenza di qualsivo-

[50] La concessione RAI prevede che «[i]l costo delle attività derivanti dal servizio pubblico radiofonico, televisivo e multimediale è coperto dal versamento, di una quota del canone di abbonamento di cui al regio decreto-legge 21 febbraio 1938 n. 246, convertito nella legge 4 giugno 1938, n. 880 e successive modificazioni, che dovrà assicurare l'equilibrato assetto economico della gestione in relazione agli obblighi posti dalla normativa vigente, dalla presente convenzione e dal contratto nazionale di servizio».

glia tipo di "bollinatura" dei programmi realmente considerabili come di servizio pubblico.

Del tutto vago sul punto appare – oltre all'atto di affidamento – anche il Contratto di servizio vigente [51], così come non appare di particolare ausilio alla ricerca di migliore definizione del mandato di servizio pubblico la recente delibera dell'Autorità per le Garanzie nelle Comunicazioni, recante *Approvazione delle Linee-Guida sul contenuto degli ulteriori obblighi del servizio pubblico radiofonico, televisivo e multimediale ai sensi dell'articolo 59, comma 6, del decreto legislativo 8 novembre 2021, n. 208 (quinquennio 2021-2028*); basti solo notare come in tali Linee Guida – istituzionalmente riservate proprio all'indicazione degli obblighi di servizio pubblico – si rinvengono indicazioni precettive assolutamente generiche, del tipo di quella secondo la quale «intelligenza e leggerezza dovranno sempre connotare i programmi di intrattenimento e gli spettacoli» [52].

Peraltro, le Linee Guida sembrano adottare un procedimento "rovesciato" di perimetrazione del mandato di servizio pubblico e della quantificazione del contributo statale a titolo di compensazione, perché – piuttosto che principiare dall'individuazione di quei contenuti veramente indispensabili alla democrazia partecipativa e, conseguentemente, rintracciare l'entità del finanziamento ad essi strettamente necessari – stabiliscono piuttosto che «il perimetro degli obblighi del nuovo contratto di servizio sarà definito in coerenza con le risorse economiche pubbliche complessive derivanti dal canone. La valutazione del complesso delle risorse disponibili potrà, quindi, consentire non solo una chiara definizione degli obiettivi da assegnare al servizio pubblico, ma anche il perseguimento di un'efficace razionalizzazione della spesa». Non è per nulla chiaro, in questo modo, come si possa evitare di procedere a sovra-compensazione vietata dal citato pacchetto *Altmark*.

In questo quadro di completa incertezza sull'ambito delle attività sottratte alle regole UE di concorrenza in funzione del pluralismo, l'unico "contrap-

---

[51] Ad oggi è ancora in vigore il Contratto di Servizio 2018-2022, in *GU* n. 55 del 7 marzo 2018. Limitandoci qui alla sola offerta televisiva, in base all'art. 25, comma 1, del medesimo contratto «[l]a Rai è tenuta a riservare ai generi di cui all'articolo 3, comma 2, non meno del 70 per cento della programmazione annuale delle reti generaliste (80 per cento di quella della terza rete) nella fascia oraria tra le ore 6 e le ore 24. Agli stessi generi deve essere riservata una quota non inferiore al 70 per cento della programmazione annuale complessiva delle reti tematiche [...]». Ed i generi di programmazione in questione sono i più vari, offrendo la RAI – in base all'art. 3, comma 1, del Contratto di Servizio – canali generalisti, semigeneralisti e tematici.

[52] Delibera AGCOM n. 266/22/CONS, cfr. All. A, p. 7.

peso" a beneficio della libera competizione è individuabile nell'obbligo di adozione di «comportamenti lineari ed eticamente distintivi nello svolgimento delle attività riguardanti l'acquisizione delle risorse pubblicitarie, rendendo effettivi i principi di concorrenza, trasparenza e non discriminazione sanciti dall'articolo 45, comma 2, del TUSMA» [53].

Alla luce di quanto precede, occorre allora chiedersi se, pur acconsentita dal diritto primario UE la deroga rispetto alle regole di concorrenza per il servizio pubblico audiovisivo e multimediale, nozioni così ampie ed onnicomprensive siano comunque compatibili col quadro giuridico europeo di riferimento e non eccedano, comunque, il principio di proporzionalità che si deve porre alla base – anche in questo caso – del rapporto derogatorio sussistente tra diritto antitrust e tutela del pluralismo.

Vero, difatti, che la Comunicazione del 2009 ammette anche una definizione qualitativa del mandato di servizio pubblico, ma vero altrettanto che essa impone comunque agli Stati di escludere da tale perimetro le attività non necessarie allo scopo e che determinino distorsioni sproporzionate della concorrenza [54].

Ovviamente il parametro valutativo per questo tipo di analisi non può che essere rintracciato nell'*acquis* giurisprudenziale relativo all'applicazione dell'art. 106, par. 2, TFUE e, quindi, nella *Comunicazione della Commissione sull'applicazione delle norme dell'Unione europea in materia di aiuti di Stato alla compensazione concessa per la prestazione di servizi di interesse economico generale*. Sennonché, sulla base della consolidata giurisprudenza lussemburghese sul finanziamento ai s.i.e.g. consolidata in tale comunicazione, l'atto di affidamento con compensazione dell'onere di servizio pubblico dovrebbe riguardare unicamente quelle prestazioni di servizi che verosimilmente il libero mercato non offrirebbe in ragione dello squilibrio tra costi e profitti, che renderebbe l'attività scarsamente remunerativa e, quindi, non attraente per il libero mercato.

A mente della citata Comunicazione del 2009 difatti, per quanto agli Stati membri venga riconosciuta un'ampia autonomia definitoria, si osserva come «in generale, l'affidamento di una specifica missione di servizio pubblico implica la prestazione di servizi che un'impresa, ove considerasse il proprio interesse commerciale, non si assumerebbe o non assumerebbe nella stessa misura o alle stesse condizioni»; di conseguenza «non sarebbe opportuno attribuire obblighi specifici di servizio pubblico ad un'attività che è già fornita

---

[53] Cfr. p. 9.

[54] Cfr. parr. 47 e 92 della Comunicazione del 2009.

o che può essere fornita in modo soddisfacente e a condizioni, quali prezzo, caratteristiche obiettive di qualità, continuità e accesso al servizio, coerenti con il pubblico interesse, quale definito dallo Stato, da imprese operanti secondo le normali regole del mercato»[55].

In definitiva, per quanto nella materia relativa al servizio pubblico radiotelevisivo e multimediale le esigenze di tutela del pluralismo interno ai mezzi d'informazione abbiano indotto alla costituzionalizzazione di un vero e proprio ambito derogatorio rispetto all'applicazione delle ordinarie regole di concorrenza, il punto di equilibrio tra antitrust e regolamentazione settoriale andrebbe rintracciato nel corretto utilizzo del test di proporzionalità e, conseguentemente, nel ridimensionamento dell'ambito del servizio pubblico audiovisivo e multimediale finanziato dal canone a quanto strettamente necessario, tenendo in debito conto tutto quanto il libero mercato già offra, al soddisfacimento delle «esigenze democratiche, sociali e culturali di ogni società» secondo lo spirito del Protocollo n. 29.

Sempre in tema di esclusione delle regole di concorrenza, va anche considerato che, con la pronuncia *Vivendi*[56], la Corte di giustizia ha acclarato che la tutela del pluralismo dell'informazione possa legittimamente rappresentare per gli Stati membri un'**esigenza imperativa** invocabile come limitazione alle regole del Trattato sul mercato interno (quindi anche di concorrenza)[57]. Nondimeno, però, la sentenza della Corte – pur individuando nella tutela del pluralismo uno spazio derogatorio alle ordinarie norme di funzionamento del mercato interno – ha nel contempo richiamato gli Stati (ovviamente *in primis* l'Italia da cui nasceva il caso *Mediaset* c. *Vivendi* che ha originato la richiesta di rinvio) al rispetto delle regole sostanziali di concorrenza anche in ambiti settoriali come quello relativo al monitoraggio e divieto delle posizioni lesive del pluralismo[58]. E, difatti, l'ordinamento italiano

[55] Cfr. parr. 47-48.

[56] Corte giust. UE, sentenza 3 settembre 2020, causa C-719/18.

[57] Secondo la Corte, infatti, «la salvaguardia delle libertà protette dall'articolo 11 della Carta [...] costituisce incontestabilmente un obiettivo di interesse generale, di cui occorre sottolineare, in particolare, l'importanza in una società democratica e pluralista, idoneo a giustificare una restrizione alla libertà di stabilimento»; par. 57.

[58] La Corte di giustizia ha difatti ritenuto che la disciplina italiana basata su soglie di rilevanza *ex ante*, al fine dell'accertamento delle posizioni dominanti del pluralismo, non potesse «essere considerata idonea a conseguire l'obiettivo da essa perseguito, giacché fissa soglie che, non consentendo di determinare se e in quale misura un'impresa sia effettivamente in grado di influire sul contenuto dei media, non presentano un nesso con il rischio che corre il pluralismo dei media». In definitiva, anche in questo settore, la Corte impone un'analisi sostanziale dei mercati interessati, sulla scorta delle generali regole di concorrenza.

ha dovuto riscrivere nuove regole – fondate su di una verifica sostanziale delle posizioni di dominanza e dei loro effetti sul mercato e sul pluralismo, e non già su presunzioni e soglie *ex ante* – oggi contenute al novellato art. 51 TUSMA[59].

Ritornando ai rapporti tra diritto antitrust e tutela del pluralismo, in alcuni settori l'ordinamento UE instaura un rapporto di **complementarietà**.

L'esempio più eloquente risiede nella disciplina sull'analisi dei mercati dettata dal Codice[60] e finalizzata nell'imposizione di rimedi regolatori *ex ante* di fronte a situazioni di significativo potere di mercato ed in presenza di c.d. fallimenti di mercato.

L'art. 67 del Codice istituisce, difatti, una procedura di analisi dei mercati fondata essenzialmente su di un giudizio prognostico, in base alla quale l'imposizione di rimedi regolatori *ex ante* (e dunque in deroga alla natura tipicamente *ex post* dell'intervento antitrust) alle imprese che detengano un significativo potere di mercato è subordinata al c.d. test dei tre criteri. Questo vale a dire che una ANR può imporre uno dei *remedies* tipizzati dal Codice allorquando sussistano cumulativamente tutte le seguenti condizioni: *i*) sussistenza di forti ostacoli non transitori all'accesso, di carattere strutturale, giuridico o normativo; *ii*) presenza di una struttura di mercato nella quale si riscontri una scarsa concorrenza potenziale; *iii*) insufficienza della sola applicazione delle regole di concorrenza a rimediare adeguatamente ai fallimenti di mercato riscontrati.

---

[59] *De jure condendo*, si veda anche la disciplina delle concentrazioni tra imprese nel mercato dei media contenuta all'art. 21 della Proposta della Commissione di *legge europea per la libertà dei media*, cit. In base al sessantesimo considerando «[l]e concentrazioni del mercato dei media soggette a tali norme dovrebbero essere intese come concentrazioni che potrebbero tradursi in un'unica entità che esercita un controllo o che ha interessi significativi sui servizi di media che influiscono notevolmente sulla formazione dell'opinione pubblica in un determinato mercato dei media, all'interno di un sottosettore di media o in diversi settori di media in uno o più Stati membri».

[60] Cfr. centocinquantanovesimo considerando del Codice, laddove si chiarisce appunto che «[l]e regole di concorrenza da sole possono non essere sempre sufficienti per garantire la diversità culturale e il pluralismo dei media nel settore della televisione digitale. Gli sviluppi tecnologici e l'evoluzione del mercato rendono necessario un periodico riesame degli obblighi di fornitura di un accesso condizionato a condizioni eque, ragionevoli e non discriminatorie, da parte di uno Stato membro per quanto riguarda il proprio mercato nazionale, in particolare per determinare se sia giustificato estendere tali obblighi alle EPG e alle API, nella misura necessaria a garantire l'accessibilità per gli utenti finali ai servizi radiofonici e televisivi digitali specificati. Gli Stati membri dovrebbero poter specificare con tutti i mezzi legislativi, regolamentari o amministrativi che considerano necessari i servizi radiofonici e televisivi digitali ai quali l'accesso degli utenti finali deve essere assicurato».

In questi casi, dunque, la disciplina settoriale subentra in ausilio all'efficacia delle ordinarie regole di concorrenza.

6. Conclusioni a margine.

L'analisi che precede dimostra come il pluralismo dell'informazione sia considerato dall'ordinamento UE un principio generale di rango primario, la cui piena tutela ammette in determinati casi forti limitazioni alla generale disciplina antitrust UE, le cui disposizioni pure sono costantemente considerate dai giudici di Lussemburgo come norme di ordine pubblico. Eppure, essendo il pluralismo dell'informazione uno dei pilastri del pluralismo democratico, che affonda le proprie radici storiche nella teoria dei corpi intermedi di Montesquieu, finanche una libertà fondamentale del TFUE – quale quella di concorrenza – può rivelarsi, a seconda dei casi, recessiva o servente o comunque insufficiente.

In presenza di esigenze di tutela del pluralismo dell'informazione, e con esso di salvaguardia della democrazia in Europa, il diritto antitrust UE – anche laddove residui uno spazio di sua applicazione – muta da bene-fine a bene-strumento. Il principio del pluralismo dell'informazione, dunque, non marca solo un "confine" dell'antitrust, ma ne arriva talvolta a mutare la natura dell'elemento teleologico finale.

In realtà, la sentenza *Vivendi* ha chiarito, in termini ancor più generali, come il pluralismo dell'informazione possa essere invocato dagli Stati a titolo di esigenza imperativa e quindi, nel rispetto del principio di proporzionalità, possa costituire una limitazione a tutte le norme dei Trattati relative al mercato interno, non solo in materia di concorrenza.

Ma – al di là di questo – ciò che più vale la pena osservare è come il sempre crescente bisogno di una regolamentazione *ad hoc* a tutela del pluralismo dell'informazione (e con essa dei sistemi democratici), a fronte delle nuove sfide globali poste in campo dalle grandi piattaforme *on-line* e dai *social media*, abbia negli ultimi anni notevolmente mutato la relazione tra diritto antitrust e disciplina settoriale.

Difatti, oltre all'emersione di nuovi istituti all'interno della disciplina specifica (come le nuove fattispecie della piattaforma di grandi dimensioni o del *gatekeeper*), l'innalzamento del livello di rischio rispetto all'obiettivo del mantenimento di un adeguato livello di pluralismo a causa dei c.d. giganti del *web* ha in poco tempo mutato in radice i binari sui quali si reggeva il rapporto tra disciplina UE della concorrenza e salvaguardia del pluralismo.

Un primo fenomeno osservabile è rappresentato dal crescente passaggio dalla dimensione eminentemente individuale dei diritti interessati (libertà di espressione del singolo) ad una dimensione sempre più *collettiva* del bene tutelato (rischi sistemici per i processi democratici ed elettorali, pericolo per il dibattito civico, ecc.).

Inoltre, si assiste – all'interno della disciplina settoriale a tutela del pluralismo – ad un sempre maggiore allontanamento dai capisaldi tipici del diritto antitrust, anche allorquando le misure di salvaguardia del pluralismo riguardino interventi nei confronti delle imprese *incumbent* alla luce della particolare situazione di mercato venutasi a creare.

Ad esempio, sebbene sia la disciplina dei servizi di media audiovisivi e multimediali che quella sulle comunicazioni elettroniche prevedano – in punto di analisi e sorveglianza dei mercati – tutta una serie di norme derogatorie rispetto ai generali paradigmi del diritto UE della concorrenza, comunque tali deroghe si innestano su istituti tipici antitrust (per cui sono vietate le posizioni dominanti lesive del pluralismo o è possibile imporre rimedi alle imprese che detengono una posizione di significativo potere di mercato). Tutto questo, però, sempre assumendo come punto di partenza le categorie giuridiche tipiche del diritto UE della concorrenza (la nozione di mercato rilevante, l'analisi economica dei mercati, la posizione di dominanza quale presupposto preliminare di intervento, ecc.)[61].

Nel caso del *Digital Services Act* e del *Digital Markets Act* si assiste, invece, ad una sempre maggiore anticipazione del momento della tutela del pluralismo dell'informazione rispetto alle regole di concorrenza, nonché ad un sempre maggiore uso delle presunzioni rispetto agli accertamenti tipici di un'analisi antitrust, oltre che all'imposizione di rimedi regolatori *ex ante* indipendentemente da un accertamento effettivo – quantunque prognostico – dell'impatto di quella determinata posizione di forza sui mercati interessati.

Non da ultimo, è mutato il criterio di determinazione del potere di mercato di un'impresa: i ricavi – e dunque la quota di mercato – diventano sempre più recessivi, dal momento che l'indicatore della posizione di potere (potenzialmente lesiva per il pluralismo) diventa principalmente il numero di cittadini connessi. Il calcolo degli *account* – più che la valorizzazione dei ricavi – diventa così il nuovo *driver* di potere di mercato[62].

---

[61] In questo senso, cfr. gli *Orientamenti per l'analisi del mercato e la valutazione del significativo potere di mercato ai sensi del quadro normativo dell'UE per le reti e i servizi di comunicazione elettronica*, in *GUUE* C159 del 7 maggio 2018, p. 1 ss.

[62] Anche su base nazionale, la disponibilità di un numero significativo di dati personali diventerà un indicatore del significativo potere di mercato individuale. Cfr. la delibera AGCOM 94/23/CONS di avvio della *Consultazione pubblica in merito all'adozione delle linee*

L'ultima riflessione riguarda i poteri della Commissione europea ed il suo ruolo. Nella misura in cui l'indice sintomatico di una posizione lesiva per il pluralismo diventa il numero di cittadini coinvolti ed il bene tutelato diviene sempre più non tanto il solo pluralismo dell'informazione, ma più profondamente l'assetto democratico dei Paesi membri, l'esecutivo europeo vedrà anche in questo settore mutare in senso sempre più politico il proprio ruolo tecnico [63]: dalla tutela dei diritti dei consumatori a quelli della cittadinanza europea; da guardiana dei Trattati a presidio della democrazia in Europa [64].

---

guida volte alla verifica dell'esistenza di posizioni di significativo potere di mercato lesive del pluralismo, ai sensi dell'art. 51, comma 5, del D.Lgs. 8 novembre 2021, n. 208.

[63] Per una analisi del principio democratico e, più in generale, sullo stato di diritto nell'UE, si veda A. CIRCOLO, *Il valore dello Stato di diritto dell'Unione Europea – Violazioni sistemiche e soluzioni di tutela*, Napoli, 2023. Sul rapporto tra nuove tecnologie, nuovi mercati e democrazia, cfr. anche M. CUNIBERTI, *Nuove tecnologie della comunicazione e trasformazioni della democrazia*, in M. CUNIBERTI (a cura di), *Nuove tecnologie e libertà di comunicazione – Profili costituzionali e pubblicistici*, Milano, 2008, p. 343 ss.

[64] Ed in fondo tale progressiva evoluzione non sarebbe nemmeno così innaturale, dato comunque il rapporto sempre esistito tra vigilanza antitrust e mantenimento della democrazia. Come osserva P. Manzini in merito alla genesi del diritto antitrust in USA, «la legislazione statunitense contro i monopoli fu adottata, non tanto come conseguenza di una valutazione dei vantaggi economici derivanti da un mercato concorrenziale, quanto piuttosto alla luce dell'idea che l'eccessiva aggregazione del potere economico nelle mani di poche imprese potesse incidere negativamente sul processo decisionale delle istituzioni [...]»; cfr. ID., *Diritto antitrust dell'Unione europea*, Torino, 2022, p. 23.

Finito di stampare nel mese di agosto 2023
nella Rotolito S.P.A. – Via Sondrio, 3
20096 Pioltello (MI)